SARAH STANKEWITZ
Nothing Lasts Forever

AF171097

Sarah Stankewitz (geboren am 18.12.1994) kommt aus Wittstock/Dosse, einer Kleinstadt im Bundesland Brandenburg. Schon in ihrer Kindheit lag es ihr, sich schriftlich auszudrücken und später hat sich diese Vorliebe nicht nur durch das Lesen, sondern auch durch das Schreiben gezeigt und stets weiterentwickelt. Jetzt möchte sie ihre Leidenschaft mit anderen Menschen teilen und ihre Geschichten nicht mehr nur für sich selbst, sondern auch für andere aufs Papier bringen. 'We're meant to be together' ist ihr Erstlingswerk und mit 'Nothing Lasts Forever' erscheint nun die Fortsetzung der Duologie.

SARAH STANKEWITZ

Nothing Lasts Forever

-ROMAN-

Die Deutsche Nationalbibliothek verzeichnet diese
Publikation in der Deutschen Nationalbibliografie;
detaillierte bibliografische Daten sind im Internet über
http://dnb.dnb.de abrufbar.

© 2015 Sarah Stankewitz
Illustration: © Sebastian Drogies
Herstellung und Verlag: BoD – Books on Demand, Norderstedt
ISBN 978-3-7347-9285-4

Erster Teil

Für all die Menschen, die nie aufhören zu kämpfen, egal, wie aussichtslos alles scheint.

Prolog

Es ist ein unheimlich beängstigendes Gefühl, wenn man in einer Lage ist, in der man nicht ausmachen kann, ob es sich bei dieser Situation nur um eine Illusion oder um die knallharte Realität handelt. Ich weiß, dass es sich anfühlt, als würde ich all das hier zum allerersten Mal in meinem Leben durchmachen. Aber tief in mir drin bin ich mir sicher, dass ich all das, was um mich herum geschieht und vor allem, was mit mir passiert, bereits erlebt habe. In abgewandelter und deutlich harmloserer Form, aber dennoch fühlt es sich an, als hätte ich lediglich ein Déjà-vu. Als würde mir mein Gedächtnis bloß einen üblen Streich spielen, um mich aus der Fassung zu bringen und mich an all dem zweifeln zu lassen, woran ich fest in meinem Leben geglaubt habe.

Doch leider muss ich mir eingestehen, dass ich mich in diesem Moment nicht bloß in einem Streich meiner eigenen Fantasie befinde. Sondern in einer Welt, in der ich es einfach nicht anders verdient habe, als immer wieder in derselben verqueren Situation zu landen. Immer wieder dieselben Schmerzen zu spüren. Körperliche Qualen, die jeden Zentimeter meiner Haut benetzen und die seelischen Schmerzen, die sich eng um mein Herz schlingen und immer fester zugezogen werden, weil ich einen besonderen Menschen auf eine grausame Weise verloren habe. Auf die Frage, welche Wunden schlimmer sind, gibt es nur eine plausible Antwort: die Seelischen.

Denn obwohl mein Körper in Trümmern liegt, weiß ich, dass sich jeder gebrochene Knochen auf irgendeine Art und Weise durch eine Schiene oder einen Gips wieder richten lassen kann. Gegen ein gebrochenes Herz gibt es hingegen kein Medikament und keine Schiene dieser Welt kann das Geschehene rückgängig machen.

Und egal wie vielen Menschen du in deinem Leben begegnen wirst, die die Narben deines Herzens verheilen lassen, niemals wird der Schaden vollends repariert sein, weil diese Wunden tiefer gehen, als die, die man auf der eigenen Haut trägt. Alles, was man tun kann, ist, weiterzumachen, bis zum bitteren Ende. Und genau das werde ich tun. Ich werde kämpfen, ich werde stark sein, aber auf gar keinen Fall wird mein Herz wieder so strahlen können, wie es gestrahlt hat, bevor ich diesen einen, besonderen Menschen verloren habe. Den Mann, bei dem ich mich sicher und geborgen gefühlt habe und der mir immer neue Kraft gegeben hat, egal wie aussichtslos alles schien. Nie wieder wird ein Mensch es schaffen, mich solche Gefühle entwickeln zu lassen. Und auch wenn ich mir sicher bin, dass ich eines Tages wieder lachen kann, weiß ich, dass dieses Lachen niemals jenem das Wasser reichen kann, welches ich ihm geschenkt habe. Dieses Lächeln war immer nur für ihn bestimmt und ich wusste seit der ersten Minute, dass ich es nie wieder jemand anderem widmen werde.

Doch, was geschieht mit dir, wenn genau diese Person nicht mehr da ist, um dich zu trösten, um dich aufzufangen und was passiert mit dir, wenn sie dich anstatt zum Lächeln, nun zum Weinen bringt? Dann entsteht in deinem Herzen ein tiefes Loch, welches, egal wie viel Zeit vergehen wird, niemals zuheilen kann, denn es ist mit festen Klammern der Erinnerungen in dir verankert.

Das schlimmste an meiner Situation ist, dass es mich auf beide Weisen voll und ganz erwischt hat. Ich frage mich, wieso ich solche Strapazen verdient habe, aber mir hätten die seelischen Qualen bis an mein Lebensende ausgereicht. Es fühlt sich an, als wäre ich ein Glas, welches bis zum Rand mit diesen Schmerzen gefüllt ist. Eines, bei dem schon ein einziger Tropfen alles zum Überlaufen bringen kann. Genau dieser Tropfen plätscherte genüsslich und wie in Zeitlupe in mein bereits volles Glas, als ich an diesem Abend aus seiner Wohnung kam und die Straße überquert habe. In diesem Moment, in dem der Kombi mich erfasst hat und alles überschwappen ließ, was sich in all den vergangenen Wochen in mir gestaut hatte. Wenn wirklich jedem Menschen ein Schicksal im Leben vorherbestimmt wird, dann habe ich das große Los gezogen, welches mich zum größten Pechvogel der Nation werden ließ.

Ich habe keine Ahnung, wie lange es her ist, dass ich die Stufen heruntergestiegen bin und das Gefühl hatte, dass meine Beine jederzeit zusammenbrechen werden. Es könnte erst vor einer Sekunde passiert sein und ich würde somit noch auf der Straße liegen, während sich alles Menschliche aus meinem Körper spült. Ebenso kann es auch schon ganze Wochen oder gar Monate her sein. Es ist, als hätte ich jegliches Zeitgefühl verloren. Ich weiß gar nichts mehr von dem, was um mich herum passiert, denn all das nehme ich nur noch stumpf im Hintergrund wahr, wie die Musik in einem Werbespot, welche nur da ist, um das Gesehene zu unterstreichen. Meine Tränen haben sich nicht angefühlt wie die mir bereits allzu gut bekannte Flüssigkeit, an die ich mich in der letzten Zeit schon so sehr gewöhnt hatte, weil ich immer wieder mit ihr konfrontiert wurde. Diese Flüssigkeit hat sich in eine ätzende Säure verwandelt, die sich durch all meine Hautschichten gebrannt hat.

Alles fühlt sich anders an, als bei meinem ersten Unfall, der für mich in diesem Augenblick nicht einmal mehr real erscheint. Es ist, als hätte er niemals in der Form stattgefunden, in der ich ihn vor Augen habe. Und auch als ich mich in derselben Situation Monate später wiederfand, habe ich keine Antwort auf meine eigentliche Frage bekommen. Noch immer weiß ich nicht, was mit dem Menschen passiert, wenn er stirbt, obwohl der Zustand, in dem ich mich jetzt befinde, niemals mit Worten zu beschreiben ist.

Teilweise fühle ich mich lebendig, weil jeder Zentimeter meines schmerzenden Körpers mich daran erinnert, dass ich noch am Leben bin. Doch gleichzeitig fühlt sich mein Gehirn und somit mein Verstand wie benebelt an. Ich setze alles daran, diese dunklen Nebelschwaden aus meinem Kopf zu verbannen, aber jeder Versuch ist vergeblich, denn der Nebel bleibt an Ort und Stelle, ohne sich auch nur einen Zentimeter zu bewegen. Am liebsten würde ich meine Hände zur Hilfe nehmen und mir die einzelnen, dunklen Striemen eigenhändig herausreißen, aber auch sie bewegen sich keinen Millimeter. Wo bin ich? Bin ich bereits in dem Stadium, in dem sich ein Mensch befindet, bevor es sich entscheidet, ob eine Person in den Himmel oder in die Hölle kommt? Ich habe in meinem Leben noch keine gravierenden Fehler begangen, aber ich glaube auch nicht, dass ich es verdient hätte, in den Himmel zu kommen, um meinen Frieden zu finden. Doch wieso passiert nichts? Wieso warte ich vergeblich darauf, dass diese Entscheidung endlich getroffen wird? Einen Menschen so auf die Folter zu spannen, gehört eindeutig zu einer Eigenschaft, für die man in die Hölle kommen muss.

Immer wieder entdecke ich zwischen all dem schwarzen Rauch in meinem Kopf einzelne Sequenzen. Bilder, die mir so schnell in den Kopf schießen und aufgrund ihrer Geschwindigkeit unendliche Schmerzen in mir hinterlassen.

Alles stellt sich mir auf entstellte Weise dar. Ich sehe seine blauen Augen vor mir – doch sein Blick ist so hasserfüllt, dass es mich erschaudern lässt.

Seine Lippen – vor Wut und Schmerz verzogen. Und dann erinnere ich mich an das Gefühl, das die Scherben auf meiner Haut hinterlassen haben. Jeder Zentimeter glüht auf und steht in Flammen. Alles in mir scheint augenblicklich vor Schmerz zu zerbersten. Wann hört diese Qual endlich auf?

Die Zeit vergeht und ich bemerke, wie die einzelnen Körner so langsam durch die Sanduhr sickern, dass ich die Möglichkeit habe, mich auf das vorzubereiten, was mich erwarten wird. Zu gern würde ich die Augen öffnen, um zu wissen, wie es hier aussieht. An diesem Ort, von dem ich selbst nicht weiß, um welchen es sich genau handelt. Aber jeder Versuch, meine Augen zu öffnen, ist vergeblich, denn es fühlt sich an, als würde auf meinen Lidern eine schwere Last liegen. Und diese Last macht es mir unmöglich, sie auch nur einen Millimeter zu öffnen. Selbst wenn ich es schaffen würde, dann würde ich trotz dessen nur den Nebel sehen, der meinen kompletten Körper einnimmt.

Doch wo sind meine Schmerzen hin? Ich kann nicht sagen, dass ich sie vermisse, aber dennoch habe ich Angst, dass dies ein Zeichen dafür ist, dass ich gleich endgültig sterben werde. Immerhin waren sie das Einzige, was mich daran erinnert hat, dass ich nicht bereits tot bin. Als ich diese Worte verinnerliche, schießen mir unverzüglich Tränen in die Augen, die sich immer noch wie ätzende Säure anfühlen, sobald sie mit meiner Haut in Kontakt treten.

Man sollte meinen, die Einschränkung, nichts spüren zu können ist eindeutig besser, als die unerträglichen Schmerzen zu empfinden, aber wenn ich Schmerzen habe, weiß ich wenigstens, dass ich noch lebe, und nicht bereits tot bin. Deans Worte hatten für mich in dieser Sekunde keinen Sinn ergeben. Ich wusste nicht, wieso ein Mensch behaupten kann, dass es besser ist, Schmerzen zu empfinden, als gar nichts zu spüren. Jetzt kann ich mir vorstellen, warum. In diesem Augenblick kann ich jede einzelne Silbe seiner Worte nachvollziehen. Der dichte Nebel in meinem Kopf löst sich für einen kleinen, unscheinbaren Moment auf und ich habe die Hoffnung, dass ich gleich wieder aufwache und dass dann alles wieder beim Alten ist. Aber meine Hoffnungen werden von erneut auftretenden Nebelschwaden in Sekundenschnelle zerstört.

Verzweifelt versuche ich die anderen Sinne zu nutzen, um etwas ausfindig zu machen. Doch so sehr ich mich auch bemühe, ich nehme keinen Geruch wahr, denn es fühlt sich an, als würde ich nicht atmen können. Ich strenge mich an, aber ich schaffe es einfach nicht, einen richtigen Atemzug zu nehmen. Panik steigt in mir auf, weil ich mir ins Gedächtnis rufe, wie sehr ein Mensch die Luft zum Atmen braucht. Doch was passiert, wenn ich nicht fähig bin, diesen einen, sonst so selbstverständlichen, Atemzug zu tätigen? Unverzüglich steigt meine Körpertemperatur auf unmenschliche Höhen an und die ersten Schweißperlen sammeln sich auf meiner Haut.

Verzweifelt versuche ich immer und immer wieder Luft zu holen, aber es gelingt mir nicht, egal wie sehr ich mich auch anstrenge. Ich habe das Bedürfnis, um mich zu schlagen und meinen Körper auf irgendeine Art und Weise zu bewegen, aber es funktioniert nicht. Weder mein Kopf noch eine andere Stelle meines Körpers rührt sich unter diesem Versuch. Ich fühle mich wie paralysiert und dieser Zustand ist weitaus schlimmer, als alle Schmerzen, die der Aufprall auf dem Asphalt je in mir hätte auslösen können. Auf der einen Seite habe ich das Gefühl, dass mein ganzer Körper zittert, doch auf der anderen Seite lässt mich dieser Verdacht nicht los, dass dieses Kribbeln nur unter meiner Hautfläche pocht.

Die Nebelschwaden lockern sich ein weiteres Mal auf und dann erhasche ich den einen, kleinen Hoffnungsschimmer, der mich davon abhält, einfach aufzugeben.

Ich höre ein dumpfes Geräusch, das ich zwar nicht eindeutig einordnen kann, welches mir aber auf eine seltsame Art und Weise so bekannt und vor allem, so vertraut vorkommt.

Das zitternde Gefühl lässt nach, weil dieses dumpfe Surren, welches in meine Ohren dringt, mich und meinen Körper beruhigt. Es wird mit jeder Sekunde etwas deutlicher und je deutlicher es wird, umso mehr wird mir bewusst, dass es eine Stimme ist, die hinter diesem Geräusch steckt. Eine Stimme, die mich schon seit dem Beginn meines Lebens begleitet hat – die meiner Mutter. Immer wieder habe ich mich gefragt, wie sich ein kleines Baby in den ersten Lebensphasen fühlen muss. Ich weiß, dass Babys in den ersten Wochen nur leichte Schemen der Umgebung wahrnehmen können und in genau dieser Situation finde ich mich in diesem Augenblick wieder. Doch so sehr ich mich auch anstrenge, die Worte meiner Mutter zu verstehen, es bleibt bei diesem dumpfen Ton, der mich kein Einziges davon klar und deutlich erkennen lässt.

Manchmal habe ich die Vermutung, unter dem Surren

meinen Namen erhaschen zu können. Aber ich will nichts Weiteres, als meine Augen zu öffnen und meiner Mutter in ihr Gesicht zu sehen, weil ich weiß, dass ihre Stirn vor Sorge um mich in tiefen Falten liegt – zum zweiten Mal in dieser so kurzen Zeit.
Streng dich mehr an, Summer! Erneut erhasche ich meinen Namen, aber dieses Mal ist es eine andere Stimme, die mir dennoch einen gewissen Trost spendet. Der Mensch hinter ihr ist ebenfalls immer für mich da, wenn ich am Abgrund stehe und zu fallen drohe. Die Geräusche, welche ich im Hintergrund wahrnehme, werden von einem lauten Piepen unterstrichen.
»Was hat er gesagt?« In meinem Gehirn suche ich verzweifelt nach dem Gesicht, das zu dieser Stimme passt. Und obwohl der Rauch vor meinem inneren Auge nicht nachlässt, erkenne ich die Umrisse meiner besten Freundin. Sie hier zu wissen, lässt mich weitere Hoffnungen schöpfen. Die Hoffnung, dass ich nicht sterben muss und dass ich vielleicht bald in der Lage sein werde, sie in die Arme zu schließen. Die Umrisse von Mary werden mit jeder Sekunde deutlicher und ich glaube, dass ich sie gleich richtig erkennen werde. Es fühlt sich an, als wäre ich nur einen kleinen Schritt von ihr entfernt und als müsste ich nur meine Hand ausstrecken, um sie berühren zu können. Aber bevor ich es schaffe, meinen Arm zu heben, schlingt sich der Rauch wieder um die Gestalt meiner Freundin und lässt mich wieder allein in diesem einsamen Zustand zurück.

Noch immer sind meine Schmerzen verschwunden und ich habe keine Ahnung, wieso, aber nach all dem, was mir in der letzten Zeit widerfahren ist, habe ich mich an dieses Leid schon zu sehr gewöhnt. Es gab zwar Zeiten, in denen ich glücklich war und in denen ich die ganze Welt hätte umarmen können, aber in jedem dieser Momente war er der Auslöser für meine Euphorie. Und auch wenn ich mich einsam und traurig gefühlt habe, war Dean immer ein fester Bestandteil davon. Doch diese Schmerzen, welche ich aufgrund des Unfalls spüren musste, waren die ersten seit Langem, die nichts mit ihm direkt zu tun hatten. Genau dieses Gefühl brauche ich, weil ich nicht will, dass ich in Zukunft alles in meinem Leben mit ihm assoziiere.

Tief in mir drin weiß ich, dass es vergeblich ist, mich an diesen Wunsch zu klammern, denn ich war ihm seit der ersten Sekunde verfallen und werde es vermutlich bis zum Ende meiner Tage bleiben. In dieser Hinsicht wäre es wahrscheinlich das Beste, wenn ich einfach verschwinden würde. Wenn mein Körper sich in Luft auflöst, fast so, als hätte ich niemals existiert.

Allerdings denke ich dann an all die anderen Menschen in meinem Leben, denen ich fehlen würde und genau deshalb versuche ich, diese schrecklichen Gedanken wieder zu verdrängen. Ich denke an meine Mom, ich denke an meinen Dad, auch wenn er keinen Gedanken mehr an mich verschwendet. Alles, was er empfindet, ist der Zwang, nach einer Flasche Korn zu greifen, um alles um sich herum in seiner Trauer und dem Alkohol ertränken zu können. Und dann sehe ich Mary wieder vor mir, wie sie mit mir tagelang im Bett gelegen und sich eine Liebeskomödie nach der anderen angesehen hat, obwohl sie diese abgrundtief verabscheut. Wie sie mich jedes Mal zum Lachen bringt, wenn mein Leben mich wieder einmal auf eine Achterbahn der Gefühle schickt. In dieser Minute denke ich sogar an Eric, weil auch er in der letzten Zeit ein wichtiger Anhaltspunkt in meinem Leben geworden ist und ich mir ins Gedächtnis rufe, dass ich es jedem Einzelnen schuldig bin, zu kämpfen.

Ich kann nicht einschätzen, wie viel Zeit vergangen ist, seit ich Marys Umrisse in diesem dichten Nebel ausmachen konnte, aber seitdem habe ich keine Stimmen mehr gehört und keine Konturen mehr gesehen. Vermutlich habe ich mir all das nur eingebildet, weil ich langsam hier in diesem Zustand, in dem ich mich befinde, verrückt werde.

Es ist erschreckend, wie wahnsinnig es einen macht, wenn man keinem einzigen seiner Sinne blind vertrauen kann. Erst jetzt bemerke ich, wie stark ein Mensch von all den Eindrücken in seiner Umgebung bestimmt wird und wieder einmal zeigt es mir, wie abhängig ich von all dem bin. Als ob jemand meinen schrägen und verzweifelten Gedanken folgen kann, beginnt wieder dieses unterschwellige Geräusch in meinem Schädel, aber dieses Mal ist es ab der ersten Sekunde viel deutlicher zu erkennen. »Ich denke, es ist bald so weit.« Doch die Stimme erweckt in mir kein vertrautes Gefühl und sie gibt mir auch keine Sicherheit, aber es ist egal, wem sie gehört, denn die Hauptsache ist, dass ich überhaupt etwas wahrnehme.

1. Kapitel - Summer

In der letzten Zeit sind alle Geräusche um mich herum immer deutlicher in mein Bewusstsein eingedrungen und es war mir sogar möglich, ganze Gespräche zu verfolgen. Trotz dessen waren alle Erinnerungen an diese Unterhaltungen nach dem nächsten Nebelsturm in meinem Kopf wieder verschwunden. Ich bin mir sicher, dass sie stattgefunden haben, aber ich weiß nicht mehr, welche Worte und welche Umrisse ich wem zuordnen soll.

In den letzten Minuten wurde all die Dunkelheit in meinem Kopf durch immer tiefer zu mir durchdringendes Licht verdrängt und die warmen Strahlen, die ich nun erkennen kann, bereiten mir entsetzliche Kopfschmerzen. Vielleicht ist diese Qual jetzt endlich vorbei und ich nähere mich dem Licht, welches man sehen soll, wenn man das Ende seiner Zeit erreicht hat. Innerlich bereite ich mich darauf vor, mich in meinen Gedanken von allem, was ich war, allem, was ich bin und allem, was mich je ausgezeichnet hat, zu verabschieden.

»Miss Maddison, können Sie mich hören?« Da ist sie wieder, diese Stimme, die sich in der letzten Zeit so oft in meine Ohren geschlichen hat. Ich bin mir mittlerweile ziemlich sicher, dass ich sie bereits kenne, aber ich weiß noch immer nicht, woher. Die Last, welche auf meinen

Lidern liegt, nimmt von Sekunde zu Sekunde an Gewicht ab und langsam gelingt es mir, meine Augen zu öffnen.
»Wo bin ich?« Moment mal, haben diese drei Worte gerade meinen eigenen Mund verlassen? Wie ist das möglich? Das Licht durchleuchtet meinen gesamten Körper und mit jedem Augenschlag wird es greller und unerträglicher. Es ist, als hätte ich mit dem Öffnen meiner Augen einen Knopf betätigt, der all die Wunden, die längst verheilt waren, wieder aufreißen lässt. Umgehend wird mir bewusst, dass ich mich getäuscht habe. Auf diese Schmerzen kann ich dankend verzichten.
»Sie müssen jetzt ganz ruhig bleiben. Versuchen Sie regelmäßig zu atmen.« Atmen. Ich glaube, dass ich seit Tagen keinen einzigen Atemzug mehr getätigt habe und ich weiß nicht, ob ich noch in der Lage bin, die Luft um mich herum in meine Lungen zu bekommen. Aber wenn ich jetzt nicht alles dafür gebe, diesem Befehl nachzukommen, dann waren all diese qualvollen Minuten, geschweige denn Tage oder Wochen, umsonst gewesen und das kann ich auf keinen Fall zulassen. Auf einmal spüre ich eine Kraft in meinem Körper, die ich so in der Form noch nie in mir gespürt habe. Sekunden später gelingt mir ein tiefer Atemzug, der zwar einen Stich in meiner Lunge hinterlässt, aber dennoch unendlich wohltuend ist.
»Das machen Sie sehr gut. Atmen Sie jetzt ganz regelmäßig weiter.« Die Stimme des Mannes, der nur einige Zentimeter von meinem Gesicht entfernt zu sein scheint, gibt mir den letzten Kraftstoß und dann schlage

ich erneut meine Augen auf. Ich blicke direkt in einen grellen Lichtkegel, der sich auf meine Pupillen richtet und ich muss meinen Kopf von dem Licht dieser kleinen Taschenlampe abwenden, die der Mann in dem Kittel mir entgegenhält. Meinen Kopf wende ich nach einigen Sekunden wieder der Lampe entgegen, aber ich bereue es sofort, weil nicht nur das Licht in meinem Schädel für ein unendliches Pochen sorgt, sondern auch jede kleine Bewegung.

»Wo bin ich?«, presse ich erneut zwischen meinen Lippen hervor und beinahe fühlt es sich an, als wäre ich ein kleines Kind bei seinen ersten Sprachversuchen.

»Sie sind im Krankenhaus. Machen Sie sich keine Sorgen und bitte, vergessen Sie nicht, gleichmäßig zu atmen. Ich muss einige Tests an Ihnen durchführen und ich bitte Sie, mich sofort darauf hinzuweisen, wenn Sie die Schmerzen nicht mehr aushalten. Haben Sie das verstanden?«

Unsicher, ob ich wirklich alles verstanden habe, was der Arzt mir gesagt hat, nicke ich angestrengt mit dem Kopf.

»Ich werde jetzt einen kleinen Druck auf ihren linken Unterarm ausüben und Sie sagen mir, ob Sie diesen nachempfinden können.« Einen Augenblick später spüre ich die großen Hände dieses Mannes an meinem Unterarm und ich kann nicht leugnen, dass dieser Druck mir entsetzliche Schmerzen bereitet. Ohne ein Wort nicke ich ihm entgegen, um ihm somit zu verdeutlichen, dass ich etwas spüre.

»Sehr gut, das ist ein gutes Zeichen, Miss Maddison. Jetzt bitte ich Sie, mit ihrem rechten Zeigefinger Ihre

Nasenspitze zu berühren.« Ohne darüber nachzudenken, was er von mir verlangt, hebe ich zum ersten Mal seit einer Ewigkeit aus eigener Kraft meinen rechten Arm und führe den Zeigefinger langsam in Richtung meines Gesichtes. Entgegen meiner Erwartung treffe ich sie bereits beim ersten Mal ohne Probleme.

»Wo war ich?« Meine zittrige Stimme bricht mit jeder einzelnen Silbe ein weiteres Stück in sich zusammen. Angestrengt versuche ich meinen Arm erneut aufzurichten, aber dieses Mal fehlt mir nicht nur der nötige Ansporn dafür, sondern auch meine Kraft, die mit jedem Augenaufschlag weiter sinkt.

»Ich glaube, es ist das Beste für Sie, wenn Sie Ihre Augen wieder schließen und sich ausruhen. Es wird Ihnen bald besser gehen, vertrauen Sie mir.« Obwohl ich noch nicht bereit bin, mich wieder in diesen Zustand zu begeben, schließen sich meine Lider wie automatisch, als der Arzt auf mich einspricht. Es fühlt sich an, als wäre ich seit Tagen auf den Beinen gewesen und hätte keine Ruhe gefunden, dabei habe ich noch kein Bein vors andere setzen können.

Innerlich wehrt sich jede Faser meines Körpers dagegen, weil ich Angst davor habe, was passiert, wenn ich einschlafe. Ich will mich bewegen können, ich will meine Augen öffnen können und vor allem möchte ich die Menschen sehen, die sich hinter den hoffnungsvollen Umrissen verborgen haben. Aber mir ist bewusst, dass ich gegen diese Müdigkeit in meinem Körper nicht ankomme, also entspanne ich mich, so gut es geht, und lasse mich fallen. Auch wenn ich nicht weiß, wohin dieser Fall mich letztendlich führen wird und wie stark der Aufprall dieses Mal sein wird, wenn ich wieder in der Realität lande.

»Wenn sie aufwacht, wird sie sehr durcheinander sein. Es kann sein, dass sie nicht weiß, was passiert ist. In dieser Situation ist es von höchster Priorität, ihr ein Gefühl von Sicherheit zu vermitteln.«
Da ist sie wieder, die Stimme des Arztes, die mich zurück in den Schlaf getragen hat, aber ich sehe ihn nicht. Mein gesamter Körper verkrampft sich, weil ich Angst habe, dass ich, obwohl ich ihn hören kann, nicht in der Lage sein werde, mich auf irgendeine Art und Weise bemerkbar zu machen.
»Wir geben unser Bestes, Dr. Andrew.« Die Stimme meiner Mutter lässt mich all meinen Mut zusammennehmen und dann hebe ich den rechten Unterarm ein winziges Stück von der weichen Matratze. Innerlich stoße ich einen kleinen Freudenschrei aus, weil ich nicht an diesem Ort gefangen bin, an dem ich in der letzten Zeit festgekettet war.
»Die Hauptsache ist, dass es ihr bald wieder besser geht. Sie so sehen zu müssen macht mich verrückt.« Marys Worte versetzen meinem Herzen einen Stich. Ich bin unheimlich wütend auf mich selbst, weil ich es immer wieder schaffe, die Menschen, die ich liebe, in unendliche Sorge um mich zu versetzen. Warum kann ich keiner von den Menschen sein, die ihre Familie und ihre Freunde

glücklich machen und auf die man stolz sein kann. Mary ist es vermutlich schon, wenn ich es schaffe, hundert Meter zu gehen, ohne mir dabei meinen Hals zu brechen und von dieser Sorte Stolz hatte ich eigentlich nicht geredet. Ich möchte die Tochter sein, auf die man stolz sein kann, weil sie in ihrem Leben etwas erreicht hat, was andere aus Schwäche nicht erreichen konnten. Ich will die Freundin für Mary sein, die immer an ihrer Seite ist und in jeder misslichen Lage den passenden Rat hat, um ihr zu helfen und sie zum Lachen zu bringen. Aber vor allem würde ich gern der Mensch sein, der Dean wieder den Mut und den Spaß am Leben zeigen kann. Ich möchte sein Anker sein, dem er trotz seiner Krankheit blind vertraut. Bei dem er sich fallen lassen kann, aus dem Wissen heraus, dass sich nichts an meinen Gefühlen ändern wird. Vermutlich werde ich, wenn ich endlich hier raus bin, die Chance haben, die ersten beiden Punkte in die Realität umzusetzen. Als Allererstes werde ich versuchen, die Tochter zu sein, die meine Mom verdient hat und ich werde alles dafür geben, um so für Mary da zu sein, wie sie es immer für mich war. Obwohl ich befürchte, dass ich den dritten Punkt, durch Deans stures Verhalten, kaum realisieren kann, werde ich ihn nicht aufgeben. Wenn ich in der Lage bin, zu kämpfen, dann weiß ich, dass ich meine Kraft dafür einsetzen will, um ihm zu helfen.

Als ich meinen Arm erneut hebe, verstummt das Gespräch umgehend und die Matratze gibt am Fußende ein Stück nach.

»Haben Sie das gesehen, Dr. Andrew? Sie hat sich bewegt!« Die Freude in der Stimme meiner besten Freundin lässt mich alles vergessen, was ich in der letzten Zeit durchmachen musste. Die quälenden Gedanken über Leben und Tod stellen sich in den Hintergrund. Letztendlich lässt sie mich für eine Sekunde sogar mein gebrochenes Herz vergessen, obwohl es noch immer unaufhörlich meinen gesamten Körper einnimmt und schmerzend in meiner Brust gegen meinen Brustkorb pocht.
»Miss Maddison?«
»Es tut so weh«, bringe ich schwer atmend heraus und warte darauf, dass ich erneut zurück in den Schlaf sinke, aber ich kämpfe mit aller Kraft dagegen an. Ich gebe mir größte Mühe, all meine Sinne auf die beiden Menschen in diesem Raum zu konzentrieren, die ich unbedingt wieder ansehen und berühren will. Ich will in das besorgte Gesicht meiner Mom schauen und ich möchte die Freudentränen meiner besten Freundin auf der Haut spüren.
»Summer, Schatz. Bitte streng dich nicht zu sehr an, wenn du die Augen nicht öffnen kannst, dann lass sie zu. Wir warten hier, egal wie lange es dauern wird.« Ich höre die Erleichterung meiner Mom, und obwohl es mich jegliche Überwindung kostet, öffne ich meine Augen und schaue direkt in ihre. Sylvia Maddisons Augen haben dieselbe, schokoladenähnliche Farbe, wie meine. Damals haben diese Augen jeden Morgen unendlich doll gestrahlt, wenn ich an den Küchentisch gekommen bin, um genüsslich,

aber leicht verschlafen mein Müsli in mich hineinzustopfen, bevor ich mich auf den Weg in die Schule gemacht habe. Gern würde ich sie immer auf diese Weise zum Strahlen bringen, aber schon seit geraumer Zeit haben sie ihren Glanz verloren und ich kann nicht leugnen, dass ich einen Teil dazu beigetragen habe.

Diese Tatsache hilft den Klammern, welche das Loch in meinem Herzen offen halten, sich noch ein Stück tiefer in meine Seele hineinzubohren. Unverzüglich steigt die Angst in mir auf, dass sie sich eines Tages bis zum Zentrum meines Herzens hineinschneiden werden und ich somit nicht mehr in der Lage bin, Gefühle für einen Menschen zuzulassen. Dass ich es nicht mehr schaffen werde, Glück zu empfinden und dass ich jedes Glück, welches mir widerfährt, dennoch mit dem Schmerz gleichsetzen werde. Weil er der einzige treue Begleiter in der Zeit war, in der ich auf mich allein gestellt war.

Ich möchte kein herzloses Monster werden, obwohl es vermutlich die beste Lösung wäre. Einfach alles um mich herum auszublenden, damit niemand mehr die Chance hat, mir so nahe zu kommen, wie Dean es war. Ich würde keinen mehr so nah an mich heranlassen und dann könnte mir auch niemand weitere Wunden hinzufügen. Aber solange ich in der Lage bin, mich dagegen zu wehren, alle Gefühle auf Standby zu stellen, kämpfe ich dafür, wieder ich selbst zu werden.

Meine Mom kommt noch ein Stück näher an mich heran und nimmt mich behutsam in die Arme, und obwohl mich die Berührung innerlich zerreißt, will ich den Moment in vollen Zügen genießen. Als meine Mutter sich wieder von mir löst, tritt Mary ebenfalls näher an das Krankenbett heran und schließt mich, sogar noch ein kleines bisschen fester, in ihre zierlichen Arme. Noch nie in der ganzen Zeit, in der wir befreundet sind, habe ich eine Umarmung von ihr so genossen wie in dieser Sekunde. »Tu uns das nicht mehr an, Süße. Du glaubst nicht, wie schrecklich die letzten vier Wochen ohne dich waren.«

In meinem Kopf beginnen sich Zahnräder zu drehen und ich zähle jede einzelne Umdrehung, beim Versuch, ihren Worten zu folgen. »Vier Wochen?«

Plötzlich taucht Dr. Andrew wieder im Vordergrund auf und gesellt sich zwischen die beiden.

»Es wird schwer für Sie sein, das zu begreifen, was ich Ihnen jetzt sagen werde. Nachdem Sie an dem Tag, an dem der Unfall passiert ist, ins Krankenhaus eingeliefert wurden, hatten Sie nicht nur diverse äußerliche Verletzungen. Sie hatten aufgrund eines Leberrisses eine innere Blutung, aber am meisten Sorgen hat uns die Blutung in Ihrem Gehirn bereitet. Wir haben Sie umgehend operiert, aber die Schwellung hat sich nicht so schnell reguliert, wie wir gehofft hatten. Auch nach der Operation hat sich Ihr Zustand nicht verbessert, weshalb wir Sie vorübergehend in ein künstliches Koma versetzen mussten.«

Obwohl ich verstehe, was Dr. Andrew in dieser Sekunde sagt, ist es schwer für mich, seine Worte auch zu begreifen. Die ganze Zeit über dachte ich, dass ich mich in einem übernatürlichen Zustand zwischen Leben und Tod befinde. Aber ich hätte nicht damit gerechnet, dass ich die ganze Zeit über mit meinem Körper hier an dieses Bett gekettet war, während mein Verstand und meine Gedanken sich verselbstständigen konnten. Es wäre durchaus angenehmer gewesen, wenn ich rein gar nichts hätte realisieren können.

Doch immerhin kann ich mir jetzt denken, wieso ich ab einem bestimmten Zeitpunkt nichts mehr spüren konnte. Vermutlich hat der Arzt mich mit so vielen Medikamenten zugedröhnt, dass man damit ganze Pferde hätte lahmlegen können.

»Es fühlt sich an, als würde mein Schädel explodieren«, flüstere ich ihm zu und merke mit jedem weiteren Wort, dass meine Lippen trocken und rissig sind.

»Keine Sorge, die Schwellung ist vollständig zurückgegangen, der Druck wird also bald verschwinden und bis dahin werden Sie zwei Mal täglich ein Schmerzmittel verabreicht bekommen.« Artig nicke ich und schaue dann wieder in die Augen meiner Mutter, die mich so erleichtert und gefühlvoll ansieht, dass sich die Klammern in meinem Herzen einen kleinen Zentimeter lockern. Es tut immer noch weh, aber ich weiß, dass es auch Menschen gibt, denen ich nicht egal bin und denen ich am Herzen liege und genau diesen Menschen blicke ich jetzt in ihre Gesichter. Doch als ich meinen Blick weiter durch das Zimmer schweifen lasse, bemerke ich, dass eine Person fehlt. Jemand, über den ich in den letzten vier Wochen oft schemenhaft nachgedacht habe und den ich, so ungern ich es auch zugebe, hier an meiner Seite brauche.

»Wo ist Dad?«, frage ich meine Mom, und schon als diese Frage meinen Mund verlässt, verändert sich ihr erleichterter Ausdruck in einen schmerzvollen und vor allem mitleidigen.

»Es geht ihm nicht gut, Schatz. Er ruft jeden Tag an, um nach dir zu fragen, aber er konnte leider nicht herkommen.« An dem Blick meiner besten Freundin kann ich jedoch erkennen, dass meine Mutter mir eiskalt ins Gesicht lügt. Doch um diese Tatsache zu begreifen, hätte ich nicht mal Marys Hilfe benötigt, denn meine Mom ist eine miserable Lügnerin – genau wie ich. Es sollte mich nicht wundern, dass mein Dad nicht einmal jetzt in dieser Situation genug Verstand besitzt, um sich vom Alkohol zu lösen und sich um seine Tochter zu kümmern. Ich weiß, dass er nicht täglich anruft, weil er vermutlich nicht einmal in der Lage dazu ist, sein Telefon zu bedienen.

Jack Maddison ist nur noch in der Lage, ein Bein vors andere zu setzen, um sich auf den Weg zur nächsten Flasche zu machen. Trotz der vielen Abstürze habe ich jedes Mal gehofft, er würde endlich einsehen, dass dieses Zeug nicht nur ihm, sondern unserer ganzen Familie schadet. Immer wieder hat er uns enttäuscht und verletzt, doch irgendwann musste ich einsehen, dass ich nicht die Macht habe, ihm zu helfen. Niemand kann ihm helfen, solange er nicht von selbst einsieht, wie verkehrt er sich verhält.

»Bitte, lass mich das nächste Mal, wenn er anruft, mit ihm sprechen.« Mom schaut beschämt von mir weg und blickt aus dem Fenster und es ist für mich unbegreiflich, dass sie nicht endlich einsieht, wie schlimm es bereits um ihn steht.

»Aber natürlich, mein Schatz.« Eine weitere Lüge, die sie mir bewusst auftischt, aber ich habe keine Kraft, um darüber nachzudenken oder sie darauf anzusprechen. Also lasse ich dieses Thema, so schwer es mir auch fällt, vorerst fallen. »Habt...habt ihr etwas von Dean gehört?« Es tut weh, diese Frage zu stellen und es fühlt sich an, als würde ich von einem Extremen ins andere rutschen, aber ich will einfach wissen, was passiert ist, als ich wochenlang weggetreten war.

»Nein, Süße. Ich habe ihn vor zwei Wochen in der Uni gesehen, aber als ich ihn ansprechen wollte, hat er schneller das Weite gesucht, als ich gucken konnte. Es tut mir leid.« Andere Freundinnen hätten in dieser Sekunde vermutlich versucht, alles zu beschönigen. Sie hätten gesagt, dass Dean nach mir gefragt hat oder sogar selbst hier gewesen ist, um nach mir zu sehen. Mary hingegen ist der ehrlichste Mensch, den ich kenne, und genau aus diesem Grund lügt sie mich nicht an. Sie will mir keine falschen Hoffnungen machen, und auch wenn ich in meiner Situation einen Hoffnungsschimmer gebrauchen könnte, bin ich froh, dass sie mir keine Unwahrheiten entgegen wirft, an die ich mich sinnloserweise klammern kann. Ich liebe dieses Mädchen.

»Verstehe.« Mehr bringe ich nicht heraus, weil die Wahrheit, auch wenn ich danach gefragt habe, dennoch unheimlich schmerzt. Ich dachte, dass ich Dean in der letzten Zeit so nahe gekommen bin, dass ich in der Lage bin, ihn richtig einzuschätzen. Der Dean, den ich kennengelernt habe, würde sich nach mir erkundigen und mich nach all dem, was zwischen uns war, niemals so tief fallen lassen. Aber vermutlich habe ich auch bis heute noch nicht sein wahres Ich kennenlernen dürfen.

Mein erster Instinkt war, mich von ihm fernzuhalten, weil mir klar ist, welchen Ruf er mit sich herumschleppt, aber dennoch war ich so naiv, mich eines Tages einfach auf ihn und auf meine Gefühle ihm gegenüber einzulassen.

Und auch wenn ich mich dafür hassen und diese Entscheidung bereuen sollte, tue ich es nicht. Ich bereue keine einzige Sekunde, die ich mit ihm verbringen durfte, weil jeder Moment mit ihm mir mehr gegeben hat, als alles andere, was ich bereits erlebt habe.

»Er ist krank.« Ich habe keinen blassen Schimmer, wieso ich genau jetzt, in dieser Situation darüber mit Mary und meiner Mom sprechen möchte, aber ich muss es einfach loswerden. Innerlich hoffe ich, dass sich die Last, die auf mir liegt, ein kleines bisschen minimieren lassen kann, wenn ich es laut ausspreche. Wenn ich mir selbst endlich eingestehe, dass das, was ich gelesen habe, wirklich real war. Natürlich wünsche ich mir auch jetzt noch, dass ich mich einfach nur in einem Albtraum befinde. Dass ich, wenn ich aufwache, in den Armen eines gesunden, jungen Mannes liegen werde, in den ich mich verliebt habe, aber es nützt nichts, wenn ich mir und meinen Mitmenschen etwas vormache.

»Wovon redest du, Süße?« Mary setzt sich auf den kleinen Holzstuhl, der links neben meinem Bett steht, und nimmt meine Hand in ihre. Erst jetzt fällt mir auf, wie dünn und krank meine Hände aussehen und ich frage mich, wie viel Kilo ich in diesen vier Wochen abgenommen habe.

»Dean. Ich habe es an dem Abend des Unfalls herausgefunden.« Tränen schießen aus meinen Augen heraus und strömen mir über die Wangen, wobei sich noch immer jeder Tropfen ätzend in meine Haut brennt.

»Was hat er?« Die Stimme meiner Mom klingt bedauerlich, dabei kennt sie Dean nicht einmal, weil ich mich nie dazu durchringen konnte, sie einander vorzustellen.

Und dann schildere ich den beiden alles, was an diesem schrecklichen Abend, der so wunderschön angefangen hat, passiert ist. Ich erzähle ihnen von meinem Liebesgeständnis, ich erzähle ihnen von dem, was danach zwischen uns passiert ist und letztendlich auch von dem blauen Notizbuch. Und auch wenn die Worte nur schwer über meine Lippen kommen, fühlt es sich gut an, darüber zu sprechen. Doch gleichzeitig schneidet jedes Wort noch tiefere Wunden in meine Haut und ich weiß nicht, wie ich mich jemals an dieses Gefühl gewöhnen soll.

2. Kapitel

Liebes Tagebuch,
der Sommer ist, seitdem ich denken kann, meine liebste der vier Jahreszeiten. Schon als Kind habe ich es geliebt, wenn die Sonne früh morgens, vor dem Aufstehen, am Horizont stand und wenn sie erst spät abends genau dort wieder unterging.
An diesen Tagen war ich fröhlich und hätte jede freie Minute draußen unter den warmen Sonnenstrahlen verbringen können. Auch bis heute hat sich an dieser Tatsache nichts verändert. Schon zu Beginn des Jahres fiebere ich den heißen Sommertagen entgegen, die meine Laune um einige Oktaven höher schlagen lassen und wenn der Sommer sich dem Ende neigt, dann macht sich in meiner Brust ein unbehagliches Gefühl breit.
Ich möchte nicht sagen, dass ich im Winter in Depressionen verfalle, aber in diesem Jahr habe ich höllische Angst vor dieser grauen, dunklen Jahreszeit, weil mein Innerstes das erste Mal in meinem Leben im Einklang mit ihr steht. Es gab bisher noch keinen einzigen Winter, in dem ich seelisch so angeknackst war und ich habe keine Ahnung, wie meine Nerven damit umgehen, wenn ich morgens im dunklen aufstehe und im dunklen wieder zum Wohnheim komme. Ich brauche gerade jetzt einen kleinen Lichtschimmer, der die traurigen Gedanken in eine andere Richtung lenkt.

Dieser Sommer war der mit Abstand beste meines Lebens. Er hat alle möglichen Gefühle in mir ausgelöst. Es waren Monate voller Verwirrung, voller Liebe und Glück und auf der anderen Seite waren dort auch andere Gefühle, die sich wie mit einem Brandeisen in meine Erinnerungen geschlichen haben. Es gab Momente, in denen ich wütend und enttäuscht vom Leben war und in denen ich die ganze Welt hätte zusammenschreien können. Doch auch wenn nicht jeder Tag perfekt war, so war dennoch jeder Einzelne etwas Besonderes. Jeder Tag war erfüllend für mich, und wenn ich einen Wunsch frei hätte, dann würde ich mir wünschen, dass dieser Sommer niemals endet.

Doch ein Blick aus dem Fenster zeigt mir, dass selbst der Sommer deines Lebens irgendwann einmal ein Ende hat und die tanzenden Schneeflocken vor meiner Nase sind der beste Beweis dafür, dass meiner jetzt endgültig vorbei ist.

Ich werde heute aus dem Krankenhaus entlassen und auch wenn ich nicht weiß wieso, habe ich eine tierische Angst vor der Welt da draußen. Hier in diesen vier Wänden des Graveton Hospitals habe ich in den letzten Tagen eine Art Sicherheitsgefühl in mir entwickelt. Und wenn ich den ersten Schritt durch diese Tür mache, habe ich Angst, dass ich mich der Realität endgültig stellen muss. Eine Realität ohne ihn...

Bevor ich noch einen weiteren Satz aufs Papier bringen kann, öffnet sich die Zimmertür und mein Arzt Dr. Andrew marschiert wie in Zeitlupe auf mich zu. Ich hasse es, wenn ich einen Eintrag in mein Tagebuch

schreibe und ich es nicht schaffe, all meine Gedanken zu Ende zu bringen. Es fühlt sich in diesen Momenten so an, als würde ein Stück fehlen, als wären meine geschriebenen Worte hinfällig, wenn ich sie nicht bis zum Schluss, bis ins letzte Detail, niederschreiben kann. Doch ich möchte nicht unhöflich sein und außerdem ist mir klar, dass ich mich nicht hier drin verschanzen kann, also schlage ich mein Tagebuch zu und stopfe es zu den anderen Sachen in meine Reisetasche.
»Sind Sie bereit, Miss Maddison? Ich bin mir sicher, dass Sie es gar nicht erwarten können, diese vier Wände endlich hinter sich zu lassen«, sagt Dr. Andrew, und während er mich anlächelt, entsteht um seine Augen herum ein kleiner Kranz aus Fältchen.
Wenn er wüsste. Wenn es nach mir gehen würde, dann wäre ich niemals hier gewesen, aber jetzt, wo ich wochenlang hier war, fühlt es sich verkehrt an, wieder in die Realität zurückzukehren.
»Natürlich. Ich danke Ihnen für alles, Dr. Andrew«, flüstere ich ihm zu und versuche schnellstmöglich meine auftretenden Tränen wegzublinzeln. Niemand soll sehen, dass ich traurig darüber bin, entlassen zu werden. Vor allem aber sollen Mary und meine Mom glauben, dass ich glücklich bin, auch wenn meine beste Freundin mich so oder so durchschauen wird.
»Wir haben Ihnen noch einige Schmerzmittel verschrieben. Falls Ihnen irgendetwas nicht normal erscheint und Ihre Beschwerden wieder schlimmer werden, dann kommen Sie bitte umgehend zu uns.« Dr.

Andrew setzt ein besorgtes Gesicht auf, aber ich bin mir ziemlich sicher, dass es dazu nicht kommen wird. Immerhin muss ich zugeben, dass es mir in den letzten Tagen von Sekunde zu Sekunde deutlich besser gegangen ist. Ich fühle mich gesund, aber leider kann ich dieses Gefühl einzig und allein auf meine körperliche Verfassung projizieren, denn innerlich liegt bei mir noch immer alles in Trümmern.

Es hilft mir, wenn ich mit Mary über all das Geschehene unter vier Augen reden kann, aber ich möchte sie nicht bis an mein Lebensende mit meinen Leidensgeschichten belasten. Aufgrund dessen werde ich, sobald wir zurück im Wohnheim sind, die Ausmaße der Therapiesitzungen bei ihr etwas herunterschrauben müssen. Ich bin mir nicht einmal sicher, ob es gut für mich ist, wenn ich ständig darüber rede, wie schlecht ich mich fühle und welche Gedanken ständig durch meinen Kopf schwirren. Natürlich fühle ich mich in diesen Augenblicken befreit, weil ich diese Gedanken endlich nicht mehr nur für mich selbst habe, sondern mit anderen teilen kann. Danach verschwindet dieses befreiende Gefühl jedoch sofort wieder und ich muss mir eingestehen, dass sich an den Gegebenheiten und an meiner Lage dennoch nichts ändern wird, egal wie oft und mit wem ich darüber spreche. Tief in mir drin weiß ich, dass es nur etwas bringen würde, wenn ich mit ihm persönlich darüber reden könnte. Wenn ich ihm zeigen könnte, wie schlecht es mir geht, seitdem alles in sich zusammengebrochen ist, was wir uns mühsam aufgebaut haben.

Immer wieder habe ich mein Handy in die Hand genommen, um ihn anzurufen, aber bevor der erste Piepton erscheinen konnte, habe ich es beendet, weil ich zu feige war, um mich all dem zu stellen. Es wird schwer für mich sein, meinen Alltag wieder selbst in die Hand zu nehmen. Hier im Krankenhaus lief alles nach einem fest bestimmten Schema ab, egal ob es sich um Untersuchungen oder um die Uhrzeit der verschiedenen Mahlzeiten handelte. Aber wenn ich jetzt da raus gehe, muss ich der Wahrheit ins Gesicht blicken und ich frage mich, wie ich mich verhalten soll, wenn ich ihn wieder sehe.

»Komm Süße, lass uns endlich von hier verschwinden.« Marys Stimme reißt mich Gott sei Dank aus dem Strudel der trüben Gedanken, als sie mich hinter sich her und durch die breite, dunkle Tür des Graveton Hospitals zieht. Sofort schlägt mir ein kalter Schauer über den Rücken, weil ich für diese Temperaturen eindeutig nicht warm genug angezogen bin. Es ist für mich kaum vorstellbar, dass ich das letzte Mal vor der Tür war, als sie noch doppelt so hoch waren.

Die Luft hat sich so stark abgekühlt, dass ich meinen eigenen Atem bereits vor meiner Nase sehen kann und die kleinen Schneeflocken, welche um mein Gesicht tanzen, hinterlassen sofort einen weißen Film auf meiner dünnen Jacke.

»Mein Gott, es fühlt sich an, als hätte ich Ewigkeiten hier drin gesteckt. Wie kann es sich denn bitte so schnell so drastisch abkühlen?«, frage ich Mary, während ich meine

Jacke ein kleines Stück fester um meinen Oberkörper ziehe. Der Weg zu Marys Auto ist so rutschig, dass ich mir allergrößte Mühe geben muss, um nicht sofort wieder mit einem gebrochenen Bein im Krankenhaus zu landen. Immerhin wäre der Weg bis in mein mir allzu bekanntes Zimmer nicht sehr weit.
»Du warst lange weg, Süße. Für dich waren es vielleicht gefühlt nur ein paar Tage, aber für uns war es die reinste Hölle. Ich bin so froh, dass du endlich entlassen wurdest. Krankenhäuser deprimieren mich ungemein.« Insgeheim freue ich mich natürlich auch auf die Zeit, die ich jetzt noch intensiver mit Mary verbringen kann, vor allem, weil sie in den letzten Wochen meinetwegen verdammt gelitten hat. Auf der anderen Seite weiß ich jedoch, dass mich die vertraute Umgebung wieder Gefühle empfinden lässt, die ich eigentlich nicht spüren möchte.
»Ich kann es immer noch nicht begreifen, dass ich wirklich vier Wochen im Koma gelegen habe. Ich hatte absolut kein Zeitgefühl, aber ich habe nicht damit gerechnet, dass es so lange war«, sage ich zu ihr über das Autodach hinweg und öffne dann meine Tür, um mich endlich in den Sitz fallen lassen zu können. Mary nimmt ebenfalls neben mir Platz und gemeinsam fahren wir zu unserem Wohnheim und mit jedem Kilometer, mit dem wir uns meinem Alltag nähern, holen mich alle Erinnerungen wieder ein und schnüren mir die Kehle immer fester zu.

Als wir den Parkplatz vor dem Wohnheim erreichen, stürzt alles auf mich hinab, was ich damit verbinde. An jeder Ecke sehe ich ihn. Ich sehe uns beide, wie wir gemeinsam aus meinem Wohnheim kommen und uns unbewusst immer wieder berühren, weil wir so dicht nebeneinander laufen, dass man gar keinen Zentimeter Platz mehr zwischen uns erkennen kann. Ich sehe ihn vor seinem Auto stehen und zu mir aufs Zimmer schauen, um mich dann zu sich herunter zu winken. Letztendlich versetzt es mich zurück an den Tag, an dem er mich die Treppen herunter und zu seinem Wagen getragen hat, um mich dann am See zu überraschen. Noch nie habe ich es verstanden, warum in den zahlreichen Liebesfilmen, die ich gesehen habe, alles zusammenbrechen musste, wenn es am schönsten war.
Immer, wenn die beiden Protagonisten zueinander gefunden haben und sich ihrer Gefühle bewusst geworden sind, wurde alles wieder in der nächsten Sekunde zerstört. Ich dachte jedes Mal, dass das, was man uns in den Filmen zeigt, nicht der Realität entspricht. Für mich war es einfach nur ein Mittel der Regisseure, um dem Film die nötige Spannung zu verleihen, aber jetzt weiß ich, dass es durchaus auch im wahren Leben der Fall ist. Und diese Wahrheit geht mir in dieser Sekunde tierisch auf den Senkel, denn das erste Mal wünsche ich mir, dass sich mein Leben nicht wie in einem meiner Lieblingsfilme abspielt. Alles, was ich will, ist, aus diesem Muster, welches die Öffentlichkeit einem vorwirft, zu entfliehen. Aber es fühlt sich an, als wäre ich in einem

Gefängnis, aus dem ich nie entkommen kann.
Langsam öffne ich die Tür von Marys Wagen und schlendere dann mit der Reisetasche über meiner Schulter auf die Eingangtür zu. Schon am Eingang sprechen mich einige Studentinnen aus meinem Wohnheim an. Sie werfen sich auf mich und zerfleischen mich mit so vielen Fragen, dass ich keine Einzige wirklich verstehen kann. Die einzigen Schlagworte, die ich erhaschen kann, sind UNFALL und TOT.
Wow, auf diese Begrüßung hätte ich dankend verzichten können, aber eigentlich war mir klar, dass in meinem Zimmer kein Empfangskomitee meiner Freunde auf mich warten würde. Welche Freunde sollten auch auf mich warten? Außer Mary und Eric hatte ich niemanden mehr, weil nun auch Dean nicht mehr da ist, um mich aufzufangen.
Ohne auf die zahlreichen Fragen von Lucy, Emma und Harlow einzugehen, schiebe ich mich an ihnen vorbei und mache mich auf den Weg in mein Zimmer. Als ich unsere Zimmertür jedoch öffne, bereue ich es sofort, mich nicht noch länger draußen aufgehalten zu haben, denn natürlich habe ich hier drinnen nur noch weitere Erinnerungen an Dean zu erwarten. Verzweifelt versuche ich die Bilder zu verdrängen, aber ich sehe ihn. Überall. Wie er auf meinem Bett sitzt und einen Schmollmund zieht, um mich zum Lachen zu bringen. Einen Augenblick später platzt er einfach ins Badezimmer, während ich nackt unter der Dusche stehe und ihm eine Beleidigung nach der anderen entgegen zische.

»Willst du hier Wurzeln schlagen?« Mary schiebt mich ein Stück weiter nach vorn und wie aus einem Traum gerissen stürze ich mich auf mein Bett und schmeiße meine Reisetasche in die Ecke.

»Tut mir leid, es ist irgendwie seltsam, hier zu sein«, antworte ich Mary und lasse meinen Blick auf mein Handy fallen, nur um zu sehen, dass ich wieder einmal keine einzige Nachricht empfangen habe.

»Hey, jetzt zieh nicht so einen Schmollmund, Süße. Eigentlich solltest du froh darüber sein, nicht mehr diesen Geruch von Desinfektionsmitteln riechen zu müssen.« Es war mir natürlich klar, dass Mary mich und meine gespielte Freude über die Entlassung schnell durchschauen würde.

»Ich bin natürlich froh darüber, aber die Erinnerungen holen mich gerade etwas ein. Gib mir eine Minute.«

»Ich gebe dir sogar einen ganzen Tag, denn jetzt solltest du dich hinlegen und dich endlich Mal in deinem eigenen Bett ausschlafen. Ab morgen musst du jedoch leider wieder glücklich sein, sorry. Aber ich denke, 24 Stunden sind spendabel genug.« Ihre Worte sorgen dafür, dass sich meine Mundwinkel wieder nach oben ziehen, auch wenn ich geglaubt habe, alles verlernt zu haben.

»Weißt du eigentlich, wie sehr ich dich liebe?«, flüstere ich ihr zu und kuschle mich in mein weiches Kissen ein.

»Keine Sorge, ab Morgen hast du die Möglichkeit, es mir zu beweisen.« Grinsend legt Mary sich ebenfalls auf ihr Bett und schließt ihre Augen. Schon einen Augenblick später sinke ich immer tiefer in die Dunkelheit ab.

Liebes Tagebuch,

die erste Nacht in meinem eigenen Bett hat in mir zwiespältige Gefühle hervorgerufen. Auf der einen Seite bin ich natürlich froh darüber wieder hier zu sein, weil es ein Zeichen dafür ist, dass es um meine körperliche Verfassung viel besser steht, als ich es anfangs erwartet hätte. Auf der anderen, düsteren Seite hingegen, habe ich immer wieder an diese Nächte denken müssen, in denen ich vor Angst um mich geschlagen habe. Weil ich ständig diese Bilder von diesen widerlichen Typen vor Augen hatte, wie sie entsetzliche Dinge mit mir anstellen.

Sobald sich diese Szenen vor mein geistiges Auge geschlichen haben, habe ich wieder einmal wild um mich geschlagen und habe am ganzen Körper gezittert, genau wie in dieser Nacht. Der Unterschied ist jedoch, dass ich dieses Mal allein in meinem Bett war, als ich aufgewacht bin. Es war, als würde ich kopfüber von einer Brücke stürzen, ohne an einem Seil befestigt zu sein. Der Aufprall hat mich in die Realität zurückgeholt.

Egal wie schlimm meine Träume waren, Dean war für mich da und hat es mit einer kleinen Geste, einem Wort oder einem Kuss auf meine Stirn geschafft, dass ich mich sicher fühle. Dieses Mal habe ich nichts von dieser Sicherheit gespürt, denn alles, was ich vernommen habe, war diese unglaubliche Leere, die er in mir hinterlassen hat, als er entschlossen hat, uns aufzugeben.

»Jetzt pack doch mal dieses deprimierende Buch weg«, murrt Mary und wirft ein kleines, flauschiges, herzförmiges Kissen nach mir. Ich fange es auf und schaue ungläubig zu ihr herüber.
»Was ist das denn?«, frage ich sie und ziehe meine Augenbrauen in die Höhe, weil ich solch etwas Kitschiges niemals auch nur in der Nähe von meiner besten Freundin erwartet hätte. Sie sieht mich gespielt zornig an, aber ich erkenne einen Glanz in ihren schönen blauen Augen, der mir verrät, dass es sie voll und ganz erwischt hat. »Das ist von Eric, und wehe du fängst jetzt an zu lachen! Sonst schnappe ich mir dein kleines Depritagebuch und halte damit eine Vorlesung an der Uni!« Grinsend schließe ich mein ›Depritagebuch‹ und werfe das Kissen zurück in Marys Richtung.
»Was ist da eigentlich zwischen euch?«, frage ich sie und ignoriere die Tatsache, dass es mich traurig stimmt, dass ich als beste Freundin nicht darüber Bescheid weiß, was im Leben meiner besseren Hälfte abläuft. Doch ich kann ja nichts dafür, dass ich wochenlang fernab von jeder Realität gelebt habe, wenn man diesen Zustand überhaupt als ›Leben‹ bezeichnen kann.
»Ich hätte es dir am liebsten sofort erzählt, als sie dich aus dem Koma geholt haben, aber ich hätte es irgendwie verkehrt gefunden, dich nach all dem, was passiert ist, mit so etwas zu überfallen. Nach dem Abend, an dem wir gemeinsam Zelten waren, war es um uns geschehen. Ich weiß nicht, ob es schon die ganze Zeit über so war, aber mir ist klar geworden, dass dieser Typ mir wahrhaftig den

Kopf verdreht hat.« Während diese Worte ihre vollen Lippen verlassen, kann ich erkennen, wie glücklich sie ist und ich bin nicht eifersüchtig auf sie, weil ihre Beziehung an dem Abend begonnen hat, an dem unsere schon fast am Ende war. Dennoch schmerzt der Gedanke.
»Das war nicht zu überhören. Ihr hattet auf jeden Fall eine Menge Spaß«, flüstere ich ihr zu und prompt schießt Mary eine Röte ins Gesicht, die ich bei ihr bisher in dieser Form noch kein einziges Mal sehen konnte.
»Oh mein Gott, es tut mir so leid. Ich wusste, dass wir hätten leiser sein sollen, aber irgendwie habe ich an diesem Abend alle Prinzipien über den Haufen geworfen. Das war bestimmt total unangenehm für dich.«
»Ich musste mir euer Schauspiel zum Glück nicht allein anhören. Dean hat mich mit seinen blöden Kommentaren gut abgelenkt, also es sei dir verziehen.«
Als ich realisiere, was ich eben gesagt habe und als ich an diese Szenen zurückdenke, läuft es mir eiskalt den Rücken herunter. Ich möchte nicht so tun, als wären alle Augenblicke mit ihm niemals geschehen, aber darüber zu reden, als hätte sich nichts zwischen uns geändert, fühlt sich ebenfalls falsch an.
Mary bemerkt umgehend, welche Richtung meine Gedanken einschlagen und so langsam glaube ich, dass sie Recht haben könnte, wenn sie über mein Tagebuch spricht. In den letzten Tagen sind meine Gedanken immer tiefer in diese Traurigkeit eingetaucht und irgendwann wird es schwer für mich sein, wieder aufzutauchen.

»Lass uns gehen.« Mit diesen Worten holt Mary mich zurück in dieses Zimmer und somit in die Realität.
»Wohin?«, frage ich sie und eigentlich habe ich keine Lust darauf, dieses Zimmer jemals wieder zu verlassen. Insgeheim hatte ich gehofft, dass ich keinen Schritt mehr in Richtung Universität machen muss. Es ist natürlich selbstverständlich, dass ich wieder in meine Kurse muss, aber ich hatte gehofft, all dem noch ein bisschen entfliehen zu können. Mary steht auf, bindet sich ihre langen, blonden Haare zu einem hohen Zopf zusammen und wickelt sich dann einen dicken Schal um ihren schmalen Hals.
»Eric ist in der Cafeteria und möchte dich auch endlich wieder unter den Lebenden sehen. Jetzt komm schon, das bist du mir schuldig, nach all den Sorgen, die du mir bereitet hast.« Obwohl sich jede Faser und jede Nervenzelle in meinem Körper dagegen sträubt, stehe ich ebenfalls vom Bett auf und wickle mich in einen warmen Wintermantel ein. Als ich mein eigenes Spiegelbild betrachte und mein Blick letztendlich am Fenster hängen bleibt, kann ich es immer noch nicht fassen, dass der Sommer endgültig vorbei ist.

Ich bin mir ziemlich sicher, dass Erics Umarmung irreparable Schäden an meinen inneren Organen hinterlassen wird, aber natürlich bin ich selbst auch unheimlich froh darüber, ihn wieder zu sehen.
»Hey, ich habe dich auch vermisst, aber wenn du nicht willst, dass die Ärzte mich aufgrund von inneren

Blutungen schon wieder in ein Koma versetzen müssen, dann solltest du vielleicht aufhören, mich zu zerdrücken«, sage ich lachend, während sich Eric dennoch kein Stück von mir löst. Als hätte er meine Worte erst jetzt realisiert, löst er sich schnell von mir und grinst mir frech ins Gesicht. Ja, ich habe diesen Jungen wirklich vermisst.

»Es tut so gut, dich hier so lebendig und auf zwei Beinen zu sehen. Bei den letzten Malen warst du irgendwie keine so tolle Gesellschaft. Du wolltest einfach nicht mit mir sprechen. Schlafen war eindeutig interessanter.« Lachend werfe ich meinen Kopf nach hinten und bin froh darüber, dass er mich nicht in Watte einpackt. Ich hatte schon Angst, dass ich ab jetzt behandelt werde, als wäre ich aus Glas. Zum Glück ist dies nur bei einer einzigen Person der Fall – nämlich bei meiner Mom und ich denke, als Mutter hat sie auch allen Grund dazu. »Witzig, echt! Aber du hast Recht, ich habe lieber geschlafen, als mich mit dir Schnarchnase unterhalten zu müssen.«

Gemeinsam betreten wir die Cafeteria und mit jedem Schritt, mit dem ich mich all dem hier nähere, schnürt sich meine Kehle ein kleines Stück zu. Es wird mich auf den Boden der Tatsachen werfen, wenn ich wieder hier bin und mich in meinem alten Leben zurechtfinde. Eigentlich hat sich darin gar nicht so viel verändert, seitdem ich mein Studium begonnen habe. Der einzige Unterschied ist, dass ich es geschafft habe, in ein paar Monaten zwei Mal angefahren zu werden und mich dabei in jemanden zu verlieben, der jeden Tag besonders für mich gemacht hat. Doch jetzt muss ich anfangen, mich

wieder damit zufriedenzugeben, ein ganz normales, langweiliges Leben zu führen. Ich habe nur keine Ahnung, wie ich das überstehen soll.
»Was stellen wir eigentlich zu deinem Geburtstag an?«, wirft Mary ein und klatscht wieder einmal übertrieben wild in die Hände. Ich weiß, dass sie mich am liebsten zu einer Party schleppen würde, doch in diesem Punkt gehen unsere Vorstellungen weit auseinander.
»Nichts Besonderes. Ich habe noch nie viel von Geburtstagen gehalten und daran hat sich auch nichts geändert. Wir könnten uns ja ein paar Filme zusammen ansehen und uns mit Schokolade und Popcorn vollstopfen«, antworte ich ihr und bemerke sofort eine Welle der Enttäuschung.
»Ich bin mir sicher, dass ich es schaffe, jeden Geburtstag besonders für dich zu machen. Wenn ich mit dir fertig bin, dann wirst du jedes Jahr diesem einen Tag entgegenfiebern. Glaub mir, Süße.« Es ist wirklich süß von ihr, dass sie sich so ins Zeug legt, um mich umzustimmen, aber eigentlich will ich gar nichts an meiner bisherigen Einstellung ändern.
»Das ist echt lieb von dir, aber ihr würdet mir die größte Freude bereiten, wenn wir einfach nur Filme schauen. Wirklich.« Angefressen lässt Mary ihre Schultern hängen, weshalb Eric sie in die Arme nimmt und an sich drückt.
»Keine Sorge, ich bin auch noch da. Ich würde alles dafür geben, dass du meinen Geburtstag zu etwas Besonderem machst. Auch wenn du dich dafür nicht anstrengen musst«, flüstert er ihr ins Ohr und zaubert ihr somit

wieder ein Lächeln ins Gesicht.

Nachdem ich mir an der Theke eine heiße Schokolade abgeholt habe, drehe ich mich um und augenblicklich spüre ich ein entsetzliches Brennen auf meiner Handfläche. Der Begriff ›heiße Schokolade‹ wurde wirklich noch nie so gut umgesetzt, wie in dieser Cafeteria.

Ich weiß nicht, ob ich mich ernsthaft verbrüht habe, aber als ich meinen Blick hebe und die dunklen Flecken auf der Jacke von dem Mann sehe, dessen Augen mich mustern, ist es mir so oder so egal. Deans Augen sehen immer noch so umwerfend aus, wie ich sie in Erinnerung hatte, aber dass sie mich so sehr aus dem Konzept bringen würden, habe ich nicht erwartet.

Innerlich bin ich dabei, mir jeden Zentimeter von ihm einzuprägen, weil sich mein Bild von ihm immer weiter in den Hintergrund gestellt hat, seit ich ihn das letzte Mal gesehen habe. Er sieht erschöpft aus und eigentlich möchte ich ihn einfach nur in die Arme schließen und ihm all den Kummer von der Seele nehmen, doch innerlich ist mir klar, dass dies bloß ein Wunschgedanke bleiben wird.

»Entschuldige«, stammle ich ihm entgegen und suche in seinen Augen nach irgendeiner Empfindung, die unser Zusammentreffen in ihm ausgelöst haben könnte, aber ich suche vergeblich, denn ich sehe nichts. Damals habe ich jede einzelne Regung in seinen Augen erkennen können, aber jetzt ist es, als hätte er eine hohe Mauer um

sich gezogen. Ich frage mich, ob ich die Einzige bin, die von ihm ausgeschlossen wird und ob es noch jemanden gibt, den er hinter diese Mauer blicken lässt. Fakt ist, dass ich es nicht bin und sicherlich nie mehr sein werde.
»Kannst du nicht aufpassen?« Diese Wut, die ich in seiner Stimme erkenne, ist mir seit diesem Abend nur allzu gut bekannt, aber dass er mich hier, vor versammelter Mannschaft so anpatzen würde, hätte ich nicht von ihm erwartet. Genau deshalb trifft es mich nur umso härter, als sich eine braunhaarige Schönheit, welche ich ebenfalls von der Uni kenne, von hinten um seine Taille schmiegt.
»Echt Mal kannst du nicht aufpassen? Lass uns lieber nach Hause gehen, Baby«, raunt sie ihm zu und ich weiß nicht, ob ich enttäuscht oder glücklich sein soll. Immerhin hat er sein Spektrum von ›blonden Topmodels‹ nun auch auf ›braunhaarige Topmodels‹ erweitert. Herzlichen Glückwunsch. Dean zwinkert ihr zu und schaut dann mit einem abschätzigen Blick auf mich hinunter.
»Ich hätte es wissen sollen, die Kleine hier schafft es nicht einmal ein Bein vors andere zu setzen, ohne sich sämtliche Knochen zu brechen«, sagt Dean zu der Braunhaarigen und grinst mich dabei gehässig an. Am liebsten würde ich ihm eine scheuern, aber leider gibt mir das auch keine ausreichende Genugtuung. Reicht es nicht aus, dass er mich ignoriert und sich nicht dafür interessiert, wie es mir geht? Dass er uns einfach aufgegeben hat, ohne zu kämpfen? Anscheinend nicht, denn vermutlich sind wir jetzt zu dem Part

übergesprungen, in dem er mich vor seiner neuen Errungenschaft bloßstellen möchte. Arschloch.

Jetzt sehe ich nicht mehr den liebevollen, verzweifelten jungen Mann vor mir, sondern einen Typen, vor dem mich meine Mom immer gewarnt hätte. Doch ich kann jetzt nicht einfach so zulassen, dass er mich hier allen zum Fraß vorwirft, also tue ich das Einzige, was mir in diesem Moment plausibel erscheint. Mit einem Schwung pfeffere ich ihm meinen Becher entgegen und gieße somit auch den Rest der heißen Schokolade über ihn. Dieses Gebräu kann meiner Meinung nach gar nicht heiß genug sein. Dean blickt erst auf seine eingesaute Jacke herab und sieht mich dann mit einem verwunderten Ausdruck an. Mary und Eric gesellen sich zu unserem kleinen Schauspiel und sofort hakt Mary sich bei mir ein. »Du hättest noch viel Schlimmeres verdient, also hör auf wie ein begossener Pudel zu schauen!«, sagt Mary an Dean gewandt und zieht mich dann hinter sich her.

»Kennst du die etwa?« Abschätzig lässt die Braunhaarige ihren Blick an mir hinabwandern und stupst dann Dean von der Seite an. Insgeheim kann ich es gar nicht abwarten, seine Antwort zu hören, aber eigentlich ist mir bewusst, dass sich in diesem Fall Traum und Realität stark voneinander unterscheiden.

»Nur flüchtig. Ist nicht der Rede wert.« Seine Worte treffen mich so hart, dass ich, egal wie sehr ich mich auch anstrenge, gleich zusammenbrechen werde. Mary schnaubt verächtlich neben mir und ich glaube, dass sie ihm am liebsten noch einen Becher überkippen oder ihm einen mächtigen Tritt zwischen die Beine verpassen würde.

»Glaub mir Kleines, mach dir keine Sorgen. Du hast das perfekte Niveau für Dean. Nämlich gar keines.«

Hysterisch wirft dieses Mädchen eine Beleidigung nach der anderen um sich, aber all das nehmen wir nur noch im Hintergrund wahr, denn als ich mich aus meiner Schockstarre gelöst habe, haben wir die Cafeteria bereits verlassen. Schlimmer hätte der erste Tag in meinem alten Leben wirklich nicht anfangen können.

3. Kapitel

Liebes Tagebuch,
mein Gott, der wievielte Eintrag in dieser Woche ist das jetzt schon? Der Tausendste, da bin ich mir ganz sicher! Wenn ich mich nicht langsam zügele, dann werde ich vermutlich jede Woche ein neues Tagebuch brauchen und das will ich den Bäumen eigentlich nur ungern antun, aber was soll ich machen? Du bist das Einzige, was mir hilft, meine tobenden Gedanken unter Kontrolle zu bringen.
Ihn zu sehen hat mich und mein Leben wieder einmal komplett aus der Bahn geworfen, und das, obwohl ich es noch nicht einmal wieder in die richtige Bahn lenken konnte. Für ihn sind bereits vier Wochen vergangen und er hat sein Leben einfach weitergelebt. Seine Zeit ist nicht stehengeblieben, meine hingegen irgendwie schon. Als ich aus dem Koma aufgewacht bin, war es, als wäre der Abend, von dem ich eigentlich gar nicht mehr reden kann, erst vor einigen Tagen passiert, dabei waren es vier Wochen.
VIER WOCHEN! Natürlich hat er sein Leben wieder in die Hand genommen, was hatte ich auch anderes zu erwarten?
Dass er jeden einzelnen Tag an meinem Bett sitzt und um mich trauert? Ja, eigentlich hatte ich genau das gehofft, als ich von Dr. Andrew erfahren habe, dass ich im Koma lag, aber ein Blick in Marys Augen hat genügt, um mich eines besseren zu belehren. Eigentlich sollte diese Begegnung mir

zeigen, dass ich ebenfalls mein Leben wieder in die Hand nehmen muss. Ich sollte es ihm gleich tun, aber ich habe keinen hübschen, braunhaarigen Studenten an meiner Seite, der mich ablenken kann.
Ich bin allein, er nicht. Also wie soll ich es schaffen, mein Leben wieder in den Griff zu bekommen? Ich weiß es nicht, aber eigentlich möchte ich es auch gar nicht. Wenn ich es schaffe, wieder glücklich zu sein, dann beweist es mir nur, dass Dean lediglich ein Kapitel in meinem Leben war, und mehr nicht. Ein Kapitel, welches zwar notwendig und wichtig ist, um ein Buch mit Leben zu füllen, welches aber nur einen Bruchteil des Ganzen darstellt. Doch ich weiß, dass ich damit nicht klarkommen werde, diesen Abschnitt als solchen abzutun und endgültig zu schließen. In diesem Moment würde ich den Sommer gern für immer auf Repeat schalten, damit ich mich niemals davon trennen muss. Dean war nicht nur ein unbedeutendes Kapitel in meinem Buch, welches sich ›Mein Leben‹ nennt. Auch wenn ich anscheinend nur eines in seinem war.

Bevor die Tränen, welche sich in meinen Augen sammeln, ihren Weg über mein Gesicht finden können, schließe ich mein Tagebuch und schaue nach vorn zu unserem Dozenten. So weit ist es also schon gekommen: Ich schleppe mein Tagebuch mit in die Vorlesung und achte überhaupt nicht auf die Dinge, die oberste Priorität haben sollten.
Super, Summer! Das machst du ganz großartig! Dieser

Hörsaal löst noch immer deprimierende Gedanken und Erinnerungen in mir aus und am liebsten würde ich es einfach wieder aufschlagen, um all das, was in meinem Kopf rumort, niederzuschreiben. Ich brauche das und irgendwie habe ich das Gefühl, dass es sich in den letzten Tagen zu einer Art Sucht entwickelt hat. Immerhin habe ich meine Finger von jeglichen Drogen gelassen! Da bin ich lieber ein depressives, junges Mädchen, das nach dem Geruch der Tinte auf dem Papier lechzt, als eine Heroinsüchtige mit einer Spritze im Arm!
»Hey, alles okay mit dir?« Die honigsüße Stimme von einem blonden Mädchen, das neben mir sitzt, reißt mich aus meinen absurden Gedanken. Ich benötige einige Sekunden, um zu erkennen, dass es sich um Lena handelt.
»Ähm, ja, was sollte denn nicht in Ordnung sein?«, frage ich sie verwirrt, weil ich diesen Beginn einer Konversation ziemlich seltsam finde. Oder bin ich seltsam? Ich habe keine Ahnung mehr, was normal ist und was nicht, aber so weit ich mich erinnere, beginnt man das Gespräch mit einer fast Fremden nicht mit solch einer Frage.
Lena deutet auf mein Gesicht und sieht mich besorgt an.
»Deine Nase blutet. Brauchst du ein Taschentuch?«
Sofort greife ich nach meiner Nase und sie hat recht, ich spüre die warme Flüssigkeit, die langsam aber sicher aus meinen Nasenlöchern sickert.
Einen Augenblick später landen die ersten Bluttropfen auf meinen Aufzeichnungen. Ich krame umgehend in meiner Tasche herum, um nach einem Taschentuch zu

suchen, aber ich habe keine eingesteckt. Komisch, so oft, wie ich in den letzten Monaten in Tränen ausgebrochen bin, könnte man durchaus meinen, eine Packung Taschentücher gehört zu meiner neuen Grundausrüstung.
»Ich habe keine dabei«, flüstere ich ihr zu, damit niemand sonst auf die Idee kommt, seine Aufmerksamkeit auf mich zu lenken. Sofort zieht Lena eine Packung Taschentücher aus ihrer Tasche heraus und reicht sie mir.
»Hast du sowas öfter?« Ihre Stimme klingt noch immer besorgt, dabei ist es doch bloß ein harmloses Nasenbluten! Daran werde ich schon nicht sterben, schließlich kann ich mir nicht vorstellen, dass ich dabei vier Liter meines Blutes verlieren werde.
»Eigentlich nicht. Das ist glaube ich sogar das erste Mal. Danke.« Ich greife nach dem Taschentuch und tupfe mir dann vorsichtig das Blut und anschließend meine Notizen ab. Doch das Einzige, an was ich in diesem Moment denke, ist mein treuer Begleiter. Mein Gott, ich bin so froh darüber, dass ich es rechtzeitig geschlossen habe, sonst wäre es jetzt vollkommen eingesaut.
»Kein Problem. Wenn das öfter vorkommt, solltest du eventuell einmal zum Arzt gehen«, schlägt Lena mir vor und ich bin erstaunt, wie nett sie zu mir ist. Immerhin war ich fest davon überzeugt, dass sie ein Verhältnis mit Dean hatte und laut meiner Erfahrung können seine Liebschaften mich nicht unbedingt gut leiden, was natürlich auf vollkommener Gegenseitigkeit beruht.
»Warst du mal mit Dean Ross zusammen?«, schießt es plötzlich aus mir heraus und ich würde mich gern selbst

dafür erwürgen, solch eine peinliche Frage gestellt zu haben. Lena runzelt ihre Stirn und sieht mich, verständlicherweise, entgeistert an.

»Nein, war ich nicht. Wieso fragst du?« Ihre Miene verändert sich und sie sieht mich nun wieder freundlich an. Natürlich war sie nicht mit ihm zusammen, dieses Mädchen hier ist einfach viel zu nett! »Entschuldige, das geht mich eigentlich gar nichts an«, antworte ich ihr und blicke dann wieder nach vorn zu Dr. Peters.

»Ich stehe nicht auf Arschlöcher«, schiebt sie noch flüsternd hinterher und ich wünschte, dass ich dieselbe Einstellung mit ihr teilen könnte. Und obwohl sie recht hat, habe ich das dringende Bedürfnis, ihn in diesem Augenblick verteidigen zu müssen. Am liebsten würde ich ihr sagen, dass sie ein komplett falsches Bild von ihm hat, aber wie kann ich mir da so sicher sein? Fakt ist, dass sie vermutlich mit jedem einzelnen Wort, das ihre perfekt geformten Lippen verlässt, recht hat. Ich lächle sie an, während ich ihr antworte.

»Ich auch nicht.« Seit wann fällt es mir eigentlich so leicht, zu lügen? Es ist tragisch, wenn ich den Zeitstrahl betrachte, der meine Entwicklung in den letzten Monaten darstellt. Als ich meinen Blick zu ihren Notizen abschweifen lasse, wird meine Aufmerksamkeit von einem kleinen Ratgeber gefangen genommen.

›Das Leben mit Multipler Sklerose‹ ist in schlichten, braunen Buchstaben auf das Cover gedruckt. Die Klammern an meinem Herzen ziehen sich erneut fester zusammen und auf einmal ist es, als würde mir alles einleuchten. Als würde alles, was ich damals nicht verstanden habe, jetzt endlich einen Sinn ergeben. An dem Tag, an dem Dean aus der Vorlesung gestürmt ist, hatte ich gedacht, dass es wegen Lena war. Jetzt wird mir klar, dass es nicht um sie ging. Sie hatte an diesem Tag einen Vortrag über neurologische Erkrankungen gehalten und ich kann mir vorstellen, was für Gefühle es in ihm ausgelöst haben muss, über seine unheilbare Krankheit von einer Studentin unterrichtet zu werden, während ich neben ihm sitze.

Oh mein Gott. Und plötzlich schießen mir auch andere Szenen in den Kopf. Immer wieder habe ich diese Müdigkeit an ihm festgestellt, aber ich war einfach zu naiv und zu blind, um genauer hinzusehen. Ich hätte wissen müssen, dass mit ihm etwas nicht stimmt und vor allem, dass sein Verschwinden eine tiefere Bedeutung haben muss. Am liebsten würde ich meinen Kopf immer und immer wieder gegen eine Wand schmettern, weil mir jetzt alles klar wird, was mir schon vor Wochen oder gar Monaten hätte klar sein sollen. Es war die ganze Zeit da. Es war direkt vor meiner Nase und ich habe es ignoriert, weil ich einzig und allein darauf fixiert war, mich nicht in meinen Gefühlen für ihn zu verlieren. Ich hätte meine Aufmerksamkeit und meine Kraft auf andere Dinge richten sollen, denn es war seit der ersten Sekunde an klar, dass ich mich in ihm verlieren werde, wenn ich ihm in die Augen sehe.

Auf einmal stürzen alle Gefühle und Gedanken über mir ein und lassen in meinem Inneren nur noch einen wirren

Haufen aus Schutt und Asche zurück. Alles, was ich jetzt brauche, ist frische Luft. Ich brauche einen Beweis dafür, dass ich noch am Leben bin, denn in dieser Sekunde fühlt es sich an, als würde alles in mir sterben.

Ohne auf ein weiteres Wort von Lena oder meinem Dozenten zu warten, stopfe ich die Notizen und mein Tagebuch in meine Handtasche und stürme die Treppen hinunter. Dabei verliere ich ein Mal mein Gleichgewicht derart, dass ich beinahe vor versammelter Mannschaft die Treppen herunterfalle. Auch das wäre leider keine Premiere in meinem Leben.

Als ich die Tür des Hörsaals endlich hinter mir geschlossen habe, geht mein Herzschlag so schnell, dass die Klammern sich mit jedem Pochen weiter zuziehen. Ich stütze mich an der großen, dunkelblauen Tür ab und auf wackeligen Beinen taumele ich den langen Gang der Universität entlang. Mein Kopf beginnt, auf eine höllische Weise zu zerbersten. Ich muss mir meine Hände gegen die Schläfen drücken, weil ich das Gefühl habe, dass sich der Druck dadurch minimieren lässt. Sobald ich jedoch meine Arme wieder herunternehme, pocht der Schmerz noch viel drängender und intensiver gegen meine Schädeldecke.

Mit jedem Schritt, der mir gelingt, ohne dabei zusammenzubrechen, werden meine Beine schwerer und träger und ich frage mich, wie lange sie noch in der Lage sind, mich und mein Körpergewicht aufrechtzuerhalten.

Wieder einmal spüre ich seine Anwesenheit, bevor ich ihn sehen kann, weil die Luft immer noch auf seltsame Weise vibriert, sobald er in meiner Nähe ist. Es fühlt sich an, als würden sich all meine kleinen Härchen aufstellen, wenn ich ihn in meiner Umgebung wahrnehme, aber in diesem Augenblick fühlen sich die Härchen wie tausend Nadelstiche auf meiner Haut an. Einige Sekunden später kommt Dean um die Ecke, und ehe ich mich versehe, geben meine Beine nach und mein gesamtes Körpergewicht sackt nach vorn zusammen.

Ich warte schon auf den Ton, den der Aufprall meines Schädels am Boden von sich geben wird, aber bevor ich mir selbst eine weitere Gehirnerschütterung zumuten kann, fangen warme, starke Arme mich auf. Sein Geruch versetzt mich zurück in die Vergangenheit und ich versuche vergeblich, meine Augen offen zu halten. Ich will ihm nur noch ein einziges Mal ins Gesicht sehen, bevor sich meine Augen wie automatisch schließen. Mit aller Kraft blicke ich zu ihm auf und sein durchbohrender Blick scheint jede Faser und jede Nervenzelle in meinem Körper zu entflammen.

Als seine Lippen sich bewegen, ohne einen Ton von sich zu geben, würde ich ihn am liebsten küssen. Hier und jetzt. Ich will nur noch ein einziges Mal wissen, wie es sich anfühlt und ob sich jemals etwas an meinen Gefühlen für ihn ändern kann, oder ob ich ihm einfach für immer verfallen bin. Aber bevor ich es schaffe, meinen Mund seinem zu nähern, wird alles schwarz. Ich höre zwar die hektischen Stimmen der Menschen um mich herum, aber ich sehe ihn nicht mehr und was soll ich in einer Welt, in der ich ihn nicht sehen kann?

Alles ist schwarz und ich kann in dieser Dunkelheit keinen einzigen Lichtschimmer erkennen. Wieder einmal beginne ich, panisch am gesamten Körper zu zittern. »Hey Süße, wie geht es dir?« Langsam öffne ich meine schweren Lider und erleichtert stelle ich fest, dass ich in meinem eigenen Bett liege und nicht wie befürchtet im Krankenhaus. Mary streichelt mir behutsam über die Stirn, aber bei jeder kleinen Berührung fühlt es sich an, als würden weitere Fasern in mir absterben. Der Schmerz durchzuckt meinen gesamten Körper und ich muss mich anstrengen, um die Augen offen zu halten.
»Wie bin ich hier hergekommen?«, frage ich Mary und hoffe insgeheim nur auf eine Antwort. In meiner Vorstellung hat Dean mich, nachdem ich in seinen Armen zusammengebrochen bin, hier hergetragen und mich ins Bett gelegt. Doch all das ist wieder einmal einzig und allein ein Wunsch, der nicht in Erfüllung gegangen ist. Wieso ich mir diesbezüglich so sicher bin? Ich weiß, dass Dean hier sein würde, wenn es sich so abgespielt hätte. Er hätte mich nicht einfach hier abgeliefert wie ein Pizzabote und wäre dann wieder verschwunden. Er wäre bei mir geblieben, bis ich aufwache.
Das hätte ich jedenfalls von dem Dean erwartet, von dem ich glaubte, dass ich ihn und sein Innerstes kenne. Tief in mir drin bin ich mir leider nicht mehr sicher, ob mein Bild von ihm wirklich auch nur ansatzweise der Realität entspricht. »Eric hat dich ins Wohnheim getragen. Du hast in der Uni auf dem Boden gelegen. Meine Güte Summer, weißt du, was du mir für einen Schrecken

eingejagt hast?«

»Wo war Dean?«, frage ich sie so leise, dass sie sich anstrengen muss, um meinen Worten zu folgen.

»Keine Ahnung, Summer. Wieso fragst du? Dean war jedenfalls nicht bei dir, als Eric dich am Boden gefunden hat.« Ich hätte es besser wissen müssen. Natürlich war Dean nicht da um mich aufzufangen, wie könnte er auch, nachdem er mich so oft hat fallen lassen. Mein Gehirn gaukelt mir genau das vor, was ich mir tief in meinem Inneren wünsche, aber sobald ich der Realität ins Auge blicke, trifft es mich nur umso härter.

»Wie kommt es, dass du mich nicht sofort ins Krankenhaus gebracht hast? Ich möchte dir keine Vorwürfe machen, ich bin dir sogar sehr dankbar deswegen. Aber dennoch hätte ich erwartet, dass du sofort die besten Ärzte der Welt einfliegen lässt, um mich mit einem Helikopter abholen zu lassen«, scherze ich und bin froh, dass sich der Druck in meinem Schädel mit jeder Sekunde weiter verringert.

»Glaube mir, als ich erfahren habe, dass Eric dich sofort hier hergebracht hat, anstatt den Krankenwagen zu rufen, bin ich vollkommen ausgetickt. Er meinte, du wärst zwischenzeitlich bei Bewusstsein gewesen und hättest ihn angefleht, dich einfach nur in dein Bett zu bringen. Tja, und so wie wir Eric kennen, kann er einer Frau in Nöten niemals einen Wunsch abschlagen.« Ich kann mich nicht daran erinnern, mit Eric gesprochen zu haben, geschweige denn überhaupt bei Besinnung gewesen zu sein, aber ich bin ihm unendlich dankbar, dass er meinen

Wunsch erfüllt hat.

Mary hätte vermutlich wirklich die Ärzte von Greys Anatomie oder Dr. House höchstpersönlich antanzen lassen.

»Es ist alles okay, Süße. Das war bloß ein kleiner Schwächeanfall. Nicht der Rede wert«, sage ich leise, während ich mich aufsetze und meinen Kopf gegen die kühle Wand lehne. Nicht der Rede wert. Dass ich jetzt die gleiche Floskel benutze, wie Dean, als er von mir sprach, fällt mir erst einige Sekunden später auf und irgendwie finde ich es befreiend, mich darüber lustig zu machen.

»Ein kleiner Schwächeanfall? Spinnst du? Du bist mitten im Flur umgekippt, Summer! Ich will wirklich kein Spielverderber sein, aber ich denke, du solltest noch einmal zu Dr. Andrew gehen!«

Vermutlich hat Mary recht und ich sollte diese Alarmzeichen ernster nehmen, aber im Moment bin ich nicht besonders scharf darauf, zu erfahren, was in meinem Körper alles in Trümmern liegt.

»Es wird alles in Ordnung sein. Vertrau mir, ich kenne meinen Körper und ich weiß, wann es ernst ist«, versuche ich sie milde zu stimmen, aber es fällt mir schwer, ihr mitten ins Gesicht zu lügen. Vor allem, da ich mir im Krankenhaus geschworen habe, jetzt all das besser zu machen, was meine zwischenmenschlichen Beziehungen betrifft. Dieser Punkt ist in diesem Augenblick mächtig in die Hose gegangen und dafür könnte ich mir sofort selbst eine Ohrfeige verpassen. Mary kommt einen Schritt näher an mich heran und rüttelt an mir, nachdem sie sich neben

mich auf das Bett gesetzt hat.
»Summer du hattest schon etliche Gehirnerschütterungen und lagst im Koma, weil du eine Hirnblutung hattest! Merkst du nicht, dass du verdammt fahrlässig mit deiner Gesundheit umgehst?«
Natürlich hat sie recht. Mary hat immer recht und ich sollte ihr vermutlich von dem Vorfall in meiner Vorlesung erzählen. Ja, ich sollte ihr erzählen, dass ich mir sehr wohl bewusst darüber bin, dass mit mir etwas nicht stimmt, aber wieso sollte ich ihre Ängste um mich noch weiter steigern, wenn ich versuchen kann, sie zu lindern? Ich weiß, vermutlich kann niemand meine Entscheidungen und Taten nachvollziehen, aber so war ich schon immer und so werde ich auch immer bleiben. Niemals habe ich verlangt, dass jeder meine Handlungen nachvollziehen kann. Gerade als ich ihr antworten will, öffnet sich unsere Zimmertür und Eric schlendert, mit einer großen Einkaufstüte in der Hand, auf mein Bett zu. Sofort springt Mary auf und wirft sich ihm an den Hals, was ich an sich auch süß finden würde, wenn sich dabei nicht immer noch alles in mir zusammenziehen würde.
Als sie sich endlich wieder voneinander lösen, stellt Eric die Einkaufstüte auf meinem kleinen Nachtschränkchen ab, der absolut nicht für solch große Gegenstände geeignet ist. Ich sehe die Tüte schon jeden Moment herunterkrachen, also greife ich danach und spähe, auch wenn es mich nichts angeht, in das Innere der Tüte hinein. Immerhin hat er sie in meinem Territorium abgestellt, also fühlt sich meine Neugier beinahe dazu

verpflichtet, hineinzusehen.

»Ich dachte mir, wir könnten dir heute Abend die beste Freude bereiten, indem wir uns mit Schokolade und Popcorn vollstopfen«, antwortet Eric auf meinen fragenden Blick, nachdem ich den Inhalt der Tüte unter die Lupe genommen habe. Sofort schießen meine Mundwinkel nach oben, und als ich dann eine DVD herausziehe, die mein Herz noch höher schlagen lässt als Schokolade, ist in diesem Augenblick alles perfekt.

Vergissmeinnicht...

Welch eine Ironie des Schicksals...

Ich würde dich jedenfalls niemals vergessen.

4. Kapitel

Die nächsten Tage an der Universität vergehen ohne weitere Zwischenfälle. Weder beginnt meine Nase auf unerklärliche Weise zu bluten noch fühlt sich mein Kopf an, als würde er in tausend Einzelteile zerspringen. Dean habe ich seitdem ebenfalls nicht mehr gesehen und eigentlich sollte mich diese Tatsache freuen, weil sein Anblick alles in mir erschüttert, aber andererseits vermisse ich ihn einfach nur. Auch wenn ich ihn, nach all dem, was er gesagt und getan hat, nicht vermissen sollte. Doch wie soll ich meinem Herzen sagen, dass es aufhören soll, so für ihn zu empfinden?
Gäbe es eine bestimmte Sprache dafür, die den Kummer lindern kann, würde ich sie erlernen.
Aber ich weiß, dass es vergeblich ist. Alles ist zwecklos. Schon als ich an diesem Morgen die Cafeteria betreten habe, wusste ich, dass ich sofort umdrehen sollte, um einfach wieder zurück in mein Wohnheim zu gehen. Ich sollte ihm aus dem Weg gehen, aber ich will nur eine einzige Frage von ihm beantwortet bekommen.
Die Frage, ob ich mir den Zusammenprall auf dem Flur wirklich nur eingebildet habe, denn dann weiß ich, dass ich noch heute einen Termin in einer psychiatrischen Klinik besorgen werde, damit man mich mit einer Zwangsjacke in eine Gummizelle einsperrt. Halluzinationen sind definitiv das Letzte, was ich

momentan gebrauchen kann. Vor allem, wenn diese Hirngespinste ihn betreffen.
Ich habe ihn schon von draußen aus durch die Fensterscheibe gesehen. Und allein schon die Tatsache, dass er wieder dieses braunhaarige Schoßhündchen an seiner Backe kleben hat, hätte für mich Auslöser genug sein müssen, diese Aktion hier auf der Stelle abzubrechen. Aber ich habe mir einmal vorgenommen, mich nicht mehr so leicht unterkriegen zu lassen und ich denke, dass der Vorfall mit der heißen Schokolade gar nicht mal so weit davon entfernt war, so etwas wie Selbstbewusstsein auszustrahlen. Ja, diese Aktion war auf jeden Fall ein guter Einstieg, jetzt muss ich nur noch den roten Faden finden.
Ohne auf die Blicke der Studenten und Studentinnen in der Cafeteria zu achten, steuere ich direkt auf den kleinen, braunen Tisch an der Ecke zu, an dem wir ebenfalls oft zusammengesessen haben. Als unsere Leben noch in einer gemeinsamen Welt gespielt haben. Jetzt fühlt es sich so an, als hätten unsere Herzen nie im selben Takt geschlagen. Als wäre meine Welt jetzt Lichtjahre von seiner entfernt und tief in meinem Inneren will ich eigentlich nur, dass ich es wieder schaffe, diese Lichtjahre zu überbrücken.
Je dichter ich den beiden komme, umso mehr beginnt mein Herz vor Nervosität zu flattern, aber ich werde nicht umdrehen. Ich kann jetzt nicht umdrehen.
»Dean, hast du mal eine Minute?«, frage ich ihn, als ich mich vor ihnen aufgebaut habe, und ignoriere die

Tatsache, dass Brownie mich anschaut, als wolle sie mir augenblicklich die Augen auskratzen. Dean blickt erst zu seiner neuen, kleinen Spielgefährtin, bevor er sich meiner Wenigkeit zuwendet, aufsteht und einfach aus der Cafeteria stürmt.
Was soll ich machen? Soll ich ihm jetzt hinterherrennen wie ein Schoßhündchen oder soll ich es einfach akzeptieren, damit mir diese Blamage erspart bleibt? Obwohl Punkt zwei eindeutig der klügere wäre, finde ich mich schon augenblicklich später ebenfalls draußen wieder. Dean steht, mit dem Rücken an die Wand gelehnt, verkrampft neben mir und pustet den Qualm seiner Zigarette aus seinen Lungen heraus.
»Was willst du Summer? Kannst du mich nicht einfach in Ruhe lassen?«, zischt er mich zwischen zusammengebissenen Zähnen an und sein Blick durchbohrt mich mit einer solchen Intensität, dass ich meinen von ihm abwenden muss. So viel zum Thema Selbstbewusstsein.
»Ich habe nur eine Frage an dich. Vertrau mir, danach werde ich wieder endgültig aus deinem Leben verschwinden, damit du mit Brownie bis ans Ende deiner Tage glücklich werden kannst.« Dean dreht sich leicht in meine Richtung und dieses Mal versuche ich, meinen Blick nicht wieder von seinem abzuwenden, auch wenn es mich größte Überwindung kostet.
»Brownie?« Zu meinem Entsetzen wandert sein rechter Mundwinkel wegen meiner Bemerkung so weit nach oben, bis wieder dieses Grübchen auf seiner Wange

entsteht, welches ich so sehr vermisst hatte. In diesem Moment würde ich am liebsten meinen Arm heben und sein Gesicht in meine Hände nehmen.
»Ja, Brownie. Du verstehst schon, wegen der braunen Haare«, antworte ich ihm und zucke dabei leicht mit den Schultern.
»Ich weiß wieso, du Klugscheißerin. Und jetzt sag mir, was du von mir wissen willst, damit ich wieder rein gehen kann.« Als hätte sich in seinem Kopf ein Schalter umgelegt, trieft seine Stimme wieder vor Abscheu mir gegenüber. Wow, diese Unterhaltung wird definitiv in das Guinnessbuch der Rekorde eingehen - als peinlichste Unterhaltung der letzten Jahrzehnte.
»Ich hatte gestern einen kleinen Schwächeanfall in der Universität und naja, als ich wieder wach geworden bin, lag ich dann in meinem Bett. Mary meinte, dass Eric mich auf dem Boden vorgefunden hat, aber ich hätte schwören können, dass du mich aufgefangen hast. Er meinte, du warst nirgends zu sehen. Hör mal, ich will jetzt kein sentimentales oder emotionales Gespräch führen, ich will einfach nur wissen, ob ich jetzt sogar schon halluziniere.«
Vollkommen perplex schaut Dean mich an und ich würde alles dafür geben, um jetzt einen kleinen Einblick in seine Gedanken zu bekommen. Aber er hat noch immer diese hohen Mauern um sich gezogen, die es mir nicht ermöglichen, auch nur eine Sekunde einen Blick durch seine Fassade erhaschen zu können. Er nimmt einen weiteren tiefen Zug von seiner Zigarette und bläst den Rauch dann, wie in Zeitlupe, wieder heraus. Und obwohl

ich ihm am liebsten das verfluchte Ding wegnehmen würde, halte ich mich zurück.

»Ja, du bist mir sozusagen in die Arme gefallen. Aber Eric hat schon recht, als er kam, war ich weg.« In seiner Stimme kann ich keinerlei Anzeichen irgendeines Gefühles erkennen und es tut mir höllisch weh, dass ihn mein Zusammenbruch anscheinend so kalt lässt.

»Wo warst du plötzlich?«, frage ich ihn und versuche meiner Stimme dabei den nötigen, sauren Beigeschmack zu verleihen, aber es ist vergeblich. Das Beben, welches sich in ihr anbahnt, zeigt ihm nur allzu deutlich, wie sehr er mich damit verletzt hat.

»Ich hatte noch etwas anderes zu tun«, ist alles, was er erwidert. Sofort gehe ich einen Schritt auf ihn zu und knalle ihm meine Hand so stark gegen das Gesicht, dass es sich anfühlt, als würde mein Handgelenk herausspringen. Doch auch jetzt ist keine einzige Regung in seinen Zügen zu erkennen, was mich immer und immer zorniger werden lässt.

»Ich bin in deinen Armen zusammengebrochen, Dean! Und du hattest etwas ANDERES zu tun? Was hast du gemacht? Mich da einfach liegen lassen wie ein Stück Dreck, damit du dieses Mädchen flachlegen kannst?«, schreie ich ihm mitten ins Gesicht, aber dennoch passiert nichts. Es ist, als würde vor mir nur noch die Hülle des Menschen stehen, in den ich mich verliebt habe. Von all dem, was mich an ihm fasziniert hat, ist nichts mehr da. Es ist gegangen.

»Ich habe gesehen, dass Eric kommt, okay? Und jetzt

komm mal wieder runter! Ich habe dir an diesem Abend gesagt, dass ich dich nicht mehr wiedersehen will, also lass mich einfach in Ruhe und hör auf, mir hinterherzurennen!«, schreit er mich ebenfalls an, aber wenn ich jetzt erneut zusammenbreche, denkt er, dass ich auf ihn angewiesen bin und auch wenn das in gewisser Weise sogar stimmt, will ich ihm keine Bestätigung geben.
»Weißt du was? Ich frage mich ernsthaft, wie ich auch nur eine Sekunde lang glauben konnte, dass du etwas Besonderes bist. Und vertrau mir, wenn du einmal abklappen würdest, dann würde ich dich in der Hölle schmoren lassen!«
Beeindruckend, Summer. Jetzt hast du es ihm aber gegeben! Natürlich würde ich ihn niemals auf diese Art und Weise fallen lassen, wie er mich hat fallen lassen. Egal, wie oft er mich verletzt und egal wie viele Narben er damit in meinem Herzen hinterlässt, ich weiß, dass ich ihm helfen würde, wenn ich könnte. Ich habe nur keinen blassen Schimmer, wie ich das anstellen soll.
Wenig begeistert wendet sich Dean jedoch, nachdem er seine Zigarette an der Wand ausgedrückt hat, wieder der Eingangstür zu. Bevor er sie öffnet, blickt er mich noch einmal über seine Schultern hinweg an.
»Und bitte hör auf, mich zu schlagen oder mir irgendwelche Sachen über die Jacke zu kippen.« Und dann ist er durch die Tür verschwunden, bevor ich noch ein weiteres Wort über meine Lippen bringe. Niemals hätte ich damit gerechnet, dass die Situation so eskalieren würde und vor allem nicht, dass das Gespräch so enden

würde. Eine positive Sache hat unsere Unterhaltung dennoch gehabt. Immerhin weiß ich jetzt, dass ich vorerst keinen Termin in der Klinik brauche.

»Er hatte etwas anderes zu tun?«, quiekt Mary und ihr Gesichtsausdruck spricht Bände, als ich ihr von unserem Gespräch erzähle. »Ja er sagt, er hat Eric gesehen, deshalb dachte er wohl, dass er sich aus dem Staub machen kann.« Ihre Kinnlade klappt herunter und ich kann ihre Reaktion nachvollziehen, und obwohl eigentlich ich diejenige sein müsste, die entgeistert, entsetzt oder traurig sein sollte, habe ich das Gefühl, dass es für Mary noch schlimmer ist. In ihren Augen kann ich etwas erkennen, was mir sogar ein wenig Angst bereitet, weil sie gerade einem Psychopathen ziemlich ähnlich sieht.
»Ich schwöre dir, wenn er mir noch einmal unter die Augen treten sollte, dann kann ich für nichts garantieren.« Und schon spricht sie ihre psychopathischen Gedanken laut aus, super! Es verwundert mich wirklich, dass ich hier, erhobenen Hauptes stehen kann, ohne mich heulend in meinem Bett verkriechen zu wollen. Langsam glaube ich, dass mein Kopf einen ernsthaften Schaden von sich getragen hat. In den letzten Tagen wechselte meine Stimmung permanent von traurig auf wütend und anschließend hatte ich eine Phase, in der mir alles gleichgültig war, obwohl jeder Mensch, der mich kennt, weiß, dass mir nie etwas egal ist. Eigentlich sollte ich auch froh darüber sein, dass ich so standhaft bleiben konnte, aber ich weiß innerlich, je stärker ich jetzt bin, desto

intensiver wird mich alles wieder einholen. Und jetzt bleibt mir nichts anderes übrig, als auf diesen Tag zu warten, der mich mit sich in den Abgrund reißen wird. Noch bevor ich auf Marys psychopathische Gelüste eingehen kann, vibriert mein Handy in meiner linken Jackentasche und ohne auf den Namen auf dem Display zu achten, nehme ich das Gespräch ab.

»Gott Summer, geht es dir gut? Sag mir, dass es dir gut geht oder ich stehe in nicht einmal mehr zehn Minuten vor deiner Tür!« Meine Mutter. Wer sonst. Ihre Stimme erweckt die unerträglichen Kopfschmerzen wieder zum Leben und ich habe keine Ahnung, wie sie von meinem Schwächeanfall erfahren hat. Fakt ist, dass sie es weiß und ich deshalb vermutlich in Zukunft keinen ruhigen Tag mehr haben werde.

»Mom! Mir geht es gut, okay? Wie kommst du überhaupt darauf, dass es anders sein könnte? Und außerdem brauchst du bis zum Wohnheim mindestens dreißig Minuten, also hör auf, mich anzuflunkern«, scherze ich, weil ich will, dass meine Mutter aufhört, sich ständig meinetwegen Sorgen zu machen. Es fühlt sich einfach nicht richtig an, wenn sie traurig wegen mir ist.

»Summer, habe ich dir nicht schon, seitdem du klein warst, eingetrichtert, dass es sich nicht gehört, zu lügen?«, schnauzt sie mich an, aber innerlich kann ich einfach nur daran denken, dass sie keinerlei Recht dazu hat, solche Dinge zu sagen, wenn sie doch immer diejenige ist, die mir eine Lüge nach der anderen auftischt.

»Mary hat es mir erzählt! Ich kann es einfach nicht fassen,

dass du mich nicht sofort angerufen hast.« Zornig blicke ich in Marys Gesicht, aber bevor ich auch nur einen Ton über meine Lippen bringen kann, hat sie bereits das Weite gesucht und ist im Badezimmer verschwunden. Wo bin ich hier eigentlich gelandet?
»Mom, jetzt lass es mich doch endlich erklären! Ich wollte dich anrufen, aber ich möchte dir nicht unnötig Sorgen bereiten, immerhin geht es mir jetzt schon viel besser. Vertrau mir«, versuche ich sie zu besänftigen, aber Sylvia Maddison ist schon immer eine Frau gewesen, die man nicht beruhigen kann. Nein, meine Mom spiegelt das perfekte und vollkommene Gegenteil wieder, denn je mehr man sie zu besänftigen versucht, umso stärker tickt sie am Ende aus. Wieso habe ich nicht auf das Display geschaut, anstatt einfach abzunehmen?
Dann hätte ich dieses unangenehme Verhör wenigstens bis heute Abend hinauszögern können. In der nächsten halben Stunde kann ich mir alle Standpauken anhören, die jedes Kind im Laufe seines Lebens über sich ergehen lassen muss. Summer, man lügt seine Eltern nicht an. Summer, deine Handlungen sind unreif und kindisch, du solltest endlich mal anfangen, Verantwortung für dein eigenes Leben zu übernehmen. Summer, wenn du dich nicht zusammenreißt, dann kürzen wir dir das Geld noch weiter und das gerade jetzt, wo du sowieso schon wochenlang nicht mehr arbeiten warst und du jeden Cent gebrauchen kannst. Ja, meine Mom hat sogar die Geldkarte ausgespielt!
Es ist also selbstverständlich, dass ich beim Beenden

dieses Gespräches ein solch starkes Pochen in meinem Schädel spüre, dass ich am liebsten ihrem Rat folgen und Dr. Andrew einen Besuch abstatten würde. Aber ich denke, dass auch der beste Arzt der Welt kein Mittel gegen diese Kopfschmerzen für mich parat hält, also lasse ich mich einfach auf mein Bett fallen, krame meinen Laptop unter dem Bett hervor und öffne den Internetbrowser.

Ich habe keine Ahnung, wieso ich das tue, aber es ist, als würden sich meine Finger verselbstständigen und ohne zu realisieren, was ich hier gerade mache, habe ich schon zwei Worte in die Suchmaschine eingegeben. Zwei kleine, eigentlich so harmlose Worte, die jedoch so tiefe Wunden in meinem Herzen hinterlassen haben, dass mir erst jetzt bewusst wird, welche Bedeutung sie haben. Genau genommen sind es nur exakt 16 Buchstaben. 16 Buchstaben, die in einer Sekunde alles verändert haben, woran ich mich festgehalten habe. Multiple Sklerose.

Die Multiple Sklerose beschreibt eine chronisch-entzündliche Erkrankung des zentralen Nervensystems, bei der verschiedene Entzündungsherde im Gehirn und im Rückenmark die Markscheiden der Nervenfasern angreifen und zerstören. Die Abwehrzellen in unserem Körper, welche sonst fremde Erreger oder Stoffe angreifen, schädigen in diesem Fall das körpereigene Gewebe. Durch diesen Vorgang kommen die Informationen

langsamer, oder teilweise gar nicht am eigentlichen Zielort an.

Die Folge dessen kann sich auf verschiedene Art und Weise darstellen: Die Patienten erleiden Lähmungen, Sehstörungen oder Gefühlsverluste. Je nachdem, welche Teile des Gehirns oder des Rückenmarks betroffen sind, werden die Patienten in ihrer Lebensqualität massiv beeinträchtigt. Bei der schubförmigen Multiplen Sklerose erleidet der Patient von Zeit zu Zeit einen Schub, bei dem unterschiedliche Symptome auftreten können. Anfangs bilden sich diese meist vollständig zurück, aber im späteren Verlauf der Erkrankung kann es dazu führen, dass einige davon nicht mehr vollständig zurückgebildet werden und der Patient mit dauerhaften Schäden rechnen muss. Da die Anzeichen und Verläufe dieser Nervenerkrankung von Fall zu Fall unterschiedlich sind, nennt man die Multiple Sklerose ›die Krankheit mit den tausend Gesichtern‹.

Natürlich weiß ich über diese Krankheit Bescheid, aber es ist erschreckend, wie wenig Aufmerksamkeit man all den verschiedenen Erkrankungen auf dieser Welt schenkt, wenn niemand in der unmittelbaren Umgebung davon betroffen ist. Man sieht einfach nicht hin.

Es fühlt sich an, als hätte es diese Krankheit bis zu dem

Zeitpunkt, an dem ich seine Worte gelesen habe, nie gegeben. Als wäre sie erst jetzt real geworden, weil erst jetzt jemand betroffen ist, der einem am Herzen liegt. Als wäre all das bloß ein Mythos gewesen, der sich in dieser Nacht als grausame Realität entpuppt hat.
Doch all diese Worte und Umschreibungen der MS zu lesen und zu verinnerlichen, lässt jede Faser meines Körpers erkennen, dass all das schon vorher existiert hat. Schon tausend andere Menschen haben diesen Schritt, den ich jetzt gehe, bereits hinter sich. So viele haben sich mit der Krankheit auseinandersetzen müssen, weil ihre Angehörigen davon betroffen sind. Doch es spielt einfach keine Rolle für dich selbst, wenn in deiner Welt alles in seinen festen Bahnen steht. Wenn alles immer so verläuft, wie es sein soll im Leben. Du denkst nicht Tag und Nacht an all das Elend, welches auf der Welt herrscht. Du verschwendest keinen Gedanken an all die Menschen auf der Erde, die jeden Tag Hunger erleiden müssen oder täglich einen geliebten Menschen verlieren, weil Krankheiten nicht gestoppt werden können.
Alles, an was du denkst, ist dein eigenes Leben, fast so, als würde sich deines nicht in ihrer Welt befinden. Als hätte jeder von uns seinen eigenen, kleinen Globus, und all das, was um diesen Globus herum passiert, ist nicht von Bedeutung, weil es nicht zu dir gehört. Es ist verständlich, dass jeder sein eigenes Leben hat und sich auch um dieses kümmert, aber dass das Elend Anderer vielen so egal ist, ist das erschreckendste, was ich in letzter Zeit feststellen musste. Fakt ist, dass sich meines nicht mehr in seinen

geregelten Bahnen befindet, weil ich jetzt diejenige bin, die Nachforschungen anstellen muss, um sich über die Krankheit ins Bild zu setzen, die diesen einen, wichtigen Menschen in meinem Leben betrifft.

Auch wenn ich jetzt schon seit fast zwei Stunden vor meinem Laptop sitze und alle für mich notwendigen Informationen sammle, kann ich mich einfach nicht von dem Gedanken lösen, mehr erfahren zu wollen. Ich will jede einzelne Facette dieser Krankheit mit den tausend Gesichtern ergründen, weil ich mit jedem Wort, das ich lese, Hoffnung schöpfe, ihm helfen zu können. Je mehr Informationen ich habe, desto einfacher fällt es mir, ihn und seine Handlungen nachzuvollziehen. Vielleicht werde ich begreifen, wieso er mich wochenlang belogen hat. Eventuell werde ich sogar verstehen, wieso er mich jetzt fallen lässt und vielleicht kann ich es auf diese Art und Weise wieder schaffen, meinen Globus mit seinem zu vereinen.

Nichts wünsche ich mir seit dem Tag des Unfalls mehr, aber ich weiß, dass es schwer sein wird und dass ich kämpfen muss, auch wenn jeder einzelne Kampf weitere Narben in mir hinterlassen wird. Es wäre nicht fair, wenn ich ihn einfach aufgebe. Wie könnte ich den Menschen, der mir so viel gegeben hat, endgültig fallen lassen? Wie könnte ich?

›Ich habe meine Diagnose vor fünf Jahren bekommen. Damals war ich 24 Jahre alt und ja, ich dachte, mir steht die Welt offen. Ich war fest davon überzeugt, dass mir niemals jemand etwas anhaben kann und das stimmt auch, aber ich habe nicht bedacht, dass dieser Jemand kein Mensch sein muss, der in Fleisch und Blut vor mir steht. Dass dieser Feind auch etwas sein kann, was tiefer mit mir verbunden ist, als ich je hätte vermuten können. Er ist in mir und hat nun endlich einen Namen.

Ich hab die ersten Anzeichen ignoriert, weil ich mir selbst nicht eingestehen wollte, dass mit mir etwas nicht stimmt. Ich meine, hey, ich war jung, stand mitten im Leben, hatte eine tolle Freundin, einen grandiosen Job und verdammt gute Freunde. Aber dass mir mein eigener Körper eines Tages im Weg stehen würde, hätte ich niemals für möglich gehalten.

Es fing mit einem leichten Kribbeln unter meiner Haut an, fast so, als würden Millionen kleine Ameisen sich darunter ein Duell liefern. Doch was sollte das schon sein? Sicherlich nichts Gravierendes, also habe ich es ignoriert, und irgendwann hatte ich mich sogar an diese kleine, unangenehme Begleiterscheinung gewöhnt. Es hat zu mir gehört, auch wenn ich dieses Gefühl abgrundtief verabscheut habe.

Die Beschwerden ließen nach einiger Zeit nach und irgendwann waren sie dann gänzlich verschwunden. Doch wenn ich dachte, dass die Sache damit gegessen wäre, dann habe ich mich getäuscht, denn der Parasit, der sich langsam in mir ausbreiten konnte, hatte noch viel mehr auf Lager.

Nach einigen Wochen, in denen ich keinerlei Beschwerden hatte, war ich nicht mehr in der Lage, meine Beine zu bewegen. Sie fühlten sich steif und nutzlos an, als wären sie bloß ein unnötiges Anhängsel meines eigenen Körpers. Es hat Tage gedauert, bis ich wieder ordentlich, wie jeder normale Mensch auch, ein Bein vors andere setzen konnte und ich war in dieser Zeit so hilflos, dass ich es einfach wissen musste. Ich brauchte Gewissheit darüber, was der Parasit noch alles mit mir anstellen kann, also ging ich zum Arzt. Mein Hausarzt hat mich direkt an einen Neurologen überwiesen, und die Minuten, in denen ich in dieser Röhre gesteckt habe, zogen sich hin wie ein zäher Kaugummi.

Als müsste ich mir schreckliche Szenen immer und immer wieder ansehen, als wäre ich in einem Albtraum gefangen, der sich selbst auf Repeat gestellt hat. Und dann hatte der Parasit in mir, der schon ein fester Bestandteil von mir war, endlich einen Namen:

Multiple Sklerose.

Ich hatte bereits in den Medien einiges darüber gehört, aber es war dennoch, als hätte ich an diesem Tag zum ersten Mal etwas davon realisiert. Von einer Sekunde zur anderen verändert sich alles. Du fängst an, dir Fragen zu stellen, die bisher nie von Bedeutung waren. Die Frage, wie dein Leben aussehen könnte, wenn du eines Tages nicht mehr in der Lage sein wirst, zu gehen. Wie werden deine Freunde es aufnehmen? Wie wird deine Familie es aufnehmen? Wird deine Freundin dich trotzdem lieben, auch wenn du vielleicht eines Tages nicht mehr in der Lage sein wirst, ihr die Welt zu Füßen zu legen?

All diese Gedanken schlichen sich tagelang, wochenlang ja sogar monatelang in meinem Kopf umher, obwohl ich in meinem Gehirn gar keinen Platz für sie hatte. Denn ER, der Parasit, hat all den Platz in meinem Kopf und all den Platz in meinem Körper ganz allein für sich eingenommen. Genau so fühlten sich die ersten Jahre an, seitdem sich mein Leben grundlegend verändert hat. Doch jetzt kann ich sagen, dass diese Krankheit mich zu jemandem werden ließ, der alles aus einem ganz anderen Blickwinkel betrachtet. Ich erlebe jeden Tag, als wäre er mein Letzter.

Ich genieße die warmen Sonnenstrahlen auf meiner Haut, weil ich es genießen muss, etwas fühlen zu können. Ich denke, wir alle wissen, wie schrecklich es ist, wenn man nichts spüren kann und genau deshalb nehme ich alle schönen Empfindungen viel intensiver wahr. Jeder Tag, an dem ich befreit sein kann, ist für mich wie ein Tag im Paradies und ich denke, dass ein Mensch, dem es gut geht, es nicht zu schätzen weiß, was einem das Leben alles gibt. Ich will nicht sagen, dass ich froh darüber bin, an der MS erkrankt zu sein, aber ich weiß jetzt, auf welche Sachen im Leben ich meine Prioritäten und Prinzipien festlegen muss.‹

Die Worte eines Betroffenen zu lesen, versetzen mich wieder einmal zurück an diesen einen Tag. Der Tag, an dem ich das erste Mal einen Einblick in die Gedanken von Dean Ross erhaschen konnte. Ich hatte keinesfalls damit gerechnet, dass mich so etwas erwarten würde. Doch auch, wenn ich mir tausende Beiträge von Betroffenen durchlese, ich werde niemals wissen, wie er sich fühlen muss – wie jeder Einzelne von ihnen sich fühlen muss.

Man kann sich alle möglichen Erfahrungsberichte durchlesen und aneignen, du wirst dich nie in deren Lage hineinversetzen können, wenn du nicht selbst davon betroffen bist. Aber all diese Beiträge zu lesen und zu sehen, dass es auch Menschen gibt, die ihr Leben dennoch voller Freude und Energie gelebt haben und genießen konnten, geben mir Hoffnung. Hoffnung, die ich brauche, weil es heißt, dass Dean vielleicht, eines Tages, ebenfalls in der Lage sein wird, wieder Freude am Leben zu finden. Und in diesem Moment würde ich gern an seiner Seite sein.

Ich scrolle in den nächsten Stunden weiterhin durch

zahlreiche Beiträge in allen Foren, die ich ausfindig machen konnte und langsam fühlt es sich an, als wüsste ich schon vorab ganz genau, was in jedem Einzelnen steht. Mary wollte mich von meinem Laptop wegzerren, damit ich mich nicht in etwas hineinsteigere, was ich eh nicht ändern kann. Ich weiß, dass ich nicht Gott bin und dass ich die Gegebenheiten nicht ändern kann, indem ich Beiträge in Foren lese, aber ich brauche diese Informationen, um ihn zu verstehen. Außerdem habe ich heute kein großes Bedürfnis mehr, einen Fuß vor die Tür unseres Zimmers zu setzen.

Als mir nach einigen Minuten jedoch langsam aber sicher die Augen zufallen, muss ich mir selbst eingestehen, dass ich für diesen Tag Schluss machen muss. Mary hat Recht, ich darf mich nicht in etwas hineinsteigern, aber gerade, als ich meinen Laptop schließen will, sehe ich einen Beitrag, der meine Aufmerksamkeit erweckt.

Obwohl es nicht einmal der Beitrag an sich ist, der mein Interesse auf sich zieht, sondern das Profilbild der Person, die ihn verfasst hat.

In den ersten Sekunden kann ich mir nicht ausmalen, wieso mir das Gesicht dieses Mannes so bekannt vorkommt, aber als ich tief in meinem Gedächtnis nach einem Anhaltspunkt suche, fällt es mir wie Schuppen von den Augen. Das Bild erweckt ein vertrautes Gefühl in mir, weil ich die Person darauf schon seit Jahren kenne. Ich klicke das Profil des Mannes an, und als sich mir das Bild in voller Größe zeigt, erkenne ich Matthew Calls, einen ehemaligen Arbeitskollegen meines Dads. Früher

waren er und mein Dad sehr gut befreundet und Matthew hat uns des Öfteren zuhause besucht, aber seitdem mein Dad seinen Job verloren hat, habe ich ihn nicht mehr gesehen. Ich weiß, dass er schon vor etlichen Jahren seine Diagnose bekommen hat, aber ich habe mich zu sehr mit Dean beschäftigt, als dass ich auch nur eine Sekunde an ihn gedacht hätte. Wieder einmal zieht mein Herz sich zusammen, weil mir bewusst wird, dass meine eigenen Worte mehr Wahrheit in sich tragen, als ich verkraften kann. Matthew Calls war für mich immer nur der Bekannte meines Vaters, der uns ab und zu einen Besuch abstattete. Ein Mann, der zwar krank ist, dem man seine Krankheit aber nie angemerkt oder angesehen hat. Und weil er ›nur‹ der Bekannte meines Vaters war, war es irrelevant für mich. Es hat keine große Rolle gespielt und die Tatsache, dass ich damals so denken konnte, tut weh.
Ich will schon anfangen, den Eintrag von ihm zu lesen, aber bevor ich den ersten Satz beendet habe, schießt mir eine Idee in den Sinn, die mir viel plausibler erscheint. Ich schließe meinen Laptop, schiebe ihn zurück unter mein Bett und zücke stattdessen mein Handy.

5. Kapitel

Eins, zwei, drei, vier. Ich zähle jeden einzelnen Schritt, den ich mache, als ich die gepflasterte Einfahrt erreiche. Ich habe keine Ahnung, was mich erwarten wird. Ich weiß nicht, wie ich mich verhalten soll und vor allem weiß ich nicht, wie er reagieren wird, wenn er mich sieht. Doch auch wenn ich mir unsicher bin und mein Herz mir vor Nervosität laut gegen das Brustbein schlägt, bereue ich es nicht, diesen Weg gegangen zu sein.
Ich möchte keinen Beitrag von einem Menschen lesen, in dem er über seine Krankheit berichtet – nicht, wenn ich diesen Mann persönlich kenne. Ich fühle mich schlecht und herzlos, weil ich all das schon vorher wusste, aber es einfach nie wahrgenommen habe. Vielleicht wird es mir besser gehen, wenn ich diesen Fehler auf diese Art und Weise wieder rückgängig machen kann – vielleicht auch nicht. Aber ich werde definitiv schlauer sein, wenn ich nachher die Einfahrt wieder verlasse. Nur noch fünf Schritte, dann erreiche ich die große, rustikale Tür, die so fehl am Platz wirkt, dass sie nicht zum Rest des Hauses passt.
Alles kommt mir so edel vor, bis auf diese eine Tür, durch die ich gleich gehen muss, um mich der grausamen Realität zu stellen. Ich habe mit Mom über mein Vorhaben gesprochen, und auch wenn sie die Idee nicht unbedingt als gut empfunden hat, hat sie mir Matthew

Calls Adresse gegeben. Gestern Abend habe ich ihn bereits angerufen und verdammt, es war ein unheimlich unbehagliches Gefühl, ihn einfach so zu konfrontieren, aber zu meinem Glück war Matthew schon immer ein unglaublich liebenswürdiger Mensch. Dennoch waren die Informationen, die ich von meiner Mom beim Gespräch bekommen habe, beängstigend.
Nervös lasse ich den Blick noch einmal über den Vorgarten dieses wunderschönen Hauses schweifen. Verschwende kurz einen Gedanken daran, mein Vorhaben einfach abzubrechen, entscheide mich aber letztendlich doch dagegen, und bevor ich es realisieren kann, habe ich die Klingel bereits getätigt. Ab jetzt gibt es kein Entkommen mehr. Ich werde mich ihm und der Krankheit stellen, weil ich weiß, dass mir niemand besser die Augen öffnen kann, als jemand, der selbst davon betroffen ist. Alles, was ich wissen will, ist, wie ich es schaffen kann, wieder an Dean heranzukommen. Wie soll ich ihm helfen? Kann ich ihm überhaupt helfen? Ich habe so viele Fragen, dass ich schon beim Nachdenken darüber tausende von ihnen einfach vergesse.
Bevor ich meine Liste gedanklich noch einmal durchgehen kann, öffnet sich bereits die Tür, und eine hübsche, junge Frau empfängt mich. Ihre Kleidung verrät mir sofort, um wen es sich handelt, aber ich möchte gar nicht genau darüber nachdenken, dass auch Dean vielleicht eines Tages auf diese Form der Hilfe angewiesen sein kann.
Die junge Frau grinst mich liebevoll an und ich weiß

nicht, wieso, aber in diesem Moment würde ich sie am liebsten in den Arm nehmen, um ihr zu zeigen, wie sehr ich es schätze, was sie macht. Wie sehr ich all die Menschen wertschätze, die sich dafür bereiterklärt haben, einen Weg einzuschlagen, bei dem sie anderen auf diese Art und Weise helfen können. Neben meiner Angst davor, mit all dem konfrontiert zu werden, verspüre ich momentan nur eins: Respekt. Ich bewundere dieses Mädchen, weil es schon jetzt viel mehr erreicht hat und vor allem, viel mehr Gutes getan hat, als ich es vermutlich je werde. Sie bittet mich rein, und anstatt ihr wirklich in die Arme zu fallen, reiche ich ihr nur zurückhaltend meine Hand.
»Mein Name ist Summer Maddison, ich kenne Mr. Calls durch meinen Vater und habe mich heute mit ihm verabredet.« Natürlich weiß die Pflegerin bereits, wer ich bin, und vor allem, wieso ich hier bin, sonst hätte sie mich vermutlich nicht hereingelassen, aber dennoch habe ich das Gefühl, mich rechtfertigen zu müssen.
Erklären zu müssen, wieso ich einen kranken Mann belästige, nur um einige Fragen beantwortet zu bekommen. »Ich weiß, wer du bist. Matthew hat mir einiges über dich erzählt«, antwortet sie mit einem so aufrichtigen Lächeln im Gesicht, dass mir beinahe die Tränen kommen. Er hat ihr einiges über mich erzählt? Aber was? Ich meine, klar, wir haben uns oft gesehen, als er noch der Kollege meines Dads war, aber dennoch hatten wir kein einziges, ernstes Gespräch geführt und deshalb ist diese Situation für mich auch so unbehaglich.

Ich habe noch nie mit ihm eine tiefgründige Unterhaltung geführt und jetzt komme ich um die Ecke und stelle ihm Fragen zu der wohl schlimmsten Sache, die er je durchmachen musste. Es fühlt sich taktlos an, aber dennoch wäre es falsch, jetzt wieder umzudrehen, also ziehe ich mir meine Jacke aus und folge der jungen Frau, die mir sofort sympathisch ist.

»Er freut sich auf dich, also sei nicht so aufgeregt. Du hast keinen Grund dazu«, wirft mir die Pflegerin über ihre Schulter hinweg zu und langsam scheint sich der Kloß in meinem Hals Stück für Stück weiter aufzulösen. Er freut sich auf mich. Ich muss mich nicht schlecht fühlen, hier zu sein. Sie führt mich durch das Haus, welches wirklich riesig zu sein scheint. Mein Elternhaus passt in dieses vermutlich dreimal rein, so geräumig kommt mir alles hier drin vor. Natürlich wusste ich, dass Matthew in der Werbeagentur viel verdient haben muss, aber dass er sich aufgrund dessen ein so tolles Haus leisten kann, hätte ich nicht vermutet. Mein Dad konnte sich so etwas jedenfalls nicht ansatzweise erlauben, aber das Materielle war mir so oder so nie wichtig gewesen. Alles, was für mich von Bedeutung war, war, dass in meinem familiären Umfeld alles in seinen geregelten Bahnen steht, aber auch das ist jetzt leider nicht mehr der Fall.

Als wir endlich das schöne, helle Wohnzimmer erreichen, fühlt es sich an, als würde ich all die Liebe, die sich in diesem Raum und in diesem Haus befindet, in mir spüren. Überall stehen Bilder von Matthew, seiner Frau und deren gemeinsamer Tochter. Auf der Schrankwand steht ein Hochzeitsbild und bei dem Glück, welches Matthew auf diesem Foto ausdrückt, verspüre ich eine ungewohnte Ruhe in mir. Ich sehe einen stolzen Mann, der trotz seiner Krankheit Zufriedenheit verspürt, weil er eine tolle Familie an seiner Seite hat. Das gesamte Wohnzimmer ist liebevoll dekoriert und ich fühle mich hier auf Anhieb so wohl, dass ich diesen Ort nur ungern je wieder verlassen will.

»Mein Gott Summer, bist du immer noch nicht gewachsen?« Die mir vertraute Stimme zieht mich aus meinem Bann und langsam drehe ich mich zum Eingang des Wohnzimmers um. Ich hatte mit vielem gerechnet, aber dennoch trifft es mich ungemein, ihn so sehen zu müssen. Obwohl ich ihn vor eineinhalb Jahren das letzte Mal gesehen habe, ist es ein kleiner Stich mitten ins Herz. Matthew scheint mein Unbehagen zu bemerken, denn er setzt seinen Rollstuhl, von dem ich immer noch nicht glauben kann, dass er ihn benötigt, in meine Richtung. Ohne darüber nachzudenken, was ich machen soll, gehe ich ihm ein Stück entgegen und schließe ihn etwas unbehaglich in die Arme. Doch obwohl ich mich voll und ganz auf diesen Mann in dem Rollstuhl konzentrieren sollte, sehe ich nicht ihn, sondern Dean vor meinem geistigen Auge.

Schnell verdränge ich alle Gedanken und lächle ihm ins Gesicht, das sich ebenfalls in der letzten Zeit stark verändert hat. Früher war Matthew immer breit gebaut und ich glaube, dass sich niemand freiwillig mit ihm hätte anlegen wollen. Heute verliert er sich beinahe in diesem Stuhl, der wie ein Fremdkörper scheint, und von all der Stärke ist nicht mehr viel zu sehen, weil er vermutlich zwanzig Kilo weniger wiegt als bei unserer letzten Begegnung.

»Setz dich doch. Es tut so gut, dich wieder zu sehen. Es fühlt sich an, als wäre es eine Ewigkeit her.« Seine Stimme hat zum Glück noch immer denselben, festen und leicht amüsierten Klang. Der Klang, der mich daran erinnert, dass die Person, die jetzt vor mir sitzt, noch immer dieselbe ist, die auch damals vor mir am Esstisch saß – lediglich sein Körper hat sich verändert.

»Viel zu lange«, antworte ich ihm und lasse meinen Blick unauffällig noch einmal über sein gesamtes Erscheinungsbild fliegen. Doch ich weiß, dass er sich vermutlich nicht zu diesem Treffen bereiterklärt hat, um mitleidige Blicke von mir zu erhaschen, also muss ich mich jetzt auf der Stelle zusammenreißen.

»Wie läuft es denn mit deinem Studium? Deine Mom sagte, du schlägst dich prima, aber was hatte ich auch anderes zu erwarten?«

Unsicher lasse ich mich auf die geräumige, cremefarbene Couch nieder und sofort bringt sich Matthew in eine für mich gute Position, um mich mit ihm unterhalten zu können.

»Es läuft etwas schleppend zurzeit, aber eigentlich kann ich mich nicht beklagen, das stimmt«, antworte ich ihm mit zittriger Stimme, weil ich immer noch bei jedem Wort einen kleinen Blick auf ihn werfen muss. Nur um mich

wirklich zu vergewissern, dass die Person, die vor mir sitzt, auch die ist, die ich in meinem Gedächtnis hatte.
»Ich wusste schon immer, dass aus dir mal etwas ganz Großes werden kann. Aber jetzt sei doch mal ehrlich, auf deine Körpergröße kann man das leider nicht beziehen. Bist du wirklich keinen Zentimeter mehr gewachsen?« Die kleinen Lachfältchen, die sich um seine Augen bilden, zeigen mir auf, dass auch an ihm die Zeit nicht spurlos vorbeigegangen ist. Das Leben läuft durch unsere Sanduhr und hinterlässt hier und da immer wieder seine Spuren, die man jedoch nur bemerkt, wenn man eine Person lange schon nicht mehr gesehen hat. Erst dann werden einem solche kleinen Veränderungen bewusst. Wenn wir einen Menschen ständig um uns haben, dann fallen uns derartige Kleinigkeiten nicht auf, weil wir den gesamten Werdegang live miterleben können.
»Ich glaube, diese Frage hast du mir schon tausend Mal gestellt. Und ich habe dir jedes Mal gesagt, dass ich schon seitdem ich vierzehn war, nicht mehr gewachsen bin«, antworte ich ihm lachend, weil diese Frage wie ein kleines Ritual zwischen uns zu betrachten ist. »Du hast Recht, aber ich musste dich einfach fragen.« Das junge Mädchen erscheint im nächsten Moment in der Tür und kommt ein Stück auf uns zu. Ihr Blick ist noch immer so liebevoll, dass ich sie am liebsten küssen würde.
»Darf ich euch etwas zu trinken holen?«, fragt sie uns und Matthew verneint ihre Frage sofort, bevor er mich erwartungsvoll ansieht. »Nein, im Moment nicht, aber danke«, verneine ich ihre Frage ebenfalls und schon

Sekunden später hat das Mädchen das Wohnzimmer bereits verlassen. Matthew deutet mit seinem Kopf in ihre Richtung und ich weiß, dass ich mich jetzt all dem stellen muss, weswegen ich hier bin.
»Es kommt mir immer noch seltsam vor, wenn sie hier ist. Ich meine, klar, ich brauche sie in einigen Punkten wirklich, aber eigentlich sollte dieses Mädchen die Welt bereisen und andere Abenteuer erleben, anstatt sich hier mit mir herumzuschlagen. Aber jetzt sag mir doch, wie du darauf gekommen bist, mich anzurufen.« Sein Blick heftet sich an mein Gesicht, während er mit mir spricht. Eigentlich möchte ich meinen nicht von seinem abwenden, aber ich halte es einfach nicht aus, in diese Augen zu sehen, die teilweise so voller Leben und auf der anderen Seite hingegen so leer sind.
»Ich habe dir ja schon erzählt, dass mein Freund...ein Freund ebenfalls betroffen ist. Ich habe mich gestern an meinen Laptop gesetzt und mich über alles Mögliche belesen, um mehr Informationen zu bekommen, aber als ich dann in einem Forum auf deinen Beitrag gestoßen bin, musste ich dich einfach anrufen. Ich kann es natürlich verstehen, wenn du mir nichts darüber erzählen willst, aber ich wollte den Eintrag nicht lesen, wenn ich ihn stattdessen von dir persönlich hören kann.« Beschämt blicke ich aus dem großen Wohnzimmerfenster, weil ich mich von Sekunde zu Sekunde immer seltsamer fühle.
Matthew rückt seinen Rollstuhl ein kleines Stück näher an mich heran.
»Hey, jetzt hab dich nicht so. Ich freue mich wirklich, dass

du hier bist. Es tut gut, dich zu sehen.« Unsicher nicke ich ihm entgegen und deute dann auf ihn, weil es nichts nützt, wenn ich so tue, als würde ich nicht die ganze Zeit darüber sprechen wollen.
»Beim letzten Mal ging es dir noch so gut«, flüstere ich ihm entgegen und in meinem Magen zieht sich jede Faser zusammen, während ich innerlich all die Bilder durchgehe, die ich von ihm gespeichert hatte.
»Mir geht es immer noch gut, Summer. Ich habe nur einen schwachen Moment. Ich bin nicht die ganze Zeit in diesem Ding hier gefangen. Natürlich bin ich bei Weitem nicht mehr so fit wie damals, wie du sehen kannst, aber es sieht auch bei Weitem schlimmer aus, als es ist. Ich hatte vor einigen Wochen einen Schub, der wirklich heftig war und von dem ich mich, leider Gottes, nicht so schnell erholen konnte. Meine Arme sind auch jetzt noch voll funktionsfähig, aber meine Beine spielen nicht mehr ganz mit.«
Ich versuche jedes Wort, das seinen Mund verlässt, zu verstehen, aber ich muss einsehen, dass es nichts bringt, alles analysieren zu wollen. Alles, was ich tun muss, ist, der Wahrheit und der Realität ins Auge zu blicken.
»Das heißt, du musst nicht für immer im Rollstuhl sitzen?« Matthew gibt einen kleinen, lachenden Seufzer von sich und stupst mich dann mit der rechten Hand an.
»Nein, mein Gott. Ich hoffe es jedenfalls nicht! Emely ist erst seit Kurzem hier. Genau genommen, seitdem ich den hier brauche und ich mag sie wirklich, aber ich möchte einfach niemanden belasten. Also werde ich mich wohl

wieder aufraffen müssen.« Diese Entschlossenheit, die er ausstrahlt, ist mehr als bewundernswert.

»Aber jetzt erzähl mir doch, wieso du hier bist. Du sagtest, dein Freund ist ebenfalls betroffen. Wie hast du es erfahren? Hat er es dir erzählt?«, fragt er mich und ich weiß, gleich werde ich einige von all den Fragen, die ich habe, beantwortet bekommen.

»Nein, ich habe es aus Zufall herausgefunden. Obwohl, eigentlich ist das gelogen. Wenn ich dir sage, wie ich es erfahren habe, dann wirst du nur noch mit dem Kopf schütteln können.«

»Mensch Summer, du weißt genau, dass das nicht stimmt und jetzt erzähl mir einfach, wie du es herausbekommen hast. Es hätte mich auch ernsthaft gewundert, wenn dein Freund es dir aus freien Stücken erzählt hätte.« Seine Stimme lässt mein Herz mit jedem Schlag etwas langsamer werden und beinahe fühlt es sich so an, als würde es in einer ganz normalen, menschlichen Geschwindigkeit schlagen.

»Ich habe es in seinem Tagebuch gelesen. Es gab des Öfteren Momente, in denen er sich seltsam verhalten hat, aber ich hätte niemals damit gerechnet, dass es DAS war, was er mir verschwiegen hat. Er ist noch so jung und dann zu erfahren, dass er mit seinen 21 Jahren schon krank ist, war wie ein Schlag ins Gesicht. Ich würde ihm so gern irgendwie helfen, aber er lässt es einfach nicht zu. Seit Tagen ignoriert er mich und er will auch nichts mehr mit mir zu tun haben, aber ich kann ihn nicht aufgeben.«

Matthew hebt seine rechte Hand und einen Augenblick

später hat er mein Kinn auch schon in seine Richtung gedreht.

»Summer, es liegt nicht an dir, dass er es dir nicht aus eigenen Stücken erzählt hat. Es ist schwierig, jemandem davon zu erzählen, wenn man Gefühle für diese Person hegt. Ich konnte darüber mit fremden Menschen zu jeder Zeit sprechen, aber es jemandem zu sagen, der einem die Welt bedeutet, ist ein verdammt harter Schritt. Man stellt sich immer und immer wieder die Frage, wie der Partner es aufnehmen wird. Ob sich an seinen Gefühlen nicht doch etwas ändern wird, wenn er es erfährt«, setzt er fort und erneut werden meine Augen feucht, weil ich es nachvollziehen kann. Natürlich kann ich es verstehen, aber die Tatsache, dass er mich jetzt, wo ich es weiß, wegstößt, schmerzt ungemein.

»Ich würde ihn deshalb niemals weniger lieben. Aber wie soll ich es ihm zeigen, wenn er mich ständig abweist?«, frage ich ihn mit schwacher Stimme und es dauert nicht lange, dann breche ich erneut wahrhaftig in Tränen aus.

»Ich habe nicht gesagt, dass es einfach sein wird. Du wirst kämpfen müssen. Doch ich bitte dich, diesen Kampf nur zu führen, wenn du die Kraft dafür besitzt, sonst wird es dich kaputtmachen. Gerade in eurem Alter ist es schwierig, mit dieser Thematik umzugehen. Vermutlich dachte dein Freund, dass du dem nicht gewachsen bist und alles, was du jetzt tun musst, ist, ihm das Gegenteil zu beweisen. Ich kenne ihn zwar nicht, aber ich weiß, wie ich war, als ich meine Diagnose bekommen habe. Ich habe es beinahe zwei Monate für mich behalten, bevor

ich mit Isabell darüber gesprochen habe. Jede Nacht hat mich die Angst geplagt, wie sie reagieren wird. Was wird aus unserer kleinen Familie werden, die wir uns zusammen aufgebaut haben? Doch tief in mir wusste ich, dass sie eine Frau ist, die mich niemals deshalb fallen lassen würde und das hat sich bestätigt, als ich es ihr letztendlich erzählt habe. Ich denke jedoch, dass es für mich leichter war, weil es bereits ein Leben vor der Krankheit mit ihr gab. Wir brauchen eine Person, der wir blind vertrauen können, um es ihr anzuvertrauen. Und genau dieses Vertrauen war sicherlich euer Knackpunkt.«
Matthews Worte sind so wahr, so ehrlich und so explizit ausgewählt, dass ich mir jedes einzelne davon einprägen muss, um mich in schlechten Zeiten immer wieder daran erinnern zu können. Langsam wickle ich mir eine Haarsträhne um meinen Zeigefinger, weil ich so nervös bin, dass ich ein Ventil für meine Nervosität brauche.
»Aber er kann mir vertrauen. Das konnte er schon seit dem ersten Tag und das wird er bis zum letzten Tag können. Doch egal, was ich ihm sagen würde, er würde mir nicht einmal zuhören«, antworte ich ihm und merke schon im selben Moment, dass meine Worte nicht ansatzweise dieselbe Wirkung haben, wie seine.
»Summer, Vertrauen entsteht nicht von jetzt auf gleich. Es muss aufgebaut und ausgearbeitet werden. Wir Menschen sind nicht dafür ausgelegt, jedem sofort unsere vollste Zuversicht zu schenken, oder hatte er deine vom ersten Tag an?« Natürlich hatte er meine nicht von Anfang an, stattdessen habe ich ihn immer und immer

wieder ins offene Messer laufen lassen, weil ich ihm keine Chance gegeben habe, mich vom Gegenteil zu überzeugen. In dieser Sekunde denke ich das erste Mal ernsthaft und intensiv darüber nach, wie viel ich mit meinem Verhalten kaputtgemacht habe. Dean wurde jedes einzelne Mal von mir weggestoßen, welches Recht nehme ich mir also raus, von ihm zu verlangen, dass er all seinen Glauben in mich setzt?

Mein erster Instinkt rät mir jetzt, mich dafür selbst bestrafen zu müssen, aber anstatt in Selbstmitleid oder Selbsthass zu versinken, sollte ich mein Bestes geben, um zu ihm durchzudringen. Genauso, wie Matthew es mir geraten hat.

»Wie schlimm kann es werden?«, frage ich ihn zusammenhangslos und hoffe, dass seine Antwort mich nicht sofort innerlich zerreißen wird.

»Das kann dir niemand sagen, Summer. Jeder Mensch ist verschieden und bei jedem entwickelt sich die Krankheit anders. Fakt ist, dass sie nicht zwangsläufig immer in einem Rollstuhl enden wird. Klar, es wird Zeiten geben, in denen es schwer ist, aber dafür sind die Phasen, in denen es ihm gut geht, umso schöner. Er wird definitiv Tage haben, an denen er deprimiert ist und die Schnauze voll vom Leben hat, aber es wird auch solche geben, an denen er vor Euphorie nur so strotzt, auch wenn es gar keinen Grund gibt. Der Verlauf unserer Krankheit lässt sich nicht vorhersehen. Doch egal wie schwer es wird, ich bin mir sicher, dass du ein Mensch bist, der stark genug ist, um damit umgehen zu können.«

Dass Matthew so viel Vertrauen in mich setzt, sorgt in meinem Herzen für einen kleinen Freudensprung. Ich hingegen bin mir leider nicht sicher, ob ich wirklich so stark bin, wie er es behauptet.
»Natürlich werde ich mein Bestes geben, aber was ist, wenn ich es nicht schaffe? Ich werde ihm nur noch mehr weh tun«, murmle ich ihm entgegen, weil ich mich dafür schäme, diese Gedanken laut auszusprechen.
»Das wirst du nur erfahren, wenn du es probierst. Und glaube mir, er wird es verstehen, wenn du es nicht kannst. Ich könnte es Isabell nicht übel nehmen, wenn sie eines Tages keine Kraft mehr besitzt. Wenn das jemals der Fall sein sollte, dann werde ich sie gehen lassen. Ich würde es mir niemals verzeihen, wenn sie ihr Leben wegen mir nicht genießen kann. Und ich denke, dass Dean dich jetzt wegstößt, weil er dir ein solches Leben nicht zumuten möchte. Sein Verhalten hat nichts damit zu tun, dass ihm nichts mehr an dir liegt. Ich spreche aus Erfahrung, Kleines.«
Immer wieder ratschen seine Worte wie ein Messer an meinem Herzen, weil es schmerzt, der Wahrheit in die Augen zu sehen. Es war eindeutig einfacher, zu glauben, dass er nichts mehr für mich empfindet; mich lediglich benutzt hat, wie all die Mädchen zuvor. Wenn Matthew allerdings recht hat, wovon ich sehr stark ausgehe, dann muss ich mich allem stellen. Ich darf es nicht zu sehr an mich heranlassen, wie Dean mich behandelt, weil mir bewusst ist, dass es nur ein Schutzmechanismus von ihm ist. Es wird hart sein, all das, was er sagt und macht, an

mir abprallen zu lassen, aber es ist die einzige Möglichkeit, die mir bleibt.

»Ich würde gern mehr über die Krankheit erfahren, aber ich weiß einfach nicht, wie. Beiträge in Foren zu lesen scheint für mich nicht der richtige Weg zu sein. Ich muss es verstehen können.« Tief in mir drin bin ich mir sicher, dass auch Matthew keine Nerven dafür hat, mich über alles ins Bild zu setzen. Doch bevor ich auf seine Reaktion warten kann, setzt er seinen Rollstuhl bereits in Bewegung und verschwindet aus dem Wohnzimmer und lässt mich allein mit all meinen Ängsten und Gedanken zurück. Seufzend lehne ich mich auf dem geräumigen Sofa nach hinten und schließe die Augen, doch sobald ich sie geschlossen habe, sehe ich Dean vor mir.

Doch auch er hat sich verändert - ich sehe nicht mehr den selbstbewussten und starken Mann vor mir, sondern einen Jungen, den ich äußerlich kaum wiedererkennen kann. Es wird nie mehr so sein, wie es zwischen uns war, bevor ich es erfahren habe. Nie wieder können wir so unbeschwert sein, weil diese Ängste nicht nur ihn täglich begleiten werden, sondern auch mich.

Doch dieser Preis, den ich bezahlen muss, ist es mir wert, denn ich weiß jetzt, wie schlimm es ist, in einer Welt zu leben, in der er nicht an meiner Seite ist. Kein Schmerz der Welt ist mit diesem zu vergleichen, also werde ich versuchen, meine Ängste in den Hintergrund zu stellen, auch wenn Matthew mich dafür vermutlich ohrfeigen könnte.

Einen Augenaufschlag später hat Matthew sich wieder an

meine Seite gesellt und drückt mir ein Prospekt in die Hand. Unsicher betrachte ich dieses kleine Stück Papier in meinen zittrigen Händen.

›Mein Leben mit der MS - wir sind nicht allein‹, ist in dunklen Buchstaben auf den hellen Untergrund gedruckt und verleiht dem ganzen damit den nötigen Kontrast.

»Was ist das?«, frage ich ihn unsicher, weil ich mir nicht vorstellen kann, inwiefern mir ein Prospekt dabei helfen soll, alles verstehen zu können.

Lachend setzt Matthew seinen Rollstuhl ein Stück näher an mich heran.

»Dort kann man hingehen, um sich mit anderen Betroffenen auszutauschen«, antwortet er mir gelassen, aber in seinem Blick erkenne ich ein Gefühl, welches ich nur schwer in Worte fassen kann.

»Du meinst, eine Selbsthilfegruppe?«

»Ich hasse diesen Begriff, aber man könnte es durchaus als solches bezeichnen, ja.« Schmunzelnd zwinkert er mir zu, aber dennoch fühle ich mich unbehaglich, wenn ich genau darüber nachdenke.

Bei dem Gedanken daran, fremden Leuten gegenüberzusitzen, und sich deren Geschichte anzuhören, schnürt sich alles in mir zusammen. Niemals würde ich mich wohl dabei fühlen, als gesunder Mensch neben ihnen zu sitzen und ihnen Fragen zu ihrer Krankheit zu stellen. Schon bei Matthew fühle ich mich schlecht, weil ich gerade jetzt zu ihm gekommen bin und ihn mit Fragen löchere, aber bei mir unbekannten Menschen wird es nur noch viel schlimmer sein.

»Aber ich kann doch da nicht einfach hingehen, wenn ich gar nicht betroffen bin, das würde mir falsch vorkommen«, stottere ich, weil ich Angst davor habe, wie meine Worte auf ihn wirken könnten.
»Summer, diese Gruppe gibt es nicht nur für Betroffene. Du glaubst nicht, wie viele Angehörige dort Halt suchen, weil sie sich mit anderen Menschen austauschen können. Es geht nicht nur uns schlecht. Die Krankheit zerrt auch an denen, die damit konfrontiert werden. Du wärst nicht fehl am Platz, Kleines.« Seine Worte beruhigen mich zwar auf seltsame Weise, aber sie schaffen es nicht, alle Ängste in mir endgültig zu verjagen.
»Gehst du auch dort hin?«, frage ich Matthew, weil ich mir beim besten Willen nicht ausmalen kann, wie er in einer solchen Runde vor allen über sein Wohlbefinden redet.
»Früher war ich bei jeder einzelnen Sitzung, aber seit einigen Jahren gehe ich nur noch ganz selten hin, wenn es mir sehr schlecht geht, beispielsweise. Es ist hauptsächlich für Leute da, die erst seit Kurzem damit konfrontiert werden. Ich könnte dich begleiten, falls es das ist, was dir auf der Zunge liegt.« Mit diesem Vorschlag nimmt Matthew mir eine riesige Last von den Schultern und am liebsten würde ich ihn dafür fest in die Arme schließen.
»Das würdest du für mich machen?«, frage ich ihn euphorisch, weil ich so froh darüber bin, diesen Weg gegangen zu sein. Wo würde ich jetzt stehen, wenn ich mich nicht getraut hätte, ihn zu kontaktieren? Wo würde

ich stehen, wenn ich auf meine Mom gehört hätte? Darüber will ich in diesem Augenblick gar nicht nachdenken.
»Aber natürlich, Kleines. Ich weiß, wie unbehaglich du dich fühlen musst, wenn du ganz allein in die Höhle des Löwen geschickt wirst. Ich begleite dich gern, das Treffen findet übermorgen um 17 Uhr in der alten Warringhall statt. Du müsstest mich jedoch von hier abholen, weil ich nur ungern Emely mit zu diesem Treffen schleppen will.«
Der Gedanke daran, dass ich mit ihm, in seiner Verfassung, allein unterwegs sein werde, lässt Panik in mir aufsteigen. Aber wenn ich es wirklich schaffen sollte, Dean wieder zurück in meine Welt zu holen, dann werde ich mich auf all das einstellen müssen.

6. Kapitel

Als ich an diesem Morgen aufstehe, ist es, als wäre über Nacht irgendetwas in mir geschehen. Seit Tagen ist dies der allererste Morgen, an dem ich mich nicht vollkommen verloren und nutzlos fühle. Ich habe keine Ahnung, ob es daran liegt, dass ich den Schritt gewagt habe, um mit Matthew zu reden. Oder ob es darauf zurückzuführen ist, dass ich gesehen habe, dass es auch Menschen gibt, die es schaffen, trotz der Krankheit ein fast normales Leben zu führen. Doch auch wenn ich nicht weiß, wieso ich mich jetzt besser fühle, bin ich einfach nur froh darüber, dass ich überhaupt so empfinden kann.

Den ganzen Tag über dreht sich alles um das bevorstehende Treffen mit Matthew und vor allem, um das Treffen innerhalb der Gruppe. Natürlich habe ich immer noch diesen Kloß im Hals, wenn ich nur daran denke, mit anderen Betroffenen darüber zu sprechen, aber ich weiß, welchem Zweck es dient. Und für Dean würde ich im Moment alle Hebel in Bewegung setzen. Ich würde für diesen Menschen all meine Kraft aufopfern, und auch, wenn es kitschig und völlig überspitzt klingt, würde ich für diesen Mann sterben.

Jetzt liegt es an mir, herauszufinden, ob Dean genauso für mich empfindet, oder ob er wirklich kein Interesse mehr an mir hat. Auch wenn sich Matthew sicher ist, dass dies nicht der Fall ist, muss ich mich darauf vorbereiten und einstellen, falls er sich irrt. Um kurz vor 17:00 verlasse ich das Wohnheim und mache mich auf den Weg zu ihm, weil ich ihm versprochen habe, dass ich ihn abholen werde. Emely hat sich natürlich ebenfalls sofort bereiterklärt, ihn zum Treffen zu begleiten, aber ich habe ihr beteuert, dass ich alles im Griff habe. Auch wenn ich mir diesbezüglich nicht sicher bin. Aber da ich weiß, dass Matthew sie nur ungern dabei haben will, gibt es keinen anderen Ausweg.

»Du bist ja wirklich überpünktlich, Kleines«, begrüßt Matthew mich, als ich mich seiner Einfahrt nähere. Er sitzt bereits in einen dicken Mantel und mit einer Mütze auf dem Kopf eingepackt auf seinem Rollstuhl und unverzüglich steigt die Angst in mir auf, wie ich ihm diesen Mantel nachher wieder ausziehen soll. Lächelnd gehe ich einen weiteren Schritt auf ihn zu und nehme ihn, dieses Mal nicht ganz so zögerlich, in die Arme.
»Stets zu Ihren Diensten, Sir«, scherze ich, um auch Emely zum Lächeln zu bringen, die neben uns steht und unser Vorhaben misstrauisch beäugt. Ich kann es ihr nicht verübeln, dass sie mir in diesem Zusammenhang nicht zu einhundert Prozent vertraut, immerhin war ich noch nie mit jemandem unterwegs, der in dieser Art und Weise beeinträchtigt ist.
»Seid ihr euch sicher, dass ich nicht mitkommen soll? Ich fühle mich nicht wohl bei der Sache, Matthew.« An ihrer Stimme erkenne ich unverzüglich, dass sie sich ernsthafte Sorgen um ihn macht und vermutlich sollte ich auf sie

hören, aber auch wenn ich mein OK geben würde - Matthew würde es nicht.

Kopfschüttelnd wendet er sich an Emely und zwinkert mir einen Augenblick später zu.

»Mach dir keine Sorgen, ich denke, Summer wird ihre Sache gut machen. Zur Not haben wir immer noch unsere Handys dabei. Entspann dich ein bisschen, okay?«

Wenig begeistert dreht Emely sich um und schließt die Eingangstür hinter sich, ohne uns einen weiteren Blick zuzuwerfen. Hastig wende ich mich dem Rollstuhl zu und versuche, Matthew so angenehm wie möglich die Einfahrt herunterzuschieben. Leider habe ich nicht bedacht, dass die Straßen durch das schlechte Wetter etwas glatt und rutschig sind, weshalb es sich eindeutig schwieriger gestaltet, als ich vermutet hatte.

Schon nach einigen Metern schmerzen meine Arme vor lauter Anstrengung so sehr, dass ich mir allergrößte Mühe geben muss, den Rollstuhl in die richtigen Bahnen zu lenken. Aber ich will vor ihm keine Schwäche zeigen, also gebe ich mein Bestes und rede mit ihm zur Ablenkung über Gott und die Welt.

»Wie geht es deinem Dad, Kleines? Immer wenn ich bei euch daheim angerufen habe, hat deine Mom gesagt, dass es im Moment schlecht ist«, wirft Matthew plötzlich ein. Und auch wenn ich nur ungern mit ihm darüber spreche, bin ich es ihm schuldig, ehrlich zu ihm zu sein.

»Du weißt ja, dass es ihm in der Firma immer gut gefallen hat. Seitdem er gefeuert wurde, erkenne ich ihn kaum wieder. Jedes Mal wenn ich nach Hause komme, ist er

sturzbetrunken und genau aus diesem Grund besuche ich sie nur noch selten, auch wenn meine Mom darunter leidet. Ich kann ihm einfach nicht dabei zusehen, wie er sich und sein Leben ruiniert«, flüstere ich ihm beinahe zu, weil mir diese Tatsache erstens unendlich peinlich ist und ich zweitens nicht sonderlich scharf darauf bin, dass jemand unserem Gespräch lauscht.
Seufzend wendet Matthew seinen Kopf hoch, um mir in die Augen zu sehen.
»So etwas hatte ich schon befürchtet. Natürlich war ich mir nicht sicher, aber als ich ihn einmal in der Stadt getroffen habe, da habe ich etwas an ihm gesehen. Dieser verlorene Blick und die Art und Weise, wie er reagiert hat, als er mich gesehen hat. Zumal unsere Stadt zwar groß ist, aber sich Gerüchte dennoch schnell herumsprechen. Ich hatte eigentlich nur gehofft, dass du mich jetzt vom Gegenteil überzeugen könntest.«
Dass er es bereits wusste, trifft mich erneut wie ein Schlag ins Gesicht, denn ich hatte mir immer gewünscht, dass niemand davon erfahren würde. Aber anscheinend sprechen sich solche Dinge wirklich in Sekundenschnelle durch ganz Graveton.
»Leider nicht, ich habe ihn seit Wochen nicht mehr gesehen. Nicht mal, als ich im Krankenhaus war, hatte er es für nötig gehalten, mich besuchen zu kommen. Auch wenn ich mir immer wieder versuche selbst einzureden, dass ich eines Tages damit leben muss, tut es einfach höllisch weh.« Als ich diese Worte laut ausspreche, fühlen sich meine Schultern sofort einige Kilogramm leichter an,

weil es unendlich wohltuend ist, wenn man jemanden an seiner Seite hat, dem man alles anvertrauen kann.

Kurze Zeit später haben wir die Warringhall erreicht und ich bin unheimlich froh darüber, mir eine kleine Verschnaufpause gönnen zu können, als wir das große Gebäude betreten. Gott sei Dank gibt es viele Leute und Mitarbeiter, die Matthew bereits kennen und vermutlich denken, dass ich nur seine Begleitung bin.

Denn obwohl er mir beteuert hat, dass ich mich nicht schlecht fühlen muss, wenn ich hier bin, kann ich dieses Gefühl nicht von mir abschütteln, so sehr ich es auch versuche.

Wir betreten einen kleinen, recht gemütlich gestalteten Raum im untersten Stockwerk, und sobald sich die ersten Blicke der bereits anwesenden auf uns richten, würde ich am liebsten sofort umkehren. Matthew ist der Einzige in diesem Raum, der auf einen Rollstuhl angewiesen ist, den anderen Teilnehmern sieht man ihre Krankheit nicht an. Hier und da gibt es jemanden, der müde und erschöpft aussieht, so wie auch Dean des Öfteren aussah, aber niemandem würde man die Krankheit so ansehen, wie man sie Matthew ansieht.

Sofort gesellen sich einige von den Anwesenden zu uns und begrüßen erst mich und dann Matthew herzlich. Wir beide haben uns im Vorfeld darauf geeinigt, dass ich bei diesem ersten Treffen erst einmal ein stiller Beobachter bin, damit ich mich mit all dem vertraut machen kann.

Nachdem Matthew sich mit einigen der Anwesenden ganz sorglos unterhalten hat, suchen wir uns einen Platz aus und warten darauf, dass die Sitzung von einer Frau namens Claudia eröffnet wird.

Ich hatte nicht damit gerechnet, dass die Menschen hier so unbeschwert miteinander umgehen würden. Immerhin handelt es sich hier um ein schwerwiegendes Thema, aber vermutlich ist genau das der Grund dafür. Sie sind alle durch ihr Schicksal miteinander verbunden.

»Wenn es dir zu viel wird, dann sag mir Bescheid, und wir gehen, okay?«, schlägt Matthew mir vor, als er meinem Blick folgt, der sich verzweifelt auf meine eigenen Hände richtet, die zittrig in meinem Schoß liegen.

»Wir können doch nicht einfach gehen. Wäre das nicht unhöflich?«, frage ich ihn, weil ich mir nicht vorstellen kann, dass solch ein Verhalten gewünscht ist. »Wenn du wüsstest, Kleines. Wir wären gewiss nicht die Ersten, die das Weite suchen. Mach dir nicht immer so viele Gedanken um alles«, beruhigt er mich und langsam versuche ich, meinen Körper und mein innerstes zu entspannen.

»Dann wollen wir mal anfangen! Ich sehe schon, dass einige neue Gesichter unter uns sind! Und oh, sieh mal einer an, wer uns wieder einen Besuch abstattet. Hallo Matthew«, beginnt Claudia die Sitzung und nickt uns beiden fröhlich zu. Matthew hebt seine rechte Hand und begrüßt somit die komplette Runde.

Im nächsten Moment öffnet sich die Tür zu diesem kleinen, gemütlichen Raum und es ist, als würde mein Herz stillstehen. Nein - als würde die gesamte Zeit stillstehen, als mein Blick in seinem Gesicht landet. Alles um mich herum scheint wie eingefroren zu sein und ich nehme nichts mehr wahr, außer Dean.

»Tut mir leid, dass ich hier einfach reinstürme, aber ich hab's leider nicht früher geschafft«, wirft Dean mit einem Schmunzeln im Gesicht in die Runde, ohne mir seine Aufmerksamkeit zu schenken. Ob er mich schon bemerkt hat?

»Kein Problem, Dean. Dein Platz ist noch frei, also setz dich einfach«, entgegnet Claudia ihm so liebevoll, dass ich nur erahnen kann, wie gut die beiden sich miteinander verstehen.

Dean zwinkert ihr zu und steuert einen Augenblick später auf den einzigen freien Stuhl in der Runde zu - der Platz, der genau gegenüber von mir liegt.

Nachdem er den Jungen neben sich mit einem Schulterklopfen begrüßt hat, nimmt er Platz und hebt seinen Blick. Auch wenn ich meinen von seinem abwenden will, zwinge ich mich dazu, es nicht zu tun.

Für einen kleinen Moment erkenne ich eine winzige Regung in seinen Augen, als er mich entdeckt, und in dieser Sekunde keimt die Hoffnung in mir auf, dass er jetzt begreift, wie ernst es mir mit ihm ist. Vielleicht gibt ihm das die Gewissheit, dass ich ihn nicht einfach aufgeben werde - vielleicht aber auch nicht. Matthew stupst mich von der Seite an, und obwohl es mir schwerfällt, löse ich meine Augen von der Person, die ich am liebsten für den Rest meines Lebens ansehen würde.

»Ist er es?«, fragt er mich und ich brauche nicht einmal nachzuhaken, woher Matthew davon weiß, denn meine schmachtenden Blicke sprechen vermutlich ganze Bände. Perplex nicke ich ihm entgegen, aber als ich meinen Kopf wieder nach vorn schweifen lasse, ist dort nur noch diese Leere, die er schon damals in mir hinterlassen hat. Das Klicken der Tür gibt mir Gewissheit darüber, dass er gegangen ist und ich weiß nicht, ob ich in der Lage bin, in dieser Runde zu sitzen, wenn er hier ist. Niemals hätte ich es für möglich gehalten, dass Dean sich mit anderen Menschen trifft, um über all das zu reden und ich habe das Gefühl, dass er genau jetzt jemanden an seiner Seite braucht, der ihn auffängt.

Unsicher blicke ich erneut zu Matthew, und als ob er meine Gedanken bereits lesen kann, deutet er mit dem Kopf in Richtung Ausgang, als Zeichen dafür, dass ich ihm hinterhergehen soll. Auf der einen Seite will ich nichts sehnlicher, aber es fühlt sich auch nicht richtig an, ihn jetzt hier allein zu lassen. Dennoch höre ich auf mein Herz, stehe auf und renne beinahe aus dem Raum heraus, weil es sich anfühlt, als wäre ich wie magnetisch von ihm angezogen.

Dean sitzt auf der großen, hölzernen Treppe, die in die zweite Etage führt, und hat den Kopf in seinen Händen vergraben. Wieder einmal verspüre ich den Wunsch, ihn in den Arm nehmen zu wollen, damit er sich sicher fühlt. Und auch wenn meine Welt langsam, wie in Zeitlupe, in alle Einzelteile zerbersten würde, wäre meine oberste Priorität nur eins: ihm Sicherheit zu geben. Ich stelle alles, was mich und mein Leben betrifft, hinten an, wenn ich in seiner Nähe bin.

Auf wackligen Beinen gehe ich auf ihn zu, und als ob er meine Anwesenheit bereits spüren kann, hebt er einige Sekunden später den Kopf und sieht mir direkt in die Augen.

»Summer...«, beginnt er, um mich wieder einmal abzuweisen, aber so einfach lasse ich mich nicht abschütteln - jetzt nicht mehr. Wenn Matthew all seinen Glauben in mich setzt und mir sagt, dass ich die Kraft dazu habe, dann werde ich es mir selbst beweisen müssen.

»Hör auf Dean. Du brauchst gar nicht erst versuchen, mich abzuweisen, weil ich mich nicht mehr abweisen lasse. Bitte, lass uns reden«, schlage ich ihm vor und gehe noch einen Schritt auf ihn zu. Doch anstatt etwas zu sagen, steht er auf und geht, ohne ein Wort zu verlieren, an mir vorbei. Der Blick, den er mir Sekunden später jedoch zuwirft, zeigt mir, dass ich schon jetzt deutlich weiter an ihn herangekommen bin, als ich es erwartet hätte.

Dean geht an der Anmeldung vorbei und hält mir dann, ohne mich dabei direkt anzusehen, die Tür auf.

Draußen schlägt mir sofort eine eisige Kälte entgegen, weil ich nicht damit gerechnet habe, dass wir dieses Gebäude verlassen würden und ich mir dementsprechend keine Jacke angezogen habe.

Dean lässt seinen Blick an mir hinabwandern und zieht sich dann dieselbe Jacke, die ich ihm vor ein paar Tagen eingesaut habe, aus, und reicht sie mir.

»Sonst wirst du noch krank«, antwortet er mir auf meinen fragenden Blick, und auch wenn ich mir unsicher bin, ob ich annehmen oder ablehnen soll, greifen meine Hände wie automatisch danach. Das Gefühl des Stoffes an meiner Haut und sein Geruch, der sich dabei an meinen Körper schmiegt, geben mir die Hoffnung, dass irgendwann, eines Tages, alles wieder in Ordnung sein kann. Ich kann es schaffen, ihn in meine Welt zurückzuholen, ich muss nur stark genug dafür kämpfen.
Ohne mir weitere Beachtung zu schenken, dreht Dean sich um und sofort setzen sich meine Beine in Bewegung. Einen Augenblick später befinden wir uns wieder auf einer Höhe miteinander.
»Wie geht es dir?«, frage ich ihn und merke sofort, wie unpassend diese Frage eigentlich ist. Dean sieht mir eine Sekunde lang in die Augen, und auch wenn sie traurig scheinen, habe ich das Gefühl, einen gewissen Glanz in ihnen zu erkennen.
»Wie soll es mir schon gehen«, antwortet er trocken, aber auch wenn er mich abweisend behandelt, weiß ich, dass all das nur ein Teil seiner neuen Fassade ist. Eine Maske, die er aufsetzt, um mich nicht zu sehr an sich heranzulassen.
»Ich will nicht, dass du hier herkommst, Summer. Und ich habe keine Ahnung, was du dir hiervon erhoffst, denn es hat sich nichts geändert zwischen uns«, schiebt er noch hinterher, während er sich eine Zigarettenschachtel aus der Jeanstasche herauszieht und sich eine Zigarette anzündet.

»Ich bin mit einem Bekannten hier, Dean. Ich wusste nicht, dass du hier sein wirst, das musst du mir glauben«, antworte ich ihm leise, aber bestimmt.

»Natürlich konntest du das nicht wissen, niemand weiß es. Trotzdem bist du nicht ohne Grund hier, Summer. Mach dir nichts vor und vor allem, versuche nicht, mir etwas vorzumachen. Dich kann man leichter durchschauen, als du denkst.«

Der Qualm der Zigarette zieht direkt in mein Gesicht und ich kann mir ein kleines Husten nicht verkneifen. Augenblicklich schmeißt Dean seine gesamte Zigarette wieder weg, bleibt stehen und zieht mich an meinem Ärmel ebenfalls zu sich zurück.

»Summer, sag mir bitte, was du von mir willst.« Der betrübte Klang in seiner Stimme sorgt dafür, dass sich jede Faser meines Körpers anfühlt, als würde sie brennen.

»Du fehlst mir«, ist alles, was ich ihm als Antwort gebe und ich glaube nicht, dass es in diesem Moment mehr Worte bedarf.

»Du darfst mich nicht vermissen, Summer. Ich bin nicht gut für dich, also bitte ich dich noch einmal, mich einfach in Ruhe zu lassen.«

»Ich kann nicht«, flüstere ich ihm entgegen, wobei mein Gesicht so nah an seinem ist, dass ich meinen Kopf nur ein paar Zentimeter seinem nähern müsste, um ihn zu küssen. »Du musst aber«, flüstert er mir ebenfalls zu und langsam sammeln sich in seinen Augen Tränen, die ich am liebsten für immer von seinen hübschen, blauen Augen fernhalten würde. Diese Augen haben es nicht verdient, jemals solch einen Ausdruck in sich tragen zu müssen.

»Lass mich dir helfen, Dean. Ich bin stärker als du denkst.«

Sein Blick heftet sich an meine Lippen, während ich spreche und ich könnte schwören, dass er gerade denselben Kampf mit sich führt, den ich auch mit mir seit Tagen führe.

»Ich weiß, wie stark du bist, Summer. Trotzdem will ich dir so ein Leben nicht zumuten. Du hast etwas Besseres verdient und nicht mich. Du hast keine Ahnung, wie schwierig es werden kann.«

Langsam hebe ich meine Hand und umfasse seinen Kopf, damit ich seinen Blick wieder auf mein Gesicht heften kann. In dem Moment, in dem meine Finger seine Wange berühren, fühlt es sich an, als würden unendlich viele Stromschläge durch meine Venen jagen. Als wären wir jetzt unzertrennlich und unwiderruflich miteinander verbunden.

»Du hast recht, ich habe keine Ahnung, weil du es nicht zulässt. Vertrau mir, wenn ich dir sage, dass ich das schaffen kann. Wir können das schaffen, aber du musst es einfach nur zulassen. Ich werde mein Bestes geben für dich Dean und ich verspreche dir, dass ich bis an meine Grenzen gehen werde. Wenn ich es nicht packe, dann akzeptiere ich es, aber ich sehe es nicht ein, dass ich nicht mal eine Chance habe, es selbst herauszufinden.« Die Tränen, die sich ebenfalls in meinen Augen gesammelt haben, finden langsam ihren Weg über mein Gesicht und tropfen auf seinen Pullover.

Ohne auf eine weitere Antwort von ihm zu warten, lege ich meine Lippen auf seine und ziehe ihn so stark an mich heran, dass ich nicht weiß, ob ich es verkraften kann, wenn er sich jetzt von mir löst.

Doch anstatt sich von mir zu lösen, zieht er mich kräftig mit sich, bis wir gemeinsam unseren Halt an einer Hauswand finden und uns einfach ineinander verlieren, so wie an diesem einen Tag. In meinem Kopf spielt sich dieselbe Szene wie an jenem Tag ab, aber ich darf jetzt nicht daran denken, wie sehr es mich schmerzt, wenn er mich erneut abweist und aus meinem Leben verschwindet. Dean greift nach meinen Armen und hält sie über meinem Kopf an der Hauswand fest, damit ich mich keinen Zentimeter rühren kann, und auch wenn ich ihn am liebsten berühren würde, lasse ich es geschehen.

Unsere Münder verschmelzen miteinander und es fühlt sich immer noch so richtig an. Wie kann er auf all das hier verzichten, wenn es doch ganz eindeutig, die richtigste Sache auf der Welt ist? Niemals habe ich etwas getan, was sich so lebendig und intensiv angefühlt hat, wie in dieser Sekunde, in der ich meine Lippen aus eigenen Stücken auf seine gelegt habe. Es ist ein Moment, der für mich persönlich als schönster Augenblick der Geschichte der Menschheit ins Guinnessbuch der Rekorde eingehen wird.

Schwer atmend hebt Dean mich hoch und sofort umklammern meine zittrigen Beine seine Hüfte. Es ist mir egal, wenn uns jemand in dieser Position sehen kann, denn für mich hat nichts anderes auf dieser Welt Priorität. Meine Priorität steht vor mir und küsst mich so zärtlich, dass alles in mir zu schmelzen beginnt.

Zögerlich kralle ich mich in seinen Haaren fest und auch wenn ich es versuche zu überspielen, spüre ich seine Tränen auf meiner Haut, die sich mit meinen eigenen verbinden.

»Lass mich nicht mehr allein«, wispere ich ihm ins Ohr, aber bevor ich ihm erneut in die Augen blicken kann, hat er sich bereits von mir gelöst und mich wieder auf dem Boden der Tatsachen abgestellt. Und in dieser Welt wird er mich jetzt, zum wiederholten Male, einfach verlassen.

»Es tut mir so leid, Summer. Ich kann...ich kann das einfach nicht. Du solltest so ein Leben niemals führen und ich kann es nicht zulassen, dass du dich wegen mir kaputtmachst. Ich...es tut mir so leid.« Und dann ist Dean auch schon verschwunden. Erneut wird mir mein Herz aus der Brust gerissen, nur damit ich es dann, kaputt und vernarbt wieder aufsammeln kann, um den Schaden zu reparieren. Langsam gleite ich an der kühlen Hauswand hinab und bette meinen Kopf in meine Hände. Ich kämpfe mit mir selbst, aber ich weiß, dass Dean jetzt Zeit zum Nachdenken braucht, also lasse ich ihn, den Menschen, den ich niemals wieder gehen lassen wollte, aus meinem Blickfeld verschwinden.

7.Kapitel

Ich zähle die Schritte, wie ich sie schon vorgestern gezählt habe. Ich fühle mich haargenau so, wie an dem Tag, an dem ich die Einfahrt zu Matthews Haus hinaufgegangen bin. Der Unterschied ist, dass es dieses Mal mein eigenes Haus ist, das mich nervös werden lässt. Wenn man sein Elternhaus betritt, sollte man sich geborgen fühlen. Die schönen Erinnerungen sollten dich überschütten und du solltest dieses Haus nie wieder verlassen wollen, weil alles in dir sich mit ihm verbunden fühlt. Doch auch wenn ich damals so empfunden habe, so erweckt es heute eher gegenteilige Gefühle in mir. Ich habe Angst vor diesem Haus, Angst vor den Empfindungen, die es in mir hervorrufen könnte und all das ist auf die Ungewissheit zurückzuführen, die ich verspüre, weil ich meinem Dad endlich wieder gegenüberstehen werde.
Ich werde ihm in seine leeren Augen sehen müssen und feststellen, dass alles, was ich an ihm geliebt habe, und all das, was ihn ausgezeichnet hat, gegangen ist.
Mom hat mich darum gebeten, nach Hause zu kommen, und auch wenn ich anfangs eine Ausrede nach der anderen erfunden habe, stehe ich jetzt hier und starre die leblose Fassade an. Damals hat meine Mom viel wert darauf gelegt, dass das Haus auch von außen liebevoll dekoriert ist. Von dieser Liebe ist kein einziger Funke mehr zu sehen.

Sie muss morgen leider arbeiten, aber da sie meinen Geburtstag nicht vollkommen verpassen will, haben wir uns darauf geeinigt, dass wir gemeinsam etwas kochen - so wie in guten alten Zeiten.

Ich denke, dass ich mich ohne Matthew nicht darauf eingelassen hätte. Wenn er nicht gewesen wäre, dann hätte ich sie gebeten, mich einfach auf dem Campus besuchen zu kommen, damit wir es uns in einem gemütlichen Restaurant bequem machen können. Doch Matthew wäre nicht Matthew, wenn er mich nicht dazu überredet hätte, meinem Dad eine Chance zu geben.

Nicht nur ich vermisse ihn - er vermisst ihn ebenfalls, aber diese Tatsache hat er in diesem Gespräch bewusst in den Hintergrund gestellt, weil es ihm einzig und allein wichtig war, dass wir unsere Beziehung wieder in die richtige Richtung lenken.

Jetzt stehe ich hier und kann mich einfach nicht dazu durchringen, die Klingel zu betätigen. Nachdem ich eine gefühlte Ewigkeit mit mir selbst gerungen habe, bücke ich mich, schiebe den großen Blumentopf ein Stück zur Seite und entscheide mich dafür, den Ersatzschlüssel zu benutzen. Es ist schließlich trotz allem immer noch mein Zuhause.

Schon als ich die Eingangstür einen kleinen, wirklich minimalen Spalt, geöffnet habe, steigt mir dieser vertraute Duft in die Nase, den ich immer so sehr geliebt habe, weil er mir stets Geborgenheit gegeben hat. Tief in mir drin ist es ein tolles Gefühl, zu wissen, dass sich nicht alles verändert hat. Meine Mom kommt, mit einem

Geschirrhandtuch in der Hand, aus dem Wohnzimmer heraus und zieht mich sofort in eine zierliche ›Mutter-Tochter-Umarmung‹.
»Jack, Summer ist da!«, schreit sie über ihre Schulter hinweg ins Wohnzimmer, aber als sie auch nach einigen Sekunden keine Antwort erhält, dreht sie sich wieder meiner Wenigkeit zu.
»Hey Mom«, flüstere ich ihr zu, weil ich am liebsten keinerlei Aufmerksamkeit auf mich ziehen will, auch wenn ich all dem nicht für immer aus dem Weg gehen kann. Doch in meinem Leben läuft auch so schon alles Auf und Ab, weshalb es ganz schön wäre, wenn ich dieser peinlichen Situation entgehen könnte.
Einen Augenblick später erscheint eine Gestalt in der Wohnzimmertür und unverzüglich zieht sich mein Herz auf unerträgliche Weise zusammen. Der Mann, der vor mir steht, ist nicht mehr der, den ich in Erinnerung hatte.
Dieser Mann hier hat nichts mehr mit dem liebevollen Vater zu tun, mit dem ich im Kindergarten immer vor meinen Freunden angegeben habe.
Ich lasse meinen Blick unauffällig über sein gesamtes Erscheinungsbild schweifen. Wo soll ich bloß anfangen, alles, was ich sehe, zu analysieren?
Mein Dad verliert sich beinahe in seiner Jeans und es sieht aus, als würde er lediglich aus Haut und Knochen bestehen. Doch auch wenn diese Tatsache tiefe Wunden in mir hinterlässt, so ist die Leere in seinem Blick noch um einiges schmerzhafter. Es fühlt sich an, als würde er durch mich hindurchsehen. Als würde er mich gar nicht

wirklich wahrnehmen.

Unsicher gehe ich einen Schritt auf ihn zu und zögerlich nehme ich ihn in meine Arme, auch wenn ich Angst habe, ihn dabei zu zerdrücken.

»Hey Dad«, wispere ich ihm ins Ohr, auch wenn ich nicht glaube, dass er meinen Worten folgen kann.

»Es ist lange her, Käfer.« Diesen Kosenamen habe ich schon, seitdem ich denken kann. Mein Dad meinte immer, dass ihn meine Sommersprossen an die Punkte eines Marienkäfers erinnern. Innerlich zerreißt es mir das Herz, dass er mich auch heute noch so nennt, weil mir mit jedem einzelnen Wort seine Fahne entgegenkommt, die mich wieder daran erinnert, dass er gegangen ist.

Unbehaglich löse ich mich von ihm und mache mich auf den Weg in mein Zimmer, damit ich nicht augenblicklich in Tränen ausbreche.

Als ich die Tür öffne und sehe, dass meine Eltern noch immer keinen Zentimeter verändert haben, seitdem ich ausgezogen bin, schlägt mir die Wahrheit unverhüllt ins Gesicht. Ich wusste, dass Mom sich mit meinem Auszug schwertat, aber dass sie sich so lange so sehr an mir und all diesen alten Sachen klammern würde, habe ich nicht erwartet - oder ich habe es schlichtweg verdrängt.

Ich lasse meine Handtasche auf meinem Schreibtisch liegen und blicke mich in meinem alten Zimmer um. Damals dachte ich, dass sich die ganze Welt in diesen vier Wänden befinden würde. Tagelang habe ich keinen Fuß vor die Tür gesetzt, weil ich es nicht wahrhaben wollte, dass mein Zimmer nicht alles ist. Für mich war es alles, genauso wie meine Eltern alles für mich waren und immer noch sind.

Auf der alten Kommode stehen noch immer die Bilder, die ich absichtlich hier habe stehen lassen, weil ich nur einige, ausgewählte mit ins Wohnheim nehmen konnte.

Auf einem Bild sind wir drei zu sehen - Mom, Dad und ich. Als glückliche Familie, und nichts wünsche ich mir in dieser Sekunde mehr, als wieder in dieser Konstellation leben zu können.

»Ist alles okay, mein Schatz?« Die Stimme meiner Mutter reißt mich aus meinen Erinnerungen und unverzüglich wische ich mir die Tränen aus den Augenwinkeln.

»Natürlich, es ist nur so lange her«, antworte ich ihr und lasse das Bild unserer kleinen Familie wieder auf die Kommode gleiten.

Mom kommt einige Meter auf mich zu und schmiegt ihren zierlichen Kopf an meinen.

»Wir haben dich so vermisst. Komm, lass uns das Essen machen, darauf freue ich mich schon den ganzen Tag«, flüstert sie mir ins Ohr und gemeinsam verlassen wir meine kleine Welt in diesen vier Wänden und stellen uns wieder der Realität.

In der Küche kenne ich mich noch bestens aus und schon früher hatten wir immer ein fest bestimmtes Schema, wenn wir gemeinsam das Abendbrot zubereitet haben. Mom kümmert sich um das Fleisch und die Kartoffeln und ich mache mich über das restliche Gemüse her. Immer wieder lasse ich meinen Blick unauffällig über sie schweifen, um mich zu vergewissern, dass es ihr gut geht.

Auch wenn ich mir sicher bin, dass es ihr alles andere als blendend geht, versucht sie jedenfalls den Anschein für mich zu wahren.

Wenn man sie so sieht, wie sie fröhlich zur Musik summt und wippt, die im Hintergrund spielt, könnte man beinahe glauben, dass sie nichts von alldem nur vortäuscht.

»Hast du noch einmal mit Dean gesprochen?«, beginnt sie das Gespräch, während sie mich mit dem Kartoffelschäler von der Seite anstupst. Es war befreiend nicht in jeder einzelnen Sekunde an ihn denken zu müssen, und genau aus diesem Grund will ich diese Unterhaltung jetzt nur ungern führen. Seitdem wir uns geküsst haben, spielen meine ganzen Hormone verrückt, beinahe so, als wäre ich ein vierzehnjähriges, pubertierendes Mädchen, welches seine Gefühle nicht unter Kontrolle hat. Ja, ganz genau so fühle ich mich, wenn meine Finger ständig zu meinen Lippen wandern, weil ich mir vorstelle, von ihm geküsst zu werden. Es fällt mir schwer, mich nicht bei ihm zu melden, aber wenn ich eines gelernt habe, dann, dass ich ihm Zeit geben muss. Matthew hat mir nur allzu deutlich gemacht, wie schrecklich Dean sich fühlen muss und genau deshalb muss ich ihm seinen Freiraum lassen.

»Nein, habe ich nicht und ich habe es auch in nächster Zeit nicht vor«, lüge ich sie stattdessen an und zucke gleichgültig mit meinen Schultern.

»Summer, es bringt nichts, wenn du alles in dich hineinfrisst. Man muss über seine Probleme und über seine Ängste reden, anstatt sie zu verdrängen.« Da ist er wieder, der legendäre Ratschlag meiner Mutter, bei dem mir die Galle hochkocht.

»Ach du meinst, so wie du verdrängst, dass Dad alkoholkrank ist?«, frage ich sie gereizt und bereue es augenblicklich, wie ich mit ihr umgehe, aber sie muss endlich aufhören so zu tun, als wäre ihr Leben nicht aus den Fugen geraten.

Sofort lässt sie den Schäler auf die Küchenplatte fallen und sieht mich entgeistert an.

»Summer, jetzt hör doch endlich auf, solche Gerüchte in die Welt zu setzen! Dein Dad hat eine schwierige Phase, aber er ist nicht krank«, sagt sie leise, aber so bestimmt, dass ich am liebsten sofort meine Tasche holen und gehen würde.

»Komisch, ich könnte schwören, dass er noch nicht einmal weiß, dass seine Tochter morgen Geburtstag hat«, setze ich noch eins drauf, auch wenn ich weiß, dass ich damit unseren gemeinsamen Abend vollkommen gegen die Wand fahre.

»Das ist Unsinn und das weißt du auch!«, widerspricht sie mir und lässt ihren Blick unauffällig in Richtung Wohnzimmer schweifen, damit mein Dad ja nichts von unserer Unterhaltung mitbekommt.

»Sollen wir ihn fragen?«, kontere ich und langsam glaube ich nicht, dass ich es nachher aushalten werde, mit ihnen an einem Tisch zu sitzen. Es wäre mir deutlich lieber gewesen, wenn wir zu zweit in ein Restaurant gegangen wären. »Du bist doch nicht wirklich hergekommen, nur

um dann diese Diskussion zu führen, oder?«, fragt sie mich und macht sich dann wieder über die Kartoffeln her, so, als hätten unsere Worte keinerlei tiefere Bedeutung.
»Ich bin definitiv nicht hergekommen, um euch dabei zuzusehen, wie ihr euch gegenseitig belügt und fertigmacht.« Mit diesen Worten lasse ich sie in der Küche stehen und mache mich auf den Weg zu meinem Dad. Ich weiß nicht, was ich mir von dieser Unterhaltung erhoffe, aber ich kann auch nicht weiterhin hier stehen und Salat zubereiten, wenn ich innerlich so zerrissen bin.

»Ich soll dir liebe Grüße von Matthew ausrichten«, beginne ich das Gespräch, weil es einfacher ist, jemand anderes in den Mittelpunkt zu stellen.
Mein Dad blickt mich zwar an, aber noch immer wirkt sein Blick für mich so leer, dass ich nicht ausmachen kann, ob er mich überhaupt versteht.
»Danke«, murmelt er vor sich hin und richtet seine Konzentration dann wieder auf den Fernseher, während er eine Bierflasche wie ein treuer Begleiter in der Hand hält.
»Er würde sich sehr freuen, wenn ihr euch mal wieder sehen könntet«, schiebe ich noch hinterher, weil ich hoffe, dass dieser Wunsch auch nur die geringste Regung in ihm verursachen könnte. Fehlanzeige. Mein Dad schließt seine Augen und macht auch keine Anstalten mehr, sie wieder zu öffnen.

»Kann ich dir noch irgendwie helfen?« Mit diesen Worten betrete ich die Küche und meine Mom blickt mich entsetzt und besorgt an.

»Deine Nase blutet, Schatz.« Sofort reicht sie mir ein Tuch, damit sich das Blut nicht auf dem gesamten Boden verteilt. Auch wenn ich mir langsam ernsthaft Sorgen um mich selbst machen sollte, zucke ich lediglich mit den Schultern.

»Das ist nichts schlimmes, Mom. Also hör auf so zu gucken, als würde ich sterben«, scherze ich, weil ich diese verkorkste Stimmung nicht länger aushalte.

Als sie das Tuch wieder entgegennimmt und sich der Ärmel ihrer Strickjacke ein Stück nach oben schiebt, setzt mein gesamtes Denkvermögen aus.

»Mom, was ist das?« Erschrocken zieht sie sich den Ärmel wieder gänzlich herunter, aber ich greife danach und lege eine ganze Reihe an blauen Flecken frei. Ihr gesamter Arm ist blau angelaufen und ich weiß nicht, ob ich in dieser Sekunde in Tränen ausbrechen oder vor Wut schreien soll.

»Was ist das?«, frage ich sie erneut, weil sie mir noch immer keine Antwort gegeben hat.

Sie entzieht mir ihren Arm, während sie mir schließlich antwortet.

»Ich habe mich gestoßen, Schatz - mehr nicht.« Die Tatsache, dass sie mich bei keinem Wort direkt ansieht, verrät sie jedoch.

»Sag mir nicht, dass er dir das angetan hat.« Meine Stimme zittert beim Gedanken daran, dass mein Dad sich nicht mehr unter Kontrolle hat und seine Wut vermutlich an ihr auslässt.

Sofort schüttelt meine Mom mit dem Kopf, aber die Anzeichen sind eindeutig genug. Ihr Blick spricht Bände und ich bin mir ziemlich sicher, dass er ihr diese Schmerzen hinzugefügt hat.

»Summer, es ist nicht so, wie du denkst. Dein Dad hat mir noch nie wehgetan«, beteuert sie mir immer und immer wieder, aber ich glaube ihr kein einziges Wort. Ich wusste, dass mein Dad aggressiv werden kann, wenn er etwas getrunken hat, aber dass er sich an meiner Mutter vergreifen könnte, hätte ich selbst ihm nicht zugetraut. In diesem Moment, in dem ich die Flecke an ihren Armen gesehen habe, hat dieses Haus und alles, was ich damit verbinde, gänzlich jede Magie verloren, die es je in sich getragen hat.

»Summer, jetzt hör mir doch zu. Dein Dad würde mir niemals absichtlich wehtun.« Ihre Worte kommen zwar bei mir an, aber dennoch erreichen sie meine Seele nicht, weil ich keine Unwahrheiten an mich heranlassen will. Sachte gibt die Matratze unter mir ein Stück nach und dann spüre ich die Hände meiner Mutter auf meinem Rücken, wie sie kreisende Bewegungen ziehen.

Langsam drehe ich mich um und blicke ihr in die verschreckten, rehbraunen Augen, die mich jedes Mal an meine eigenen erinnern.

»Mom, ich weiß am besten, wie es aussieht, wenn man sich an etwas stößt. Hast du schon vergessen, dass du die

tollpatschigste Tochter der Welt gezeugt hast?« Seit einigen Minuten versuche ich gar nicht erst, meine Tränen weiterhin vor ihr, geschweige denn, vor mir selbst zu verstecken. Sie gehören zu mir und ich bin es leid, so zu tun, als wären sie kein Teil von mir.
Meiner Mutter steigen ebenfalls Tränen in die Augen und ich habe das Gefühl, dass ich nur noch einen kleinen Schritt davon entfernt bin, endlich zu ihr durchzudringen.
»Du musst nicht hier bei ihm bleiben, Mom. Wenn er sich nicht helfen lassen will, dann ist es dein Recht, zu gehen. Es ist nicht falsch, an sich selbst zu denken.« Es ist so befreiend, diese Gedanken endlich laut auszusprechen, ohne dass sie mir sofort ins Wort dabei fällt. Seufzend legt meine Mom sich an meine Seite und gemeinsam starren wir an die Decke. Das letzte Mal, dass wir so beisammen in meinem Bett gelegen haben, scheint Jahre her zu sein, fast so, als hätte es in einem früheren Leben stattgefunden. Es fühlt sich an, als wären wir alle vor einiger Zeit in einem verkorksten Leben wiedergeboren worden und hätten unser altes Leben hinter uns gelassen. Wir können uns immer noch weiterbewegen, auch wenn mein Dad sich dafür entscheiden sollte, stehenzubleiben.
»Es ist erst einmal vorgekommen und es war nicht seine Absicht, mir wehzutun. Wenn er etwas getrunken hat, kann er seine Kraft nicht richtig einschätzen. Ich schwöre dir, dass es nur ein einziges Mal passiert ist.« An meiner Halsbeuge sammelt sich ein kleiner See aus Tränen. Tränen meiner Mutter, die mir schlimmer wehtun, als jede Einzelne, die ich bisher vergossen habe.

»So etwas darf kein einziges Mal vorkommen, hörst du? Du darfst nicht glauben, dass es richtig ist. Jetzt schaffst du es vielleicht noch, dein Leben wieder in deine eigene Hand zu nehmen, aber wenn es so weitergeht, dann wird er deines bis ans Ende bestimmen. Bitte, Mom« wimmere ich ihr entgegen, während ich mich noch dichter an sie kuschele, fast so, als wären wir ein und dieselbe Person. Es ist lange her, dass ich mich so offen mit meiner Mutter unterhalten konnte und dass ich mich so verbunden mit ihr gefühlt habe. Auf jeden Fall möchte ich dieses Gefühl nie wieder missen.

»Ich liebe ihn immer noch, weißt du? All die Jahre, die wir zusammen verbracht haben, lassen sich nicht einfach aus dem Gedächtnis löschen. Ich will sie gar nicht löschen, weil sie alles sind, was mir von deinem Vater noch geblieben ist.« In jedem ihrer Worte schwingt ein schmerzvoller Unterton mit, der mir allzu deutlich macht, wie zerrissen meine Mutter ist. Immer wieder habe ich ihr Vorwürfe gemacht, weil sie der Wahrheit nicht ins Gesicht blicken wollte. Leider habe ich nicht daran gedacht, was all das für sie bedeuten muss - welche Last sie jeden Tag mit sich trägt, weil sie dem Mann, den sie liebt, dabei zusehen muss, wie er sich selbst zerstört. Das Schlimmste daran ist, dass niemand ihm helfen kann, wenn er keine Hilfe annimmt.

»Aber er macht dich kaputt und glaub mir, eines Tages wirst du es bereuen, dass du den Rest deines Lebens unglücklich verbracht hast.« Meine Mutter hebt ihren Kopf leicht an und sieht mir dann, eindringlich in die

Augen.

»Wann bist du nur so erwachsen geworden? Sollte nicht ich diejenige sein, die dir Ratschläge gibt?«

»Du hast mir in meinem Leben schon so viele, kostbare Ratschläge gegeben, Mom. Jetzt bin ich an der Reihe.« Und in dieser Sekunde, hier mit meiner gebrochenen Mutter an meiner Seite, war es mir noch nie so wichtig, all ihre Ratschläge endlich und endgültig für mich anzunehmen.

8. Kapitel

Meine Mutter hat die gesamte Nacht an meiner Seite verbracht und ich kann mich nicht erinnern, wann ich das letzte Mal so geborgen und ruhig schlafen konnte. Dieses Gespräch hat uns beide auf eine Art und Weise zusammengeschweißt, die ich schon seit Jahren nicht mehr spüren konnte. Beinahe hätte ich komplett vergessen, wie sich diese Verbundenheit anfühlt.
Jetzt weiß ich es wieder und ich möchte dieses Gefühl für immer in mir tragen, weil es mein Herz auf eine Art und Weise repariert, wie es niemand anderem möglich ist.
Heute ist mein zwanzigster Geburtstag, und das erste Mal kann ich die Frage danach, wie man sich fühlt, wenn man älter wird, beantworten.
In dieser Nacht hat es sich angefühlt, als wäre ich endlich erwachsen geworden. Es war die ganze Zeit in mir, ich habe es nur nicht an die Oberfläche gelassen, weil ich mich nicht damit abfinden wollte, kein Kind mehr zu sein.
Wenn man sein Leben selbst in die Hand nehmen muss, dann wird einem bewusst, dass die Zeit nicht stehen bleibt. Genauso schnell, wie sich die Erde dreht, so schnell fliegt auch unsere Zeit an uns vorbei. Wir müssen nur dafür sorgen, dass unsere Zeit zu einer unvergesslichen wird. Es gibt tausende Menschen, die einfach nur in den Tag hineinleben, keine Ziele haben

und sich denken ›ich habe eh noch alle Zeit der Welt‹. Doch ehe man sich versieht, ist alles vorbei - sei es durch den normalen Lauf des Lebens, durch eine Krankheit oder einen Unfall. Ich habe dem Tod schon einmal in die Augen blicken können und dennoch habe ich nicht begriffen, worum sich alles dreht - heute Morgen habe ich mir den Vorsatz gesetzt, dies zu ändern.

Es fiel mir schwer, mich von meiner Mom zu verabschieden, aber ich glaube, dass ich bei ihr den richtigen Nerv getroffen habe und sie nun, endlich bereit dazu ist, alles in Frage zu stellen.

Meine Mutter wieder glücklich sehen zu können, wäre das größte Geschenk, welches man mir machen könnte. Jetzt muss ich nur noch auf den Tag warten, an dem mein Wunsch in Erfüllung geht.

Schon als ich das Wohnheim betrete, ist es nicht zu überhören, dass Mary eine kleine Party für mich in unserem Zimmer veranstaltet. Immerhin läuft mein Lieblingssong in einer Lautstärke, die sogar die Wände vibrieren lässt.

Noch bevor ich die Möglichkeit habe, mich auf mein ›Zweimannempfangskomitee‹ einzustellen, hat Mary die Tür aufgeschlagen und umarmt mich so stark, dass ich mich räuspern muss, um einen ordentlichen Atemzug zu tätigen.

»Ich wollte nicht an meinem ersten Tag als Zwanzigjährige schon sterben«, scherze ich und meine Mundwinkel verselbstständigen sich nach oben.

»Ich kann es einfach nicht fassen! Mein kleines Mädchen

wird langsam erwachsen! Es tut mir leid, aber die Zeit rennt so schnell, dass ich einen Augenblick brauche, um das zu verarbeiten«, schnieft Mary mir ins Ohr und ich kann nichts anderes tun, als lauthals zu lachen.
»Mary, du bist genauso alt wie ich, also hör auf, so zu reden, als wärst du meine Oma!« Grinsend schiebe ich meine beste Freundin ein kleines Stück von mir weg, damit ich an meinem Geburtstag nicht ersticken muss.
Bevor Mary mich erneut für sich in Beschlag nehmen kann, hat Eric mich bereits hochgehoben und wirbelt mich nun in der Luft herum, als wäre ich ein kleines Baby. Die Liebe, die diese beiden Menschen mir in diesem Moment geben, brauche ich jetzt am meisten.
Mary greift euphorisch nach meinem Arm und zieht mich hinter sich her in unseren kleinen Schuhkarton, der jetzt noch überladener wirkt als sonst. Überall fliegen Luftballons verschiedenster Farben durch die Gegend und mitten auf meinem kleinen Nachtschränkchen steht eine wunderschöne, lilafarbene Torte. Mary hat sogar daran gedacht, der Torte den richtigen Anstrich zu verleihen. Wow, ich liebe diese beiden Menschen abgöttisch.
»Ihr seid doch verrückt«, ist alles, was ich in dieser Situation herausbringe.
Doch als ob dieser Empfang nicht schon bis an mein Lebensende reichen würde, drückt Mary mir noch ein Geschenk in die Hand, welches ebenfalls in lilafarbenem Papier eingepackt ist.
Wie in Zeitlupe öffne ich das mühsam und liebevoll

eingepackte Geschenk und es kommt ein kleines Büchlein zum Vorschein.

Auf dem Cover ist ein Bild von uns Dreien zu sehen, das wir vor einiger Zeit geschossen haben.

Als ich das Buch öffne, sehe ich, dass es sich um ein neues Tagebuch handelt.

An den Ecken der noch leeren Seiten sind kleine, wunderschöne Zitate niedergeschrieben und das ist das Persönlichste und Schönste, was ich jemals bekommen habe.

»Oh mein Gott. Es ist unglaublich«, kreische ich den beiden entgegen und ziehe sie gleichzeitig in eine herzliche Umarmung.

»Da du ja gar nicht mehr ohne Stift und Papier leben kannst, dachten wir uns, dass wir dir die größte Freude bereiten, wenn wir deine Sucht weiterhin unterstützen«, schreit Mary über die Musik hinweg, die noch immer so laut ist, dass man kaum das eigene Wort verstehen kann.

Mit den richtigen Menschen an deiner Seite können wir all das Schlechte in unserem Leben minimieren. Es lässt sich niemals gänzlich verdrängen, aber es wird erträglich. Mit jeder Person, die dir etwas bedeutet, die für dich da ist und für die du da sein kannst, wird es einfacher.

Denn auch wenn man denkt, dass es keinen Sinn mehr hat, zu kämpfen - es gibt immer Menschen, für die es sich zu kämpfen lohnt. Zwei davon stehen direkt vor meiner Nase und lächeln mich so liebevoll an, dass ich es einfach nicht fassen kann, welches Glück ich mit ihnen habe.

Für einen Moment schweifen meine Gedanken zu einem

weiteren Menschen ab. Jemand, der in dieser Minute ebenfalls an meiner Seite sein sollte, aber ich weiß, dass wir eines Tages wieder zueinander finden werden, egal wie schwer es wird.

Als ich mich am Nachmittag auf den Weg in die Stadt machen will, um uns ein paar Filme für den Abend zu besorgen, stolpere ich vor der Tür über ein kleines Päckchen.
Es ist eine zierliche Schatulle, die liebevoll mit einer Schleife verziert vor unserem Zimmer mitten am Boden liegt.
Sachte hebe ich das Päckchen auf, schaue mich noch einmal auf dem Gang um, aber entdecke niemanden, der es dort hätte platzieren können.
Damit mich niemand beobachtet, während ich es öffne, schließe ich die Tür wieder hinter mir und setze mich auf mein Bett.
Nervös zupfe ich an der Schleife, so lange, bis sie den Kampf endlich aufgibt und sich öffnen lässt. Ich habe keine Ahnung, was mich erwarten wird, aber diese Schatulle wirkt so magisch, dass ich schon vorher weiß, dass der Inhalt mindestens genauso bezaubernd sein muss. Das Erste, was mir ins Auge sticht, ist ein kleiner, cremefarbener Zettel, mit einer Handschrift, die in mir so schöne und teilweise auch so schmerzliche Erinnerungen hervorruft.

›Dich zu treffen, war das Beste, was mir je passiert ist. Du hast mein Leben bereichert. Wenn ich sage, dass du mein Schicksal warst, dann wäre es gelogen. Du warst nicht nur mein Schicksal, Summer. Du bist mein Schicksal und wirst es immer sein. Vergiss das nie.‹

Auch wenn er sich selbst nicht beim Namen genannt hat, weiß ich, dass diese Worte aus seiner Feder stammen. Noch nie haben mich Worte so sehr berührt, wie diese. Es fühlt sich an, als würden all die Schmetterlinge, die sich in mir gesammelt haben, in dieser Sekunde durch meinen gesamten Körper rauschen. Ich fühle mich wie benebelt, als ich den Zettel wieder herunternehme und mein Blick letztendlich von etwas Glänzendem angezogen wird. Vorsichtig nehme ich die silberne Kette, die wie tausend Diamanten funkelt, aus der Schatulle heraus.
Zwei Worte verzieren dieses Schmuckstück und machen es für mich gänzlich perfekt. Zwei Worte, die ab diesem Tag eine ganz neue Bedeutung für mich haben werden, weil ich sie ab jetzt für immer mit ihm verbinden werde.
›My Destiny‹

Vorsichtig lege ich mir die Kette um mein linkes Handgelenk und achte dabei besonders darauf, keinen einzigen Kratzer an ihr zu hinterlassen.
Auch wenn ich nicht weiß, wie er reagieren wird und auch

wenn ich ihm Zeit geben sollte, muss ich ihm danken.
Natürlich könnte ich ihn anrufen oder ihm eine Nachricht schreiben, aber ich weiß, dass das niemals genug wäre. Ich möchte einfach nur bei ihm sein und ihn in die Arme nehmen, weil seine Worte jede einzelne Narbe in meinem Herzen verblassen lassen. Er hat es mit dieser Geste geschafft, dass mein Herz wieder strahlen kann und keine Nachricht der Welt könnte meine Gefühle ausdrücken.
Entschlossen, ihm an diesem Tag endgültig die Augen zu öffnen, mache ich mich also auf den Weg zu ihm, auch wenn ich tierische Angst davor habe, dass er mich nicht sehen will. Dass er sich bedrängt fühlt und seine Mauer wieder so hoch errichten lässt, dass ich nicht mehr an ihn herankomme. Doch auch, wenn ich innerlich zu zittern beginne, muss ich jetzt bei ihm sein.
Dieser Tag hat so besonders begonnen, aber kein Tag der Welt könnte perfekt für mich sein, wenn ich ihn nicht sehen kann. Während ich vollkommen schleierhaft durch die Straßen laufe, heftet sich mein Blick ständig an mein neues Schmuckstück an meiner linken Hand. Ich war noch nie eines der Mädchen, die sich von oben bis unten mit Schmuck behängen wie einen Weihnachtsbaum, aber diese Kette bedeutet mir so unverkennbar viel. Als ob das Tagebuch meiner beiden besten Freunde nicht schon gereicht hätte, muss auch er mir ein Geschenk machen, das mich so sehr im Herzen berührt, dass ich meine Tränen nicht unterdrücken kann.
Als ich mich mit jedem Schritt seiner Wohnung und

somit dem Ort, der uns voneinander getrennt hat, nähere, spielen die Schmetterlinge in meinem inneren so sehr verrückt, dass mit jedem weiteren Schritt mein gesamter Körper schmerzlich zu brennen beginnt. Doch auch, wenn ich auf dieses schmerzhafte Gefühl dankend verzichten kann, würde ich es mir niemals verzeihen, wenn ich jetzt umdrehe.

Die Treppenstufen hinaufzusteigen, die ich vor Wochen tränenüberströmt verlassen habe, erweckt Gefühle in mir, die ich nicht ansatzweise je wieder an mich heranlassen wollte. Nie wieder möchte ich mich so fühlen müssen, wie an diesem Tag, der unser vorübergehendes Ende bedeutet hat.

Nervös lasse ich meinen Finger auf der Klingel nieder und warte darauf, dass ich endlich wieder in diese Augen sehen kann, die mich alles vergessen lassen. Die Augen, die die Zeit zum Stillstand bringen und somit all das Elend für einen Augenblick anhalten können.

Die Minuten, in denen ich auf ein Zeichen warte, ziehen sich so langsam hin, dass ich mich an der Hauswand anlehnen muss, weil mit jeder weiteren Sekunde, die verstreicht, alle Nervenzellen in meinem Körper in Flammen aufgehen.

Nach einer gefühlten Ewigkeit öffnet sich endlich die Tür, aber auch wenn ich mir nichts sehnlicher wünsche, als ihm in sein hübsches Gesicht zu sehen, verschwimmt meine gesamte Sicht vor meinen Augen. Ich erkenne zwar seine Umrisse, aber ich bin nicht in der Lage, die Einzelheiten, die ihn zu etwas Besonderem machen, zu erkennen.

»Hey«, flüstert mir eine Stimme zu, die sicherlich zu Dean gehört, die sich in meinen Ohren jedoch seltsam verzerrt anhört. Ich habe keine Ahnung, was um mich herum passiert, aber ich bin mir sicher, dass irgendetwas ganz und gar nicht mit mir stimmt. Bevor ich der verzerrten Stimme antworten kann, merke ich, dass meine Beine unter mir nachgeben und ich langsam, wie in Zeitlupe, an der Hauswand zusammensacke.

Bevor ich jedoch am Boden ankommen kann, haben sich seine Arme bereits unter meinen Rücken und unter meine Oberschenkel gelegt. Auch wenn ich mir allergrößte Mühe gebe, meine Augen offen zu halten, gelingt es mir nur kurzzeitig, bevor wieder alles in der Dunkelheit verschwindet, die mir mittlerweile nur allzu bekannt vorkommt. Nie wieder wollte ich mich in diesem Zustand wiederfinden, aber ich glaube, dass ich ihm nicht mehr entkommen kann.

Die verzerrte Stimme redet beruhigend auf mich ein, aber ich erkenne kein einziges Wort so deutlich, dass ich den Zusammenhang verstehen kann. Es hört sich beinahe so an, als würde er nicht einmal meine Sprache sprechen.

Unsicher kralle ich mich an Deans Schulter fest, weil ich mich sicher fühlen muss und er mir Sicherheit geben kann. Um mich herum nehme ich verschiedene Geräusche wahr, aber keines davon kann ich in eine bestimmte Richtung ordnen und dieses Gefühl macht mich verrückt. Alles, was mir in diesem Moment noch vertraut zu sein scheint, ist sein Geruch, der mich einhüllt.

Einen Augenblick später spüre ich eine weiche Matratze unter mir, bei der ich mich noch immer bildhaft daran erinnern kann, wie es sich angefühlt hat, auf ihr neben dem Mann zu liegen, den ich liebe.

Und genau dieser besondere Mensch streicht mir jetzt sanft über mein Gesicht, während ich immer tiefer in einen Zustand falle, der mich von allem wegtreibt.

Dean hebt meine linke Hand ein Stück an und dann spüre ich seine weichen Lippen auf meiner Handfläche.

»Du trägst sie«, flüstert mir diese Stimme zu, die ich in dieser Sekunde wieder klar und deutlich verstehen kann.

Doch auch, wenn ich ihm am liebsten antworten würde, um ihm zu sagen, wie dankbar ich ihm bin und dass ich sie nie wieder abnehmen werde, bekomme ich kein Wort heraus. Es gibt so vieles, was ich ihm jetzt gern sagen würde, aber ich kann nichts anderes tun, als mich von dieser Dunkelheit anziehen zu lassen, auch wenn es bedeutet, mich von ihm dadurch zu entfernen. Und auch, wenn ich es verdrängen will, macht sich in mir die Befürchtung breit, dass nichts mehr so sein wird, wie es einmal war, wenn ich wieder aufwache.

Ich laufe einfach los, ohne mich umzusehen. Alles, was ich will, ist so schnell wie möglich von hier zu verschwinden. Ich muss zwischen mir und dem, was eben passiert ist, Distanz schaffen, damit ich endlich wieder einen klaren Gedanken fassen kann. Mein Herz muss in

Sicherheit gebracht werden, damit es nicht noch weiter zerrissen werden kann, also laufe ich, weil es die einzige Möglichkeit ist, die ich habe. Die Tränen strömen mir über die Wange und verschleiern mir die Sicht so stark, dass ich nicht sehe, wohin mich meine Beine letztendlich tragen. Doch auch, wenn meine Augen versagen, lassen mich meine Ohren nicht im Stich und somit reißt mich der Klang von quietschenden Reifen zurück in die Realität. Auch wenn ich nichts Genaues erkennen kann, so kann ich dennoch bestens das helle Licht sehen, das auf mich zukommt. Doch warum stoppt es nicht endlich? Wieso rast es mit einer solchen Geschwindigkeit auf mich zu?

Bevor ich weiter darüber nachdenken kann, hat mich das Licht bereits eingeholt und mich mit so viel Wucht erwischt, dass jeder Zentimeter meiner Haut aufreißt.

Als hätte sich beim Aufprall ein Schalter in mir umgelegt, erkenne ich beim nächsten Augenaufschlag alles um mich herum so deutlich, dass ich sie am liebsten wieder für immer schließen würde.

An meinen Händen klebt Blut, und auch wenn ich keine direkte Verletzung erkennen kann, bin ich mir sicher, dass es sich um mein eigenes handelt, welches langsam aus meinem Körper strömt, und mich am Ende vollkommen leer zurücklassen wird. Innerlich ist alles in mir zerbrochen, als ich seine Haustür verlassen habe, aber in diesem Moment fühlt es sich an, als würde jetzt auch der Rest von mir absterben. In einigen Sekunden wird von dem Mädchen, das ich war und von dem Mädchen, das

ich einmal sein wollte, nichts mehr übrig sein.
Weitere Geräusche dröhnen mir in die Ohren, aber ich bin nicht fähig, darüber nachzudenken, woher diese kommen. Es ist mir egal, denn alles, woran ich denken kann, ist, dass ich gleich gehen werde. Endgültig.

Erschrocken reiße ich meine Augen auf und bemerke sofort, dass ich am ganzen Körper wie verrückt zittere. Es fühlt sich an, als wäre ich seit einer Ewigkeit in meinem Körper gefangen gewesen und jetzt bin ich endlich wieder in der Lage, mich zu bewegen. Es ist schon eine ganze Weile her, dass ich das letzte Mal von meinem Unfall geträumt habe und ich kann nicht sagen, dass ich diese schlaflosen Nächte vermisst habe, aber ich weiß, dass ich dieses Mal nicht allein bin.
Dean ist bei mir und das ist das Einzige, was für mich zählt. Denn auch wenn ich jede einzelne Nacht von diesen schrecklichen Bildern verfolgt werden würde, ist er bei mir und lässt mich schon Sekunden später alles wieder vergessen.
Ich muss ihm nur einmal in die Augen sehen und nur einmal von ihm berührt werden, dann verblassen alle schrecklichen Erinnerungen sofort und unwiderruflich.
Noch immer fühlt es sich an, als würde ich gar nicht in meinen eigenen Körper hineinpassen, weil sich alles so fremd und so eigenartig anfühlt, dass ich mich selbst kneifen muss, um aus dieser Starre zu fliehen.
Der Schleier vor meinen Augen lässt von Zeit zu Zeit immer weiter nach, aber dennoch kann ich nichts

Genaues erkennen. Was ich jedoch wahrnehme, ist ein ungewöhnliches Piepen, welches mir auf eine seltsame Weise so unheimlich vertraut vorkommt. Dabei will ich doch nur in sein Gesicht sehen können.

»Dean«, wimmere ich in die Ungewissheit, weil ich nicht weiß, ob er immer noch bei mir ist.

Doch sobald ich seinen Namen ausgesprochen habe, bricht um mich herum eine Hektik aus, die mich nervös werden lässt. Ich höre Stimmen, ich höre Schluchzen und all das ist noch immer von diesem Piepen unterstrichen, das mir entsetzliche Kopfschmerzen bereitet. Bin ich noch in meinem Traum gefangen? Vielleicht bin ich gar nicht aufgewacht und liege in Gedanken noch auf dieser Straße, während ich mich von meinem eigenen Leben verabschiede. Aber auch wenn das die plausibelste Erklärung wäre, kann ich mir beim besten Willen nicht vorstellen, dass ich wirklich noch träume. Nichts fühlt sich nach einem Traum an, aber was geschieht hier?

Die Stimmen und Geräusche um mich herum werden von Sekunde zu Sekunde greller und langsam aber sicher werden die Konturen um mich herum wieder scharf.

»Dean?«, bringe ich erneut schwer atmend hervor, aber noch immer bekomme ich keine Antwort von ihm. Er ist nicht hier und ich weiß nicht, wie ich mit dieser schmerzenden Erkenntnis fertigwerden soll.

»Oh mein Gott, Summer.« Endlich redet jemand mit mir, aber ich weiß, dass diese Stimme gewiss nicht der Person gehört, die ich angesprochen habe. Die Stimme meiner Mom versetzt mir einen Stich im Herzen, aber wieso ist sie hier? Warum bin ich nicht mehr bei ihm?

Eben habe ich noch in seinem Bett gelegen und habe seine Haut an meiner spüren können. Jetzt liege ich hier, auf einer Matratze, die bei weitem nicht dieselben Gefühle in mir weckt und von Dean ist keine Spur zu erkennen. Langsam habe ich das Gefühl, dass ich mich in einem falschen Film befinde, weil nichts von alldem, was gerade um mich herum passiert, einen Sinn ergibt.

»Miss Maddison, können Sie mich hören?« Moment mal, diese Stimme kenne ich doch, aber auch wenn ich mir allergrößte Mühe gebe, um in meinem Kopf nach dem passenden Gesicht zu suchen, kann ich sie nicht zuordnen.

Unsicher lasse ich meinen Kopf durch den Raum wandern und bleibe an einem Monitor hängen, der neben mir steht und mir meinen eigenen Herzschlag anzeigt, während dieses Piepen jeden einzelnen Schlag unterstreicht.

Was zur Hölle mache ich hier? Wieso bin ich in Deans Armen eingeschlafen und wache jetzt hier, in einem Raum auf, in dem mein Herzschlag an eine Maschine angeschlossen ist?

Nichts ergibt für mich einen Sinn, aber ich muss wissen, wieso er nicht mehr bei mir ist. War er vielleicht nie bei mir? Verdammt, jetzt sagt mir doch endlich, wo er ist! Es fühlt sich an, als würden alle Gedanken, die ich in den letzten Wochen hatte, jetzt auf mich herabprasseln und ich kann nicht sagen, wo mir der Kopf steht. Erneut beginnt mein Körper unkontrolliert überall zu zittern, und egal wie sehr ich mich dagegen wehre, es lässt sich einfach nicht abschütteln.

»Jetzt machen Sie doch endlich etwas!« Die Stimme meiner Mutter bricht in sich zusammen, und auch wenn ich nicht weiß, wen und was sie damit meint, spüre ich eine Zerrissenheit in ihr, die mir entsetzlich wehtut.

Sekunden später spüre ich eine große, warme Hand auf meinem linken Unterarm, und als ich meinen Blick zu dem Gesicht schweifen lasse, das zu dieser Hand gehört, bin ich mir sicher. Ich bin im Krankenhaus, aber ich kann nicht glauben, dass Dean mich wirklich hierher gebracht hat, um mich dann wieder zu verlassen.

Dr. Andrews Gesicht ist mir in den letzten Wochen so vertraut geworden, weil ich ständig mit ihm konfrontiert wurde, aber der Ausdruck in seinen Augen wirkt so besorgt, dass ich mich frage, was hier gerade vor sich geht.

»Können Sie mich hören?« Seine Stimme klingt so hoffnungsvoll, dass ich mir kaum vorstellen kann, wie schlimm es um mich stand, als Dean mich hergebracht hat. Anstatt ihm eine Antwort zu geben, nicke ich und lächle ihm entgegen.

»Ich hatte nicht gehofft, dass wir uns so schnell wiedersehen würden«, flüstere ich. Aber anstatt die gewohnten Lachfältchen an seinen Augen zu sehen, sieht er mich nur entsetzt und besorgt zugleich an.

Ein kleines, zierliches Mädchen tritt neben ihn und macht sich an all den Schläuchen zu schaffen, die mich vollkommen einhüllen. Als ich meinen Blick auf ihr

Gesicht hefte, stelle ich erschrocken fest, dass es sich nicht um irgendeine Schwester handelt, sondern um Emely - Matthews Pflegerin. Was zur Hölle?

»Ihre Werte sind stabil Dr. Andrew«, sagt sie und macht sich daran zu schaffen, einige Zahlen auf ihren Notizblock zu schreiben.

»Emely?«, werfe ich in den Raum, weil ich wissen will, wieso sie nicht mehr bei Matthew ist - sondern hier, bei mir.

Doch anstatt darauf zu reagieren, dreht sich dieses Mädchen wieder um und verschwindet, ohne mich anzusehen, aus dem Raum.

Dr. Andrew hantiert ebenfalls an den zahlreichen Schläuchen herum, die mich umgeben, zieht sich einen Stuhl an mein Bett heran und setzt sich dann neben mich. Im selben Moment erscheint meine Mom vollkommen aufgelöst in meinem Blickfeld. Um ihre Augen haben sich tiefe Schatten gelegt und ich weiß nicht, was über Nacht mit ihr passiert ist. Als ich sie gestern gesehen habe, sah sie so friedlich und gesund aus, aber diese Frau hier hat nichts mehr mit diesem Bild gemein.

»Es stimmt wirklich.« Entsetzt stürmt meine Mutter auf mich zu und schließt mich in ihre Arme. Ich habe keine Ahnung, was hier vor sich geht, aber ich mache mir tierische Sorgen, weil sie so in sich zusammengefallen ist, dass ich mich zusammenreißen muss, um sie nicht die ganze Zeit entsetzt anzustarren.

»Mom was ist los, was machst du hier?«, bringe ich schwer atmend heraus und auch, wenn ich mir nichts

sehnlicher wünsche, als endlich eine Erklärung für diese seltsame Situation zu bekommen, antwortet sie mir nicht. Stattdessen strömt ihr eine Träne nach der nächsten über die Wange, während sie den Blick zu Dr. Andrew schweifen lässt und ihm leicht zunickt.
»Miss Maddison, was ist das Letzte, woran sie sich erinnern können?« Die tiefen Falten, die sich auf seiner Stirn bilden, während er mit mir spricht, stellen meine ganze Welt auf den Kopf. Ich versuche, meinen Körper in eine aufrechte Position zu bewegen, aber ich schaffe es nicht, weil ich keine Kraft habe.
»Ich wollte zu Dean, um mich für sein Geschenk zu bedanken. Aber dann ist mir schwindelig geworden und er hat mich ins Bett gelegt«, seufze ich ihm entgegen, weil ich nicht weiß, wieso es eine wichtige Rolle spielt, woran ich mich als Letztes erinnern kann. Die Person, die im Moment die wichtigste Rolle spielen sollte, ist jedenfalls nicht bei mir und diese Tatsache schmerzt ungemein.
»Welches Geschenk mein Schatz?« Die Stimme meiner Mutter wirkt beängstigt, fast so, als würde sie sich vor meiner Antwort auf diese Frage fürchten.
»Mein Geburtstagsgeschenk«, antworte ich ihr gelassen, weil ich mir nicht vorstellen kann, dass ihr diese Tatsache wirklich Angst machen könnte.
Langsam bröckelt die Fassade meiner Mutter weiter in sich zusammen und am Ende sieht sie aus wie ein Häufchen Elend, welches sich schützend die Hände vors Gesicht hält, um ihre Tränen aufzufangen.
»Schatz, dein Geburtstag ist schon einen Monat her«,

wimmert sie mir entgegen, aber auch wenn ich ihre Worte verstehen kann, weiß ich nicht, was all das hier zu bedeuten hat.

»Was…was meinst du Mom?«, presse ich verunsichert zwischen meinen Zähnen hervor. Sie lässt ihren Blick noch einmal zu Dr. Andrew schweifen, der noch immer fleißig Notizen festhält. Am liebsten würde ich ihn anschreien, damit er mir endlich erklärt, was hier vor sich geht, aber ich glaube, dass mir die Antwort nicht gefallen wird.

Langsam hebt er seinen Blick von dem Notizblock ab, blickt mir dann, mitleidig in die Augen und bringt sich in eine andere Position.

»Sie haben im Koma gelegen, Miss Maddison. Ich weiß, dass es schwer für Sie ist, das nachzuvollziehen, aber ich bitte Sie, jetzt ruhig zu bleiben und sich anzuhören, was ich Ihnen zu sagen habe.« Seine Worte schneiden sich in meine Haut und hinterlassen auf jedem einzelnen Zentimeter so tiefe Schnittwunden, dass ich mir nicht ausmalen kann, wie schwierig es sein wird, wieder alle Wunden zu schließen.

»Ich weiß, dass Sie mich in ein künstliches Koma versetzen mussten, weil sich die Schwellung nach der Operation nicht zurückgebildet hat, Dr. Andrew. Ich habe nur keine Ahnung, was Sie mir damit jetzt sagen wollen«, wimmere ich ihm entgegen, weil ich meine eigenen Gefühle nicht unter Kontrolle habe. Sein Blick wandert unauffällig zu meiner Mom hinüber, die mich nur entsetzt ansieht.

»Kann mir mal bitte jemand verraten, was hier vor sich geht?«, schnauze ich die beiden an, weil ich langsam aber sicher meine Nerven verliere, wie so oft in letzter Zeit.

Dr. Andrew nimmt meine Hand in seine, und auch wenn ich sie ihm am liebsten sofort entziehen würde, lasse ich ihn gewähren.

»Sie sind in unser Krankenhaus mit schweren inneren Verletzungen eingeliefert worden. Anfangs sah es so aus, als könnten wir nichts mehr für Sie tun. Sie haben Recht, die Schwellung hat sich nach der Operation nicht zurückgebildet, aber wir haben Sie nie in ein künstliches Koma versetzt, Miss Maddison. Ja, Sie sind einige Tage später ins Koma gefallen, aber wir haben Sie nicht in diesen Zustand versetzt - Ihr eigener Körper hat sich auf Standby gestellt. Sie sind nicht aufgewacht - bis jetzt.«

Obwohl ich mit vielem gerechnet hatte, war ich auf diese Antwort nicht gefasst. Meine eigenen Tränen strömen mir in einer solchen Geschwindigkeit über die Wangen, dass ich keine Möglichkeit habe, jeden einzelnen Tropfen zu zählen. Vollkommen perplex stelle ich eine Frage, dessen Antwort ich gar nicht hören will. Es ist verrückt, was Dr. Andrew mir weismachen will. Ich weiß sehr wohl, dass ich in den letzten Wochen garantiert bei klarem Verstand war, aber dennoch brennt mir diese Frage so sehr auf der Zunge, dass ich sie nicht unterdrücken kann.

»Wie lange ist das her?« Mit jedem Wort droht meine Stimme in sich zusammenzubrechen - endgültig.

Dr. Andrew schließt für einen kleinen, unscheinbaren

Moment seine Augen, so als müsste er mit sich selbst ringen. Als er seine Augen wieder öffnet, weiß ich es. Die Antwort, die er mir geben wird, wird mir den Boden unter den Füßen entreißen.
»Es ist Morgen genau drei Monate her.«

9. Kapitel

Wie soll ein Mensch damit umgehen, wenn einem gesagt wird, dass nichts von alldem, was man erlebt hat, real war? Jeder Tag, den ich erlebt habe. Jedes Gespräch, das ich geführt habe. Jedes Gefühl, das sich in mir ausgebreitet hat.
Wie soll ich es jemals schaffen, seine Worte nicht nur zu verstehen, sondern auch zu glauben?
Ich bin nicht in der Lage dazu und ich werde es definitiv niemals sein. Wir Menschen werden nur durch eins bestimmt - durch die Momente, die wir erleben und die sich dann in unser Gedächtnis schlagen, um dort als Erinnerung weiterzuleben. Alle Augenblicke, die ein Mensch in seinem Leben durchlebt, werden für dich gespeichert, damit du dich in schlechten Zeiten immer wieder daran erinnern kannst, wie schön es einst war. Dass nicht alles auf der Welt so schlecht und aussichtslos ist, wie es zurzeit scheint. Dafür sind unsere Erinnerungen gemacht, aber was ist, wenn keine davon wahr ist? Wenn dir dein eigener Körper einen solchen Streich spielt, dass du an nichts mehr glauben kannst?
Genauso fühle ich mich, seitdem ich aufgewacht bin. Drei Monate. Immer wieder rast dieser Gedanke durch meinen Schädel und hinterlässt nichts als Verwüstung.
Drei Monate. Drei Ganze Monate. Doch wie kann ich solche Erinnerungen für mich entwickelt haben, wenn

keine Einzige davon wirklich echt ist? Es muss eine andere Erklärung geben, das steht fest. Denn wenn ich all dem meinen Glauben schenke, dann weiß ich, dass ich unter all dem Druck der Zeit zusammenbrechen werde.
Natürlich ist mir bewusst, dass in den letzten Wochen etwas mit mir und meinem Körper nicht gestimmt hat - immerhin gab es eindeutige und unabdingbare Anzeichen dafür, aber dass alles nur eine Illusion war, kann und will ich nicht wahrhaben.
Ich lasse alles, was ich erlebt habe, an mir vorüberziehen, wie in einem Film. Mein Film.
Und im Endeffekt komme ich dennoch zu dem Entschluss, dass ich recht habe. Natürlich habe ich angefangen, mit Dr. Andrew zu diskutieren, um auch ihn von der Wahrheit zu überzeugen, aber es hat nichts gebracht.
Egal, welche Geschichte ich ihm vor die Nase geknallt habe, er hat zu keinem Zeitpunkt seinen Glauben in mich gesetzt - genauso, wie ich meinen nicht in ihn setze.
Unsicher lasse ich den Blick zum Fenster schweifen, nur um den Schneeflocken dabei zuzusehen, wie sie unsere gesamte Welt in ein weißes, kaltes Kleid zwängen.
An der Tatsache, dass ich den Winter hasse, hat sich nämlich nichts geändert.
Erst als sich die Zimmertür öffnet, reiße ich meinen Blick von den Schneeflocken los.
»Miss Maddison, wie geht es Ihnen?«, fragt Dr. Andrew, während er erneut meine Werte überprüft, so wie schon zum tausendsten Mal an diesem Tag.

»Wie soll es mir schon gehen? Sie wollen mir erzählen, dass nichts von dem, was ich erlebt habe, real war. Man könnte also sagen, ich fühle mich realitätsfern«, presse ich genervt zwischen meinen Lippen hervor. Und auch wenn ich mich kindisch und unfair verhalte, muss ich all das erst einmal verinnerlichen und dafür brauche ich Zeit für mich - Zeit, die ich hier nicht bekomme.
»Es ist verständlich, dass es schwer für Sie ist, all dem in die Augen zu sehen. Für mich ist diese Situation auch neu. Natürlich sind mir massig Patienten bekannt, die Träume hatten, während sie im Koma lagen. Aber dass sich ein Patient ganze Welten erschaffen kann, das habe ich in den zwanzig Jahren, seit denen ich hier arbeite, noch nicht erlebt. Wir suchen nach einer Erklärung dafür, aber die einzig plausible Antwort ist die, dass Sie all die Eindrücke um sich herum unterbewusst wahrgenommen haben. Im Endeffekt haben Sie damit Ihr Leben weiterlaufen lassen. Nach den ersten vier Wochen haben Sie ein neues Medikament verabreicht bekommen, und auch wenn uns keine derartigen Nebenwirkungen darüber bekannt sind, lässt sich nicht ausschließen, dass es damit zusammenhängt. Die Medikamente, die wir Ihnen verabreichen mussten, waren keine leichten Kopfschmerztabletten.«
Natürlich klingt jedes Wort, das seinen Mund verlässt, auf medizinische Art und Weise plausibel, aber nicht auf menschlicher Ebene.
»Dr. Andrew, es hat sich nicht angefühlt wie ein Traum! Glauben Sie mir, ich kann Traum und Realität

voneinander unterscheiden. Wie soll ich mich damit abfinden, dass alles, was passiert ist, nichts als ein Gespinst meiner selbst war?«, flüstere ich ihm zu, weil ich einfach keine Kraft mehr habe.

Plötzlich tritt meine Mom ebenfalls an mein Bett, und als ob Dr. Andrew bereits weiß, was jetzt folgen wird, verschwindet er aus dem Raum und lässt uns allein.

Meine Mom schaut mir mitleidig in die Augen, aber ich brauche kein Mitleid. Ich will es einfach nicht, weil ich nur Mitleid brauchen würde, wenn ich falsch liege und das tue ich nicht.

»Schatz, ich weiß, wie schwer es ist«, beginnt sie das Gespräch, das ich am liebsten niemals führen würde.

Unter Schmerzen verändere ich meine Position und richte mich ein kleines Stück auf, um mich besser mit ihr unterhalten zu können.

»Nein, das weißt du nicht Mom. Keiner von euch kann das wissen, weil keinem von euch erzählt wird, dass nichts, woran ihr glaubt, real ist«, antworte ich ihr, während sich Tränen in meinen Augen sammeln.

Wenn Dr. Andrew Recht hat, woher soll ich dann wissen, welche Eindrücke wahr sind? Vielleicht bin ich in dieser verqueren Situation gefangen und liege noch immer im Standbymodus in diesem Bett. Wer will mir sagen, dass alles, was ich in den nächsten Tagen und Wochen erleben werde, nicht nur eine Illusion ist?

Jede Situation, die ich in meinem Kopf Revue passieren lasse, krallt sich mit voller Wucht in meinem Gedächtnis fest und alles, was ich will, ist, allen zu beweisen, dass sie sich irren.

»Zeig mir deine Arme, Mom.«

Wenn meine Mutter jetzt ihre Ärmel hochzieht, und ich sie sehen kann, die blauen Flecke, die auch gestern zu sehen waren, dann weiß ich, dass ich mir nichts eingebildet habe.

Verunsichert und ohne den Hintergrund zu erfragen, krempelt meine Mom die Ärmel ihrer Strickjacke nach oben.

Doch auch wenn ich meine Augen zig Mal schließe, um sie dann wieder zu öffnen, sind sie weg. Ihre Arme haben den gleichen roséfarbenen Ton, den auch der Rest ihres Körpers aufweist. Von blauen Flecken und anderen Malen ist keine Spur zu sehen, und auch wenn ich insgeheim darauf vorbereitet war, trifft es mich mit voller Wucht. Das darf nicht wahr sein. In meinem Kopf schießen die Gedanken so schnell umher, dass mir schwindelig wird, aber alles, woran ich denken kann, ist der Arm meiner Mom und die Flecken, die gestern noch da waren.

Der restliche Tag vergeht wie in Zeitlupe. Hin und wieder kommen Schwestern in mein Zimmer und vorhin habe ich Emely (die in Wirklichkeit Rosie heißen soll) angesprochen, aber sie meinte nur, dass sie keinen Matthew Calls kennt und dass sie noch nie als Pflegerin gearbeitet hat. Natürlich war mir ihre Antwort schon klar, bevor ich meine Frage stellen konnte, aber ich brauche Beweise - so viele Beweise, dass ich es eines Tages wahrhaben kann.

Es klopft an der Tür und einen Augenblick später betritt Mary mein Zimmer und stürmt auf mich zu. Für sie ist es eine Ewigkeit her, dass wir uns gesehen haben - für mich lediglich ein paar Stunden.

Ihr schießen unverzüglich Tränen in die Augen, und auch wenn ich mit ihr weinen sollte, bin ich nicht in der Lage, einen weiteren Tropfen zu vergießen.

Stundenlang redet sie auf mich ein, versucht mich zum Lachen zu bringen und versucht vor allem, mir die Augen zu öffnen, aber ich bin noch nicht bereit dazu.

»Summer, die letzten Monate waren die Hölle für uns. Du kannst jetzt nicht um die Ecke kommen und uns erzählen, dass wir lügen! Es war real und es war die schlimmste Zeit in meinem Leben. An jedem einzelnen Tag wurde uns vor Augen geführt, dass du vielleicht nie mehr aufwachen wirst. Bitte hör auf, deine Augen zu verschließen.«

»Was ist dann mit Dean?«, frage ich sie, weil mir diese Frage schon auf der Zunge brennt, seitdem ich aus meiner Welt gerissen wurde. Wo ist er? Ich beginne langsam zu realisieren, dass nichts in den letzten Wochen so war, wie es den Anschein geweckt hat. Ja, ich habe seine Wohnung verlassen und bin vor dieses Auto gerannt. Aber was ist dann passiert? Eine Tatsache steht fest - und zwar die, dass ich Dean nicht dazu bringen konnte, seine Mauern für mich fallen zu lassen. Wir haben uns nicht leidenschaftlich geküsst und er hat mich nicht zärtlich in sein Bett getragen. Vermutlich werde ich

ihn nie wieder sehen.
Mary nimmt meine dünne, schrecklich aussehende Hand in ihre und streicht mir sanft darüber.
»Er war derjenige, der den Krankenwagen gerufen hat, Summer. Du weißt, dass ich nicht allzu viel von Dean gehalten habe, nach all dem, was passiert ist. Aber was er für dich gemacht hat, das kann kein Mensch in Worte fassen. Er hat drei Monate lang jeden Tag an deinem Bett gesessen und glaube mir, es war gar nicht so einfach, überhaupt in dein Zimmer zu dürfen. In den ersten Tagen war der Krankenhausflur sein neues Zuhause. Und auch, als er dann endlich zu dir durfte, weil er einfach nicht locker lassen konnte, ist er dir nie von der Seite gewichen.«
Ihre Worte ratschen so stark an meinem Herzen, dass ich das Blut, welches dabei unaufhörlich durch meine Venen strömt, förmlich spüren kann.
Er war die ganze Zeit hier - bei mir. Als ich aus dem ›Künstlichen Koma‹ aufgewacht bin, war mein einziger Wunsch, dass er bei mir sein würde. Jetzt weiß ich, dass es kein Wunschgedanke, sondern Realität war. Die Tatsache, dass er hier bei mir war, um mir zur Seite zu stehen, berührt mich so tief, dass ich ihn in diesem Moment noch mehr liebe, als ich es so schon tue - auch wenn das beinahe unmöglich ist.
Doch wieso ist er nicht bei mir gewesen, als ich aufgewacht bin? Warum war er nicht für mich da, als ich auf dem Boden der Realität aufschlug, um mich aufzufangen? Mein Sturz hätte so viel erträglicher sein

können, wenn Dean an meiner Seite gewesen wäre.
»Wo ist er dann jetzt?«, frage ich Mary und meine Stimme zittert so sehr, dass man sich Mühe geben muss, meine Worte überhaupt zu verstehen.
Der Ausdruck, den Marys Augen annehmen, gefällt mir absolut nicht, denn er zeigt mir, dass mir ihre Antwort wehtun wird. Da ich innerlich so oder so zerrissen bin, macht es in diesem Moment auch keinen Unterschied mehr für mich - ich bin gebrochen.
»Wir wissen es ehrlich gesagt nicht, Summer. Er war vor drei Tagen das letzte Mal hier. Weder bei deiner Mom noch bei mir hat er sich seitdem gemeldet. Ich habe versucht, ihn zu erreichen und bin sogar zu seiner Wohnung gefahren, aber ich habe niemanden angetroffen. Sein Handy ist seit Tagen ausgeschaltet, aber ich weiß, dass er wiederkommen wird, Summer. Bitte gib jetzt die Hoffnung nicht auf. Er wird zurückkommen, das schwöre ich dir«, flüstert sie mir zu und haucht mir einen sanften Kuss auf meine Handfläche, so wie Dean, als er mich in sein Bett gelegt hat - oder auch nicht.
Mary deutet mit ihrem Kopf auf meine linke Hand und augenblicklich folgt mein Blick ihrem. Mein Handgelenk wird von einer wunderschönen Kette geschmückt, und ich frage mich, wie ich sie bisher noch nicht bemerken konnte. ›You're My Hope‹ ist in goldenen Buchstaben geschrieben und lässt sie im Licht unendlich schön strahlen.
»Die Kette hat Dean dir zum Geburtstag geschenkt«, antwortet Mary auf meinen fragenden Blick, und obwohl

ich es bereits vermutet habe, verlieben sich alle Schmetterlinge in mir gerade gegenseitig ineinander. Es fühlt sich an, als wäre all die Liebe auf dieser Welt in dieser Sekunde in meinen Körper geströmt und ich bin nichts weiter als ein Haufen verliebter Hormone. Die Kette ist noch so viel schöner als die, die ich in meiner Welt von ihm bekommen habe. Nie wieder werde ich sie abnehmen, weil ich weiß, dass ich seine Hoffnung bin. Und ich wusste seit dem Augenblick, in dem ich ihm in die Augen sah, dass er eines Tages auch meine sein würde.

Seitdem Mary mir gesagt hat, dass Dean jeden einzelnen Tag bei mir war, bin ich wie weggetreten. Ich sehe ihn, wie er an meinem Bett saß und meine Hand hielt. Ich sehe ihn, wie er mir einen Kuss auf die Stirn gegeben hat und sich neben mich gelegt hat. Doch jetzt mache ich mir einfach nur tierische Sorgen um ihn. Mir ist klar, wieso er nicht mehr hier ist und wieso er nicht zu erreichen ist. In dieser Situation haben wir bereits gesteckt und ich wollte nie wieder in ihr stecken müssen.
Die einzige Frage, die ich mir stelle, ist die, wie schlimm es dieses Mal um ihn steht. Wie geht es ihm? Wird sich eines Tages alles wieder zum Guten wenden? Oder wird er mich erneut abweisen, so wie an diesem einen Abend?
Tausende Fragen strömen durch mich hindurch und hinterlassen in mir ein Chaos, das ich alleine nicht ordnen kann. Dafür brauche ich ihn.
Meine Mutter hat mir einige Dinge ins Krankenhaus

gebracht, die ich gebrauchen könnte. Auf dem kleinen Tisch liegt zum einen mein Handy und zum anderen mein Tagebuch, welches schon viel zu lange keine Worte mehr gesehen hat. Das muss ich schleunigst ändern, denn wenn ich dieses Buch sehe, kribbelt es in meinen Fingern ungemein.
Als Erstes greife ich jedoch nach dem Handy. Sofort werde ich von zahlreichen Nachrichten erschlagen und ich frage mich, seit wann diese schon ungelesen auf dem Display herumschwirren. Umgehend entsperre ich meinen Bildschirm und öffne den Nachrichtenverlauf. Es sind Nachrichten von ihm. Unzählig viele. Mit zitternden Fingern beginne ich, die Erste zu lesen, die ich von ihm bekommen habe - und zwar in der Zeit, in der ich bereits im Krankenhaus gelegen habe.

›Ich weiß, dass du diese Nachricht nicht lesen kannst. Aber ich bin mir sicher, dass es eines Tages so weit sein wird. Ich werde mich niemals mit dem Gedanken abfinden, dass es diesen einen Tag nicht geben wird, also flehe ich dich an, bei mir zu bleiben. Ich sollte mich albern fühlen, wenn ich dir trotz allem Nachrichten schicke, aber so kann ich dir wenigstens sagen, was ich dir schon die ganze Zeit über sagen will. Ich weiß es schon lange, aber ich habe mich nie dazu bewegt, es endlich zuzulassen. Ich liebe dich, Summer. Ich habe dich vermutlich seit der ersten Sekunde geliebt und ich werde es für den Rest meines Lebens. Was an diesem Abend passiert ist, tut mir so schrecklich leid und ich werde mir niemals selbst verzeihen, wie ich dich behandelt habe. Alles, was ich hoffe, ist, dass du mir eines Tages vergeben wirst. Ich gebe dir alle Zeit der Welt, aber ich bitte dich, einfach bei mir zu bleiben.‹

Mit tränenden Augen scrolle ich weiter durch den Nachrichtenverlauf und es sind so unzählig viele, dass ich mir nicht ausmalen kann, wie lange ich dafür brauchen werde, um alle zu lesen. Vermutlich bin ich bis zum Ende meiner Tage mit ihnen versorgt, so habe ich ihn wenigstens immer bei mir, auch wenn er es nicht ist.

›Wusstest du eigentlich, wie schön du aussiehst, wenn du schläfst? Du liegst hier so friedlich vor mir und in einigen Augenblicken habe ich das Gefühl, dass deine Mundwinkel sich nach oben ziehen, wenn ich deine Hand halte. Gott, ich wünsche, du würdest einfach deine Augen öffnen. Ich vermisse sie. Ich vermisse dich. Und ich vermisse das Gefühl, welches ich spüre, wenn ich in deine Augen sehen kann.‹

›Ich glaube, deine Mom mag mich. Und ich mag sie auch ungemein. Wenn du aufwachst, solltest du dich darauf einstellen, dass sie sich in mich als potenziellen Schwiegersohn verliebt hat. Aus der Sache kommen wir beide nicht mehr raus und weißt du was? Das will ich auch nicht. Niemals. Du hast meinem Leben einen Sinn gegeben, als du dich entschieden hast, vor mein Auto zu laufen‹

›Kannst du dich noch an den Abend erinnern, an dem wir im Auto auf dem Weg zum Krankenhaus darüber diskutiert haben, ob unsere Begegnung schicksalhaft war oder nicht? Ich weiß, dass du der Meinung warst, dass es kein Schicksal gibt, aber wenn du zurück zu mir kommst, dann werde ich dir das Gegenteil beweisen, das verspreche ich dir.‹

›Ich glaube mittlerweile, dass sogar Mary mich in ihr Herz geschlossen hat. ENDLICH! Ich habe mich so oft so falsch verhalten, aber ich werde alles wieder gut machen. Ich werde dir jeden einzelnen Schmerz nehmen, den ich dir einmal zugefügt habe. Nichts wünsche ich mir in diesem Moment und schon seit Tagen mehr.‹

Seine Worte sind so gefühlvoll, dass ich mir sicher bin, dass kein anderer Mensch auf dieser Welt in der Lage dazu ist, solche Gefühle in einem zu hinterlassen, wie Dean. Mit jeder einzelnen Nachricht lasse ich es zu, der Wahrheit weiter ins Gesicht zu blicken. Mit jeder Nachricht fühle ich mich ihm noch viel verbundener und das, obwohl die Verbundenheit schon vorher unsagbar stark war. Dean ist und bleibt der Einzige, der mich so empfinden lässt und ich muss mir alle Nachrichten doppelt und dreifach durchlesen, damit seine Worte zu Erinnerungen werden. Erinnerungen, die mich eines Tages aus einem tiefen Loch ziehen können, wenn mir das Leben übel zuspielt. Niemals möchte ich eines seiner Worte aus meinem Gedächtnis verlieren, also klammere ich mich mit aller Kraft, die ich besitze, daran.

›Heute ist dein Geburtstag, meine Hübsche. Es ist so ungerecht, dass du ihn nicht erleben kannst. Dein ganzes Zimmer ist voller Blumen und Kerzen und du bist nicht in der Lage, all die Liebe zu sehen, die diesen Raum erfüllt. Am liebsten würde ich mich einfach neben dich legen und mit dir gemeinsam träumen, damit wir zusammen sein können, aber ich habe eine Aufgabe hier. Ich muss auf dich aufpassen und das mache ich - Tag und Nacht.
Die Kette, die jetzt deinen Arm verziert, zeigt nicht ansatzweise, wie viel du mir bedeutest, aber sie soll dich auffangen, wenn es dir schlecht geht. Sie soll dir dabei helfen, deinen Glauben zu bewahren - den Glauben an die Welt, den Glauben an dich selbst und den Glauben an uns. ›You're My Hope‹.
Egal wie aussichtslos alles in meinem Leben schien, du hast mir meine Hoffnung zurückgegeben. Bitte verliere niemals deine.‹

Bei dieser Nachricht kann ich meine Tränen nicht länger zurückhalten. Ich beginne zu schluchzen und mir laufen so viele Tränen über das Gesicht, dass man meinen könnte, ich wäre danach gänzlich leer. All die Liebe, die in seinen Worten steckt, holt mich zurück in das Hier und Jetzt. Zurück in die Wirklichkeit. Ich muss ihn sehen, egal was passiert und egal wie er darauf reagieren wird. Alles, was ich in diesem Moment brauche, ist seine Nähe. Ich verlasse den Nachrichtenverlauf vorerst und drücke diese eine Taste. Es schnürt sich alles in mir zusammen, als ich auf den ersten Piepton warte, aber ich warte vergeblich. Alles, was ich höre, ist seine Mailbox, die anspringt und mich somit wieder zurück auf den Boden der Tatsachen schmeißt.

Zweiter Teil

Für all die Menschen, die ihre längst verloren geglaubte Hoffnung wiedergefunden haben.

1. Kapitel – Dean

3 Monate zuvor...

Wow. Ich kann den Zustand, in dem ich mich gerade befinde, einfach nicht beschreiben. Und wenn ich sage, dass das selten ist, dann wäre es untertrieben. Immerhin fehlen mir nie die richtigen Worte, aber das, was eben in meinem Zimmer passiert ist, dafür gibt es vermutlich gar keine passenden.

Der Abend hat so kurios angefangen, dass ich mit diesem Ausgang niemals auch nur eine Sekunde lang ernsthaft gerechnet hätte. Natürlich habe ich gemerkt, dass sich die Art und Weise, wie wir miteinander umgehen, drastisch verändert hat. Seit diesem einen Abend, an dem ich Summer am Boden vorgefunden habe. Bis heute habe ich diese Typen nicht mehr zu Gesicht bekommen und ich schwöre noch immer bei Gott, dass ich mich nicht beherrschen kann, wenn ich ihnen begegnen sollte.

Doch ich habe das Gefühl, dass Summer sich mir seit diesem Tag geöffnet hat und diese Tatsache soll sich nie ändern. Immer wieder hat sie mich abgewiesen und ja, ich weiß, dass ich einige Dinge getan und Sachen gesagt habe, die sie schwer verletzt haben. Aber ich werde es wieder gut machen - eines Tages, wenn sie mich lässt.

Als sie in der Bar versucht hat, mich zu verkuppeln, dachte ich allen Ernstes, dass sie über Nacht von einer anderen Spezies entführt worden ist und einer Gehirnwäsche unterzogen wurde. Ihrem komischen Verhalten nach zu urteilen, ist diese Theorie nicht einmal weit an den Haaren herbeigezogen.

Das Mädchen in der Bar ging mir schon von Anfang an auf die Nerven und Jason, oder wie der Typ hieß, war kein Stück besser.

Als Summer mir dann jedoch den wahren Grund für ihr Verhalten verraten hat, der erstaunlicherweise nicht auf Aliens zurückzuführen war, blieb mir mein Herz in der Brust stehen.

Und dieses Gefühl war unbeschreiblich.

Vor allem war dies das allererste Mal in meinem Leben, dass ich so etwas empfunden habe und eigentlich hatte ich geglaubt, dass ich niemals in der Lage sein werde, solche Dinge zu fühlen.

Klar, ich fühle viele Dinge, wovon eindeutig die meisten ätzend sind und mich nachts um den Schlaf bringen, aber niemals hatte sich mein Herz vor Freude zusammengezogen. Wenn, dann war es höchstens vor Schmerz oder wegen des Gefühls, dass ich nichts mehr spüren kann.

Diese Tatsache hat mir die letzten beiden Jahre alles verdorben und insgeheim bin ich froh darüber, dass ich so lange damit gewartet habe. Dass ich nicht schon vor einem Jahr wieder zu mir selbst zurückgefunden habe, um Gefühle zuzulassen, sondern genau jetzt. Sonst wäre ich Summer vermutlich nie begegnet und dann wäre Sophie diejenige gewesen, für die ich etwas empfinde und das kann ich mir im Moment beim besten Willen nicht mehr vorstellen. Beim Gedanken daran ist mir eher gegenteilig zumute.

Als ich meine Diagnose bekam, wusste ich, dass sich von da an alles schlagartig ändern würde. Früher habe ich sogar daran geglaubt, dass ich eine Frau finden, sie heiraten, Kinder zeugen und mit ihr dann alt werden würde. Seltsam, dass ich diesen Wunsch zwei Jahre lang einfach verdrängt habe.

Noch immer habe ich Summer nichts von meiner Krankheit erzählt und ich weiß auch nicht, wann ich in der Lage sein werde, sie mit der Wahrheit zu konfrontieren.

Eigentlich sollte ich sie augenblicklich wegschicken, damit sich zwischen uns nichts entwickelt, was ich irgendwann nicht mehr zu stoppen weiß, aber wie? Wie kann ich sie jetzt nach Hause schicken? Fakt ist, dass ich es nicht kann und deshalb werde ich einen Weg finden müssen. Auch wenn es heißt, dass ich es ihr noch weiterhin verheimlichen muss. Sie soll mit ihren 19 Jahren nicht daran denken müssen, dass der Mensch, mit dem sie ihre Zeit verbringt, krank ist. Dass er vielleicht eines Tages nicht mehr derselbe sein wird, wie der, den sie kennengelernt hat.

Und dass dieser Tag irgendwann kommt, das ist unausweichlich, auch wenn ich selbst tierische Angst davor habe.

Jetzt sitzt sie in meinem Zimmer und ich kann mein Glück kaum in Worte fassen. Anstatt bei ihr zu liegen

und sie für immer in meinem Bett gefangen zu halten, stehe ich jetzt in der Küche und überlege, was ich ihr denn zu Essen zaubern kann. Ihr Magen hat vorhin so laut geknurrt, dass es kein Wunder wäre, wenn die Obermieter wegen Ruhestörung an der Tür klingeln.
»Ich glaube, dass die Schuhe auf dem Flur für sich sprechen.« Mit diesen Worten und einem Schmunzeln im Gesicht betritt Taylor ebenfalls die Küche, und auch, wenn ich insgeheim gehofft hatte, dass er nicht zuhause ist, freue ich mich, ihn zu sehen. In diesem Augenblick würde ich mich vermutlich über alles freuen.
»Gut erkannt, Sherlock Holmes«, entgegne ich ihm mit einem Lächeln im Gesicht, das mich vermutlich vollkommen idiotisch wirken lässt. Ich komme mir vor wie ein verliebter Teenie und in diesem Moment bin ich nicht einmal bereit, dies auf irgendeine Art und Weise abzustreiten.
»Ihr wart auch nicht zu überhören«, presst er lachend zwischen seinen Zähnen hervor, damit Summer nichts von unserem Gespräch über unser Schäferstündchen mitbekommt. Ohne weiter auf Taylor zu achten, der sich mit einem Bier an den Küchentisch setzt, mache ich mich auf die Suche nach etwas Essbarem. Da wir ein typischer Männerhaushalt sind und sich in unseren Schränken hauptsächlich Bierflaschen und Toast befinden, kann ich ihr kein 5-Gänge-Menü herbeizaubern, auch wenn ich es gern würde.
Eins steht fest, ab jetzt werde ich unsere Einkaufsliste erweitern müssen, wenn Summer öfter bei uns zu Besuch

sein wird - was ich schwer hoffe.

Am Ende entscheide ich mich also für, wer hätte es geahnt, Toast und mache daraus Sandwiches für uns beide. Er beobachtet mich nur amüsiert, während er sich das zweite Bier aufmacht.

»Hast du eigentlich mit ihr geredet? Du weißt schon...«, beginnt Taylor und am liebsten würde ich ihm eine klatschen, weil er genau jetzt die Gedanken ausspricht, die ich die ganze Zeit verzweifelt zu verdrängen versuche. Das eine Thema, das unser Ende bedeuten kann, bevor es richtig begonnen hat.

»Nein und ich werde es auch noch nicht. Und sag jetzt nichts, es ist meine Entscheidung und an der kannst auch du nichts ändern«, schnauze ich ihn an, weil ich mich eigentlich selbst dafür hasse, dass ich sie weiterhin anlüge. Eine Beziehung, die auf dieser Ebene aufbaut, wird nicht lange halten, das steht fest.

Taylor hebt abwehrend seine Hände in die Luft und macht sich auf den Weg in sein Zimmer.

»Du wirst wissen, was das Richtige ist«, wirft er mir über die Schulter hinweg zu. Leider bin ich mir in diesem Punkt alles andere als sicher.

Nachdem ich das Sandwich belegt und in Hälften geteilt habe, mache ich mich wieder auf den Weg zurück in mein Zimmer - auf den Weg zurück zu ihr.

Voller Elan öffne ich die Tür und kann es kaum erwarten, sie wieder ansehen zu können. Ihr endlich in die schönen, braunen Augen zu sehen und zu bemerken, wie sie rot wird, wenn ich ihr ein Kompliment mache. Und genau das habe ich vor - sie jeden Tag mit Komplimenten nur so zu überschütten.

»Ich hoffe, du magst Sandwiches. Obwohl, wer mag denn bitte keine Sandwiches?« Mit diesen so harmlosen Worten betrete ich das Zimmer und merke sofort, dass hier etwas nicht stimmen kann. Auch wenn ich nicht beschreiben kann, woran es genau liegt, hat sich die Luft in diesem Raum verändert. Alles hier Drin scheint mich zu erdrücken.

Ich lasse meinen Blick zu Summer wandern, die tränenüberströmt auf dem Bett sitzt und...Oh mein Gott. Sie hält es in den Händen. ES. Den Beweis dafür, dass wir nicht zusammen sein können. In dieser Sekunde legt sich in meinem Kopf ein Schalter um und ich weiß nicht, ob ich jetzt ausrasten oder zusammenbrechen werde.

Der Teller mit den Sandwiches gleitet mir langsam aus meinen Händen, genauso wie mir meine Kontrolle entgleitet, und am Ende zerspringt er am Boden in Millionen einzelne Stücke.

»Was machst du da?«, frage ich sie und kann es nicht verhindern, dass meine eigene Stimme einen Ton annimmt, der die Welt einfrieren lässt.

Ihre Lippen bewegen sich, aber sie bekommt keinen Ton heraus, starrt nur auf das blaue Notizbuch hinab, als wäre sie abhängig. Abhängig von meinen Worten. Wie ich jede einzelne Qual, die ich durchmachen musste, beschreibe. Sie hat mein Vertrauen missbraucht und ist in meine Privatsphäre auf eine Art und Weise eingedrungen, die ich von ihr niemals erwartet hätte. Von jedem, aber niemals von ihr.

»Was machst du da, Summer?«, frage ich sie erneut, während die Wut in mir ganz neue Dimensionen erfährt.

Ihre Tränen strömen ihr über das Gesicht und landen im Endeffekt auf meinen Zeilen. Zeilen, die mir so viel bedeuten, die aber jetzt nicht mehr denselben Effekt für mich haben.

Ohne auf eine Reaktion von Summer zu warten, reiße ich ihr das Buch aus den Händen und schleudere es durch den Raum, ohne zu wissen, was ich dadurch alles zerstören werde. Nach einer gefühlten Ewigkeit ertönt das Klirren des Glases der Bilderrahmen. Aber es ist mir egal, weil mir in diesem Moment alle Sicherungen durchbrennen und ich keine Ahnung habe, wie ich sie wieder in den Griff kriegen soll.

»Es tut mir so leid, Dean. Ich habe mir die Bilder angesehen und dabei habe ich das Buch heruntergerissen und...« Bevor sie sich noch mit weiteren bedeutungslosen Worten rechtfertigen kann, unterbreche ich sie.

»Ach so, es ist dir also runter gefallen ja? Und da konntest du natürlich nichts anderes tun, als es zu lesen? Kennst du Privatsphäre, Summer?« Die Härte in meiner Stimme verletzt sie so tief, dass ich augenblicklich sehen kann, wie sich jedes einzelne Gefühl in ihren Augen widerspiegelt. Die Augen, die ihren Glanz verloren haben, als sie sich dafür entschieden hat, mich zu hintergehen.

Eigentlich darf ich ihr nicht böse sein, aber ich kann diese unbändige Wut in mir einfach nicht zügeln.

»Dean hältst du es überhaupt nicht für nötig, ehrlich zu mir zu sein? Solche Dinge verschweigt man einfach nicht«, flüstert sie mir entgegen, aber auch wenn es der Wahrheit entspricht, erreichen ihre Worte nicht die gewünschte Wirkung. Natürlich hätte ich es ihr sagen müssen, aber das gibt ihr nicht das Recht, jetzt über mich zu urteilen. Oder doch? Ich habe keinen blassen Schimmer, weil alles in mir drin brodelt und ich keinen klaren, vernünftigen Gedanken mehr fassen kann. In einer Sekunde ist das Leben so perfekt, dass du es nicht glauben kannst und in der nächsten bricht alles in sich zusammen.

Genau aus diesem Grund wollte ich so lange keine Gefühle mehr für jemanden zulassen und doch habe ich mich gegen meine eigenen Prinzipien gestellt. Habe zugelassen, dass sich dieses Mädchen, welches jetzt gebrochen vor mir sitzt, in mein Leben schleicht und alles verwüstet.

»Sag mir, wie lange wolltest du es noch vor mir verheimlichen?« Mit diesen Worten steht Summer von der Bettkante auf, will einen Schritt auf mich zugehen, entscheidet sich jedoch letztendlich dagegen.

»Keine Ahnung, es wäre aber auf jeden Fall toll gewesen, wenn ich die Entscheidung, wann ich es dir sage, selbst hätte treffen können«, brülle ich ihr entgegen und ich merke, dass ich gleich meine gesamte Beherrschung verlieren werde. Summer entschuldigt sich unzählig oft bei mir, so oft, dass ich irgendwann einfach abschalte und mir nur noch wünsche, dass sie endlich verschwindet. Ich kann sie nicht in meiner Nähe haben - ich brauche Abstand von ihr.

»Lass es, Summer! Lass es einfach sein! Ich will dich nicht mehr sehen. Nie mehr.« Diese Worte haben meinen Mund verlassen, bevor ich über die Konsequenzen dessen nachdenken konnte, aber auch wenn ich es nicht ernst meine, will ich, dass sie es hört.

»Verpiss dich endlich!«, setze ich noch hinterher, aber anstatt meinem Wunsch nachzukommen, kommt sie auf mich zu und legt mir ihre zierlichen Hände auf die Schultern.

»Lass mich dir helfen. Es gibt so viele Betroffene, die diese Krankheit ihr Leben lang mit sich herumschleppen und nicht im Rollstuhl gelandet sind. Bitte stoß mich jetzt nicht weg Dean.« Doch wenn sie dachte, dass ihre Worte mich beruhigen oder mich umstimmen, dann hat sie sich getäuscht, denn ihre Worte entfachen die Wut in mir noch mehr. Sie hat keine Ahnung, wie es ist, in meiner Situation zu sein. Nur, weil sie entfernt etwas über diese Krankheit weiß, gibt es ihr nicht das Recht, solche Dinge zu sagen.

Ohne darüber nachzudenken, was ich tue, schubse ich sie von mir weg, weshalb sie Sekunden später zu Boden fällt und in dem Scherbenhaufen landet. Eigentlich will ich ihr helfen, ihr den Schmerz nehmen, aber ich bin wie paralysiert und schaffe es nicht, mich zu bewegen. In ihrem Blick stirbt etwas ab und ich sehe, dass ich sie jetzt endgültig gebrochen habe. Schluchzend steht Summer auf, entfernt sich die einzelnen Glasscherben, die sich in

ihre Haut gebohrt haben und verlässt, ohne ein weiteres Wort zu sagen, mein Zimmer.
Als sich die Tür schließt, kann ich mich nicht länger zurückhalten. Ich hebe die Reste der Bilderrahmen auf und schleudere sie erneut durch die Gegend, damit sich die Wut in mir minimiert. Kurze Zeit später sacke ich zusammen und beginne zu weinen, auch wenn ich schon lange nicht mehr weiß, wie sich Tränen auf meiner Haut anfühlen.

Auch wenn ich mich eben noch stark und entschlossen gefühlt habe und mir sicher war, dass ich mich richtig verhalten und entschieden habe, so fühle ich mich jetzt einfach nur schrecklich.
Wenn ich an den Ausdruck in ihren Augen denke, als sie sich von mir entfernt hat, zieht sich alles in mir zusammen und ich weiß, dass ich eben den größten Fehler meines Lebens begangen habe. Einen Fehler, den ich nicht mehr rückgängig machen kann und der mir klar macht, dass ich damit alles endgültig zerstört haben könnte. Summer hat es nicht verdient, dass ich so mit ihr umgehe und ich frage mich ernsthaft, was mit mir nicht stimmt. Natürlich war ich schon damals ein sehr impulsiver Mensch, der viele Dinge zu schnell an sich herangelassen hat und des Öfteren einen Aussetzer hatte, aber ich habe es niemals an einem Menschen ausgelassen, der mir etwas bedeutet.
Und Summer bedeutet mir nicht nur etwas, sondern alles. Auch wenn sie mir diese Worte wahrscheinlich nie wieder

glauben wird und ich kann es ihr nicht einmal verübeln, wenn sie sich vollkommen zurückzieht.

Es wäre sogar das Beste für sie, denn wie man sieht, bin ich nicht stabil genug. Sobald etwas nicht so läuft, wie ich es mir vorgestellt habe, bricht alles in mir aus. Ich bin wie eine tickende Zeitbombe und ich will nicht, dass Summer mit mir gemeinsam untergeht, wenn ich eines Tages hochgehe und alles um mich herum mit in den Abgrund ziehe.

Mein Blick heftet sich die ganze Zeit über an diese Scherben, die mit Blut beschmiert auf dem Boden liegen. Ihrem Blut. Und diese Tatsache sorgt dafür, dass ich am liebsten mein Eigenes ebenfalls an ihnen sehen würde.

Meine Gedanken werden durch ein Geräusch unterbrochen, das mich hellhörig werden lässt. Die quietschenden Reifen und das, was ich danach wahrnehme, schnüren mir meine Kehle zu.

Umgehend stehe ich vom Boden auf und mache mich auf den Weg zum Fenster, um zu sehen, woher diese Geräusche kommen und was sie bedeuten.

Als ich die Gardine ein kleines Stück nach rechts schiebe, und dieses leblose Wesen auf der Straße liegen sehe, setzt mein Herzschlag aus. Doch dieses Mal ist es kein Stillstand, der in mir ein wohliges Gefühl hinterlässt. Dieser Stillstand zeigt mir, dass ich gleich ohnmächtig werde, weil ich dieses leblose Wesen sofort als Summer identifiziere. Wie in Zeitlupe reiße ich meine Tür auf und stürme aus der Wohnung heraus, aber auch wenn ich mir allergrößte Mühe gebe, um so schnell wie möglich bei ihr zu sein, gelingt es mir nicht. Es fühlt sich an, als würde mich irgendetwas davon abhalten, als würde sich die Zeit gegen mich stellen.

Mit jeder Sekunde, die verstreicht, erhöht sich die Chance, dass ich sie verliere - und zwar endgültig. Nicht auf die Weise, wie sich zwei Menschen verlieren, wenn sie sich entschließen, getrennte Wege zu gehen. In diesem Fall lebt der andere dennoch in deinem Universum und in der Welt weiter. Das hier ist etwas ganz anderes. Ich werde sie nicht dadurch verlieren, weil wir getrennte Wege gehen, sondern weil sie von uns geht. Sie wird weder in meinem Universum, geschweige denn in meiner Welt weiterleben - sie wird gegangen sein, und zwar endgültig und unabdingbar. Das darf ich nicht zulassen. Niemals würde ich damit fertigwerden, wenn ich diesen Menschen durch den Tod verliere. Einen Tod, der nur geschehen ist, weil ich sie habe gehen lassen.

Schlimmer noch, weil ich wollte, dass sie geht. Jetzt ist sie gegangen und liegt als leblose Hülle vor diesem Auto.

Endlich habe ich es geschafft, dieser Zeitlupe zu entfliehen und ich renne die Stufen zur Straße so schnell herunter, dass sich meine Beine beinahe selber ineinander verhaken.

Ich achte nicht auf das Auto, welches nach dem Zusammenprall vom Weg abgekommen sein muss. Ich achte nicht auf die Schreie, die ich höre. Alles, worauf ich mich konzentriere, ist sie. Wie sie vor mir liegt, während all das Blut sie so vollkommen leer und befremdlich wirken lässt, dass ich noch immer nicht glauben kann, dass es wirklich Summer ist.

Ich greife nach ihrer Hand und versuche ihren Puls zu spüren, aber meine eigenen Hände zittern so stark, dass ich es nicht fühlen kann. Immer wieder flüstere ich ihren Namen, nur um dann doch wieder in diese Leere zu blicken, während sie sich nicht einen Zentimeter rührt.

Innerlich sage ich mir, dass es vermutlich zu spät ist, und dass ich sie vielleicht für immer verloren habe, aber ich will diesen Kampf noch nicht aufgeben. Niemals.

Umgehend zücke ich mein Handy aus der Hosentasche und rufe einen Krankenwagen. Doch die Zeit, in der ich sehnsüchtig auf die Sirenen warte, vergeht einfach nicht.

Immer wieder halte ich Ausschau nach dem blauen Licht, welches ich schon längst hätte sehen sollen, aber es ist und bleibt alles schwarz in der Dunkelheit liegen. Nichts rührt sich, außer die wenigen Schaulustigen, die sich ihre Hände vor den Mund schlagen. Mehr machen sie nicht - sie starren uns einfach nur an. Mich, wie ich das Mädchen im Arm halte, das ich liebe und sie - das Mädchen, dass ihren letzten Kampf vermutlich verlieren wird, wegen mir.

Nach einer verdammten Ewigkeit ertönt endlich dieses Geräusch der Sirenen, das mich innerlich hoffen lässt, dass es noch nicht zu spät ist. Dass Summer noch gerettet werden kann, wenn ihr Wille nur stark genug ist, um am Leben zu bleiben. Die Angst, dass ich ihr diesen Willen genommen haben könnte, steigt wie ätzende Säure in mir auf. Was ist, wenn ich sie so sehr verletzt habe, dass sie diesen Kampf deswegen nicht führen, geschweige denn gewinnen, will?

»Wie lange ist der Unfall her?« Der Sanitäter macht sich daran zu schaffen, Summers Puls zu fühlen, aber ich kann nicht ausmachen, ob er fündig geworden ist.

»10-15 Minuten. Ich...ich weiß es nicht mehr. Ich habe das Geräusch von dem Aufprall gehört und dann bin ich sofort rausgerannt, aber ich weiß es nicht«, schluchze ich dem Mann entgegen, während ich von einem zweiten nach oben, und weg von Summer, gezogen werde.

Anfangs wehre ich mich dagegen, weil ich nicht will, dass man mich von ihr trennt, aber meine Kraft hat in den letzten Minuten so stark nachgelassen, dass ich ihn schließlich gewähren lasse.

Die zierlichen, blutbeschmierten Finger von Summer gleiten mir aus der Hand und dann wird sie von hier weggebracht. Als ich mich ebenfalls, gemeinsam mit den Sanitätern, in den Krankenwagen setzen will, hält mich einer der beiden am Arm zurück.

»Es tut mir leid, aber wenn Sie nicht unmittelbar zu ihrer Familie gehören, dann dürfen Sie nicht mitfahren.«

Auch wenn ich seine Worte verstehe, kann ich es einfach nicht fassen, dass er sie wirklich ernst meint. Wie kann er mir sagen, dass ich nicht mit darf, wenn ich doch derjenige bin, der sie gefunden hat?

Innerlich bin ich bereit dazu, mit dem Idioten eine Diskussion anzufangen, aber ich rufe mir ins Gedächtnis, dass dieses Verhalten Summer auch nicht hilft, also halte ich mich zurück.

Sofort renne ich in die Wohnung, greife mir meinen Autoschlüssel und fahre los - in die Dunkelheit. In eine Dunkelheit, in der ich nicht weiß, ob am Ende doch noch ein Funke Licht auf mich warten wird, oder ob sie bereits tot sein wird, wenn ich ankomme.

2. Kapitel

Niemand kann mich aufhalten. Niemand wird mich stoppen können, das steht fest. Ich rase mit übertrieben hoher Geschwindigkeit durch die Straßen unserer Stadt, weil ich es mir niemals verzeihen würde, wenn ich zu spät käme. Wenn sie ihre Augen bereits für immer geschlossen hätte, ohne sie noch ein weiteres Mal für mich zu öffnen. Ich weiß, dass ich, wenn ich im Krankenhaus bin, nichts anrichten kann. Sie werden mich nicht zu ihr lassen, aber wenn ich wenigstens in ihrer Nähe bin, fühle ich mich einfach nicht ganz so beschissen.
Wenn mich jetzt jemand anhalten würde, wäre es mir egal. Mir ist bewusst, dass ich andere Menschen damit gefährde, wenn ich wie ein Irrer durch die Straßen rase, genauso wie der Fahrer des Kombis vermutlich zu schnell unterwegs war, als er sie erwischt hat.
Aber wie soll ich mich an irgendeine bekloppte Begrenzung der Geschwindigkeit halten, wenn mir die Zeit wegrennt? Sie fließt so schnell durch die Sanduhr, dass ich tierische Angst davor habe, was passieren wird, wenn ich nicht schnell genug bin.
Der Tod stoppt nicht nur wegen mir. Er hält nicht extra für mich an, nur damit ich mich an die Straßenregeln halten kann und ja, es ist egoistisch von mir, aber ich hatte in meinem Leben noch nie einen wichtigeren Grund dafür. Und dieser Grund liegt vermutlich bereits

auf einem OP-Tisch, während die Ärzte ihr Bestes geben, um sie bei uns zu behalten. Ich hoffe jedenfalls, dass sie ihr Bestes geben, denn sonst werden sie nicht mehr lange auf dieser Erde verweilen.

Als ich das Krankenhaus endlich erreiche, stürme ich so schnell aus meinem Wagen in Richtung Eingang, dass ich mich nicht daran erinnern kann, ob ich mein Auto vorher abgeschlossen habe. Aber auch wenn es gestohlen wird, ist es mir momentan vollkommen egal. Was soll ich mit diesem Wagen, wenn sie nicht mehr da ist?

Er verbindet uns auf eine verkorkste und seltsame Art und Weise, immerhin haben wir uns durch ihn kennengelernt.

Man könnte ihn als eine Art Symbol betrachten.

Meine Beine fühlen sich von Sekunde zu Sekunde immer schwerer an, aber ich kann jetzt nicht langsamer werden. Also renne ich durch den Gang, suche nach einer Rezeption, damit ich so schnell wie möglich so nah wie möglich an Summer herankommen kann.

Nach einigen Minuten tritt endlich eine Schwester an den Empfang und sieht mich, ja fast schon mitleidig, an.

»Meine Freundin muss vor ein paar Minuten eingeliefert worden sein. Ihr Name ist Summer Maddison, sie hatte einen Autounfall«, sage ich aufgelöst zu der Schwester, die ihren Blick auf den Monitor richtet und durch die Dokumente scrollt.

»Sie ist auf Station 3 gerade im OP. Oben gibt es einen Warteraum, in dem Sie Platz nehmen können. Wenn die OP vorbei ist und die Ärzte etwas Genaueres wissen,

werden sie Ihnen bescheid geben.«
Nickend lasse ich die Dame am Empfang zurück und mache mich schnellstmöglich auf den Weg.
Ich wusste, dass das Krankenhaus ziemlich groß ist, aber dass ich jetzt solche Probleme dabei habe, diese Station zu finden, macht mich verrückt.
Nach einer gefühlten Ewigkeit erreiche ich sie endlich und nehme, nachdem ich mich erneut an einer Rezeption melden und meine Daten hinterlassen musste, im Warteraum Platz.
Alles hier Drin wirkt so steril und kühl, dass mir wieder einmal umso deutlicher bewusst wird, dass ich diese Umgebung zutiefst verabscheue. Vor allem, seitdem ich in diesem Gebäude meine Diagnose bekommen habe. Beim Gedanken daran läuft es mir eiskalt den Rücken herunter.
Seit diesem Tag war ich noch einige Male hier gewesen. Sei es zu einer ganz normalen Untersuchung oder gezielt wegen einer Behandlung. Jeder einzelne Zeitpunkt, den ich in diesen Wänden zubringen musste, war die Hölle.
Zu wissen, dass Summer erneut darauf angewiesen ist, ihre Zeit hier zu verbringen, bringt mich um den Verstand.
Die Minuten vergehen überhaupt nicht, denn wenn ich nach einer gefühlten Stunde wieder auf meine Uhr schaue, stelle ich erschrocken fest, dass erst fünf Minuten vergangen sind.
Bevor ich hier noch länger nutzlos herumsitze, zücke ich mein Handy und wähle Marys Nummer. Es ist wichtig, dass sie sofort darüber informiert wird und da ich

momentan noch der Einzige bin, der davon weiß, ist es meine Pflicht.

»Dean?« Ihre Stimme hat einen seltsam, verwunderten Unterton und ich kann mir auch bestens vorstellen, wieso. Ich habe sie noch nie angerufen und hätte es vermutlich auch nie getan.

»Mary, ich...ich weiß gar nicht, wo ich anfangen soll«, stottere ich vor mich hin, weil es nicht leicht ist, eine solche Nachricht zu übermitteln. Vor allem, wenn man noch nie in so einer Situation gesteckt hat.

»Dean, was ist denn los?«, hakt sie nach, aber an dem Klang ihrer Stimme erkenne ich, dass sie bereits eine Ahnung hat.

»Summer hatte einen schweren Autounfall. Ich...bitte komm einfach ins Krankenhaus«, wimmere ich ihr entgegen und augenblicklich nehme ich ein Schluchzen auf der anderen Seite der Leitung wahr. Noch bevor ich ein Wort sagen kann, hat sie bereits aufgelegt.

Noch immer scheint die Zeit in diesen verflixten vier Wänden stillzustehen, denn auch wenn ich jeden einzelnen Regentropfen, der am Fenster vorbeirauscht, zu zählen beginne, vergehen gerade Mal ein oder zwei Minuten.

Nach einer gefühlten Ewigkeit in der Hölle, in der ich allein aus dem Fenster starre, um mir meine eigene Schuld ins Gedächtnis zu rufen, höre ich sie aufgelöst an der Rezeption. Einen Augenblick später erscheint Mary in meinem Blickfeld und stürmt auf mich zu.

Ihr Mascara ist ihr in dicken, schwarzen Striemen über die Wangen gelaufen und ich glaube, dass es ihr jetzt sogar egal ist, was andere von ihr halten.

Auch wenn ich keine Ahnung habe, wie wir uns verhalten sollen, ist es selbstverständlich, dass ich meine Arme für sie öffne und sie in eine tiefe Umarmung ziehe.

Gemeinsam stehen wir in diesem kleinen Raum und weinen, weil wir ab jetzt mehr miteinander verbunden sind, als je zuvor. Angst war schon immer ein sehr mächtiges Gefühl und in diesem Moment verbindet sie sogar Menschen miteinander, die sich sonst nicht sehr nahe stehen.

Ab jetzt sehe ich sie mit anderen Augen, weil ich weiß, dass wir in der nächsten Zeit gemeinsam stark sein müssen. Wir müssen uns Halt geben und wir müssen Summer Halt geben, wenn sie es schaffen sollte.

Eigentlich darf ich gar nicht darüber nachdenken, dass sie es nicht schaffen könnte, aber ich muss mir darüber im Klaren sein, dass es durchaus so enden kann. Auch wenn ich jetzt noch nicht weiß, wie mein Leben ohne sie aussehen soll.

»Wie ist es passiert?« Dicke Tränen tropfen bei jedem Wort, das ihren Mund verlässt, auf meinen Pullover, während ich ihr sanft über die zerzausten Haare streiche.

»Setzen wir uns hin«, schlage ich ihr vor, weil ich Angst davor habe, wie sie reagieren wird, wenn ich ihr die Wahrheit sage.

»Wir waren in einer Bar und eigentlich hätte der Abend ganz normal enden sollen, aber irgendwie sind wir dann in meiner Wohnung gelandet. Am Anfang war es so...so unbeschreiblich. Doch dann haben wir zu streiten angefangen und ich...oh Gott, es fällt mir so schwer, das zu sagen. Ich habe sie gebeten, zu gehen. Einen Augenblick später habe ich dann die Reifen und den Aufprall gehört. Es ging alles so schnell. Ich habe sofort den Krankenwagen gerufen, aber...Mary sie sah so schlimm aus«, wispere ich ihr entgegen und erwarte, dass sie mich auf der Stelle hier allein sitzen lässt, jetzt, wo sie den Hintergrund kennt. Doch anstatt aufzustehen oder überhaupt etwas zu sagen, schweigt sie. Und diese Stille ist beinahe noch qualvoller.

»Es tut mir so leid. Hätte ich sie nicht weggeschickt, dann wäre das alles nicht passiert. Ich bin schuld daran und glaube mir, das werde ich mir niemals verzeihen können«, schiebe ich noch hinterher, während ich mir meinen Kopf in die Hände lege und ununterbrochen anfange zu schluchzen.

»Dean, hör auf! Es ist nicht deine Schuld! Du darfst so etwas auf keinen Fall denken, hörst du? Was passiert ist, ist unfassbar und ungerecht, aber so etwas können wir nicht beeinflussen.« Mit diesen Worten zieht Mary mich an sich heran und streicht mir sanft über den Rücken.

Doch auch, wenn jeder Mensch auf dieser Welt beteuern würde, dass ich nichts dafürkann, würde ich mich immer noch schuldig fühlen. Dieses Gefühl wird mich bis an mein Lebensende begleiten, das weiß ich.

»Ich glaube, dass wir ihren Eltern Bescheid geben müssen«, beginne ich das Gespräch wieder, nachdem wir minutenlang einfach nur nebeneinandergesessen und die Wände angestarrt haben.

»Soll ich sie anrufen?«, schlägt Mary mir vor, und auch, wenn es vermutlich die beste Variante wäre, verspüre ich den Drang, diese Sache selbst in die Hand nehmen zu müssen. Es wird nicht leicht sein, weil ich ihre Eltern bisher nicht kennen lernen konnte, aber ich würde es mir nicht verzeihen, wenn ich mich davor drücke.

»Ich mache das. Aber du müsstest mir die Nummer geben«, antworte ich ihr kopfschüttelnd und innerlich schlägt mein Herz vor Nervosität laut gegen die Brust.

Wahrscheinlich werden ihre Eltern aufgrund meines lauten Herzschlages schon spüren, dass etwas nicht stimmt.

Verunsichert reicht Mary mir ihr Handy, und als ich meinen Blick auf das Display richte, bemerke ich, dass sie bereits die Taste gedrückt hat, also halte ich es schnell an mein Ohr.

»Maddison«, meldet sich eine seichte Frauenstimme am anderen Ende der Leitung und der Gedanke daran, dass ich ihre Welt gleich zerstören werde, zerreißt mich.

»Guten Abend, Mrs. Maddison. Ich weiß nicht, ob Sie schon etwas von mir gehört haben, aber mein Name ist Dean Ross - ein Freund Ihrer Tochter«, beginne ich das Gespräch mit dieser mir völlig fremden Frau.

»Oh, was für eine Überraschung. Natürlich hat Summer mir von dir erzählt. Wie komme ich zu dieser Ehre?

Summer hat sich schon seit einer Ewigkeit nicht mehr bei mir gemeldet«, gibt sie zurück und es schmerzt zu wissen, dass ich ihr gleich das Herz brechen werde - noch mehr, als es anscheinend so schon gebrochen ist.
»Ich muss Ihnen etwas sagen. Es geht um Summer. Sie...sie hatte einen Autounfall und wurde dabei schwer verletzt.« Meine eigene Stimme wirkt mir in dieser Sekunde so fremd, dass ich nicht glauben kann, dass wirklich ich es bin, der schon zum zweiten Mal diese schreckliche Nachricht überbringen muss.
Augenblicklich höre ich ein Schluchzen, ganz genau so, wie schon bei Mary zuvor.
»Aber...aber wie? Oh mein Gott. Wir müssen sofort zu euch kommen. Bitte sag mir, dass sie es schaffen wird«, schluchzt mir ihre Mutter ins Ohr und dabei zieht sich mein eigenes Herz schmerzlich zusammen.
»Ich weiß es noch nicht. Sie wird gerade operiert, aber die Ärzte konnten mir selbst noch nichts sagen, Mrs. Maddison.«
Noch immer wimmert sie am anderen Ende und nun kann ich auch die Stimme ihres Vaters im Hintergrund erkennen. Leider habe ich über ihn nichts Positives gehört, weshalb ich ihm eher skeptisch gegenüberstehe.
»Wir kommen sofort ins Krankenhaus, Dean. Ich danke dir so, dass du uns angerufen hast.« Weinend beendet Summers Mutter unser Gespräch und seufzend lasse ich mich zurück in meinen Sitz fallen. Als ich Mary ihr Handy reiche, blicken wir uns eine Sekunde lang in die Augen und das, was wir sehen, gibt uns gegenseitig Kraft.

Wir haben Hoffnung.
Wir haben sie noch nicht aufgegeben und wir werden es auch nicht. Summer muss einfach nur stark genug kämpfen, dann kann sie es schaffen.
Vielleicht spürt sie ja, dass wir hier sind, um ihr Beistand zu leisten. Nichts wünsche ich mir in diesem Moment sehnlicher.
Doch, ich wünschte mir, dass ich die Zeit zurückdrehen und alles anders machen könnte. Wenn ich noch eine zweite Chance hätte, um diesem schrecklichen Tag aus dem Weg zu gehen.
Ich würde ihr von Anfang an alles erzählen, weil ich ihr nichts mehr verheimlichen will. Nie wieder würde ich ihr wehtun und ich würde schwören, sie für immer zu lieben.
Aber ich kann die Gegebenheiten nicht ändern und genau deshalb bleibt mir nichts anderes übrig, als in den Himmel zu sehen und zu beten - für sie.
Das allererste Mal in meinem Leben gebe ich es zu. Ich gebe es zu, dass ich nicht glaube, dass alles um uns herum über Nacht einfach so da war. Es muss etwas Tieferes geben, etwas, wovor ich meine Augen bisher verschlossen habe. Insgeheim habe ich schon damals daran geglaubt, aber als meine Diagnose kam und ich seitdem immer wieder an all das Elend auf der Welt erinnert wurde, habe ich es verdrängt. Genauso, wie ich alle Gefühle für immer verdrängen wollte - bis ich Summer traf. Sie hat alles verändert, woran ich fest in meinem Leben geglaubt habe. Sie hat mich verändert - grundlegend, und ich bin ihr dankbar wie nie zuvor.

Jetzt muss sie nur noch diese eine Hürde durchstehen, dann werde ich sie nie wieder im Stich lassen. Mein Gott, ich hoffe, dass ich noch die Chance dazu habe.

Es dauert eine weitere halbe Stunde, bis Summers Eltern endlich im Wartezimmer eintreffen. Als ich ihrer Mutter in die Augen sehe, ist es, als würde Summer selbst vor mir stehen. Ihre Ähnlichkeit ist so verblüffend, dass ich es kaum fassen kann. Obwohl sie mich nicht kennt, nimmt sie mich umgehend in ihre Arme und es fühlt sich gut an, nicht allein in dieser verkorksten Situation zu stecken.
»Es tut mir so leid«, flüstere ich der zierlichen Frau ins Ohr, während sie mich hält, als wäre ich ihr eigener Sohn. Wie gern würde ich eines Tages ein Teil ihrer Familie sein.
Bevor ich mich jedoch zu sehr an dieses Gefühl gewöhnen kann, tritt Mary an unsere Seite und die beiden fallen sich stürmisch in die Arme.
Nun landet mein Blick in dem Gesicht von ihrem Vater und was ich sehe, ist entsetzlich. Der Mann, der vor mir steht, sieht so in sich zusammengefallen aus, dass er nicht mehr als 60 Kilo wiegen kann - und das bei seiner Größe. Vorsichtig reiche ich ihm meine Hand und es dauert eine Weile, bis er es registriert und seine schmalen Finger an meine drückt.
Gemeinsam setzen wir uns in den Wartebereich und warten nun zusammen darauf, dass wir endlich Gewissheit haben. Gewissheit darüber, wie es um die Person steht, die wir alle über alles auf der Welt lieben.

Die Stille in diesem Raum raubt mir meinen letzten Nerv, aber ich weiß, dass es in diesem Moment kaum noch passende Worte gibt. Dennoch muss ich einfach mit einem Gespräch anfangen, weil ich sonst komplett durchdrehe und sie mich am Ende vermutlich nach Hause schicken werden.

»Ich liebe ihre Tollpatschigkeit. Wegen ihr haben wir uns überhaupt erst kennengelernt, aber das, was jetzt passiert ist...ich kann es immer noch nicht fassen«, beginne ich und warte darauf, dass mir jemand den Mund stopft, weil meine Worte so unpassend sind. Doch entgegen meiner Erwartung beginnen wir gemeinsam, in Erinnerungen zu schwelgen und dabei Dinge aus Summers Kindheit zu erfahren, macht mich glücklich.

»Habe ich euch schon erzählt, dass Summer, so verrückt, wie sie nach dir war, vergessen hat, sich nach dem Duschen abzutrocknen? Als ich in unser Zimmer kam, hatte sie Wasserflecken in ihrem Schritt. Mein Gott, ich dachte wirklich, sie hätte sich aus Liebe zu dir in die Hose gemacht«, gibt Mary lachend zurück, aber dieses Lachen verwandelt sich schnell in ein bitteres Beben ihrer Stimme. Die Tatsache, dass ich sie schon vorher so aus dem Konzept bringen konnte, entlockt mir ein Lächeln. Wie gern würde ich sie jeden Tag so durcheinanderbringen.

»Das ist so typisch für sie. Dieses Mädchen hat mich mit ihrer Tollpatschigkeit immer um den Verstand gebracht! Einmal ist sie vom Baum gestürzt, weil sie auf die glorreiche Idee kam, ein Spatzennest vom Baum herunter holen zu wollen. Sie sagte, es wäre viel zu gefährlich da oben für die kleinen Babys. Wenn es herunterfallen würde, dann würde aus den Eiern Rührei werden.«

Als ihre Mutter diese Erinnerung mit uns teilt, sehe ich die kleine Summer vor mir, wie sie, gutherzig wie sie ist, auf diesen Baum klettert. Ich bin mir ziemlich sicher, dass ich mich auch in sie sofort und unumgänglich verliebt hätte. So wie ich mich auch jetzt unwiderruflich in sie verliebt habe.

»Ja ja, der kleine Käfer ist wirklich echt...tollpatschig«, lallt ihr Vater in die Runde und ich kann es einfach nicht fassen, wie kalt ihn alles lässt. Seine Tochter liegt im Sterben und er hat nichts Besseres zu tun, als hier betrunken aufzukreuzen. Wenn ich ihm allein begegnen sollte, dann werde ich ihn darauf ansprechen müssen. In dieser Verfassung ist er alles andere als eine Hilfe für Summer. Sie braucht die Menschen um sich, die sie lieben und keinen betrunkenen Vater, der sich nicht um ihr Wohl schert.

Obwohl ich ihm einen warnenden Blick zuwerfe, scheint er nicht zu bemerken, was ich ihm damit sagen will.

Es ist bereits mitten in der Nacht, als sich die Tür zum Warteraum endlich öffnet und der Arzt auf uns zukommt.

Augenblicklich springen wir alle auf, bis auf Summers Dad, natürlich. Er ist vor einigen Minuten eingeschlafen und macht auch keinerlei Anstalten, sich von uns stören zu lassen.

»Mrs. Maddison?« Mit diesen Worten wendet sich der Arzt direkt an Summers Mutter.

»Bitte sagen Sie mir, dass sie es geschafft hat«, wimmert sie ihm entgegen, obwohl man kaum ein Wort verstehen kann, weil das Schluchzen in ihrer Stimme alles andere übertönt.

Der Arzt räuspert sich und bittet uns, wieder Platz zu nehmen.

»Die Operation an sich ist gut verlaufen, aber der Zustand Ihrer Tochter hat sich noch nicht gebessert. Es sieht momentan noch sehr kritisch aus. Wir konnten uns um die inneren Verletzungen, die sie davongetragen hat, umgehend kümmern, aber die Schwellung, die in ihrem Hirn aufgrund des Aufpralls entstanden ist, reguliert sich nicht so schnell, wie wir gehofft hatten.« Als er diese Worte ausspricht, sieht er uns direkt in die Augen und ich frage mich, wie vielen anderen Menschen er bereits solche schlimmen Nachrichten übermitteln musste.

Ich habe mich schon vorhin schwergetan, aber dieser Mann musste diesen Schritt sicherlich so oft gehen, dass ich mir nicht vorstellen kann, wie schwer es am Anfang für ihn gewesen sein muss.

»Oh mein Gott. Und was bedeutet das jetzt?«, wirft Mary in das Gespräch ein. Summers Mutter würde wahrscheinlich ebenfalls gern Fragen stellen, aber sie hat ihren Kopf in ihren Händen vergraben und weint bitterlich in sie hinein.

»Das kann ich Ihnen noch nicht sagen. Sie befindet sich auf der Intensivstation und wir werden sie rund um die

Uhr unter Beobachtung halten, aber mehr können wir im Moment nicht unternehmen. Es liegt jetzt an ihr selbst, ob sie es schafft«, antwortet er ihr und dabei blickt er auf den Boden, anstatt sie direkt anzusehen. Es fällt ihm also noch immer nicht leicht, solche Botschaften zu übermitteln.

Es liegt einzig und allein an ihr. Immer wieder rufe ich mir ins Gedächtnis, wie stark Summer ist und dass ich weiß, dass sie das durchstehen kann. Sie muss es einfach schaffen. Innerlich rede ich ihr gut zu, auch wenn sie mich nicht hören kann.

»Können wir zu ihr?«, presst Mrs. Maddison zwischen ihren Lippen hervor und hebt den Kopf wieder aus ihren Händen.

»Es tut mir leid, aber zurzeit ist es unmöglich, jemanden zu ihr zu lassen. Wenn sich ihr Zustand stabilisieren sollte, dann steht dem nichts im Weg, aber im Moment geht es nicht.«

Enttäuscht lässt sie ihren Kopf wieder hängen und ich nehme sie in meine Arme, um sie zu trösten - auch wenn ich ebenfalls jemanden gebrauchen könnte, der mich tröstet.

3. Kapitel

›Wow, wie lange ist es her, dass ich einen ganz normalen Eintrag verfasst habe? Eigentlich kann ich mich schon gar nicht mehr daran erinnern. Mein Arzt sagte zu mir, dass ich alles aufschreiben soll. Jeden einzelnen Schmerz und jedes einzelne Gefühl, das ich dabei empfinde. Es soll mir helfen, mit all dem fertig zu werden. Und in gewisser Weise hat es mir sogar geholfen. Und auch jetzt brauche ich etwas, an das ich mich klammern kann. Einen Hoffnungsschimmer. Natürlich wird es mir nicht helfen, die Sorge um sie zu lindern, aber ich werde meine Gedanken aufschreiben, damit ich nicht eines Tages an ihnen ersticke - und das würde ich.

Wenn ich meinen Blick über die Einträge schweifen lasse, die Summer gelesen hat, bricht es mir das Herz. Dass sie es auf diese Art und Weise erfahren musste, muss schlimm für sie gewesen sein. Die bereits getrockneten Flecken ihrer Tränen sind der beste Beweis dafür. Sie haben alles, was ich geschrieben habe, verschwimmen lassen.

Auch wenn dieses Buch dafür gedacht war, meine Gefühle und Emotionen bezüglich meiner Krankheit niederzuschreiben, muss ich diesen Text hier einfach loswerden. Er hat nichts mit der Krankheit selbst zu tun, aber es geht ja schließlich um meine Gefühle und ich hatte noch nie so tragische, wie in den letzten Tagen.

Dieses Buch hier hat alles ins Rollen gebracht und eigentlich *sollte ich es deshalb verfluchen, aber so sehr ich es auch versuche, es gelingt mir nicht. Viel zu viel verbinde ich damit. Seit einigen Tagen sitze ich schon hier im Krankenhaus im Warteraum. Ich habe keine Ahnung, wie lange es bereits her ist, dass ich eine Nacht in einem normalen Bett verbracht habe und so sehr ich mich auch anstrenge, ich lebe fernab von jeder Realität und jedem Zeitgefühl.*

Doch es ist mir egal, denn ich will nie wieder in einem Bett liegen, wenn sie nicht neben mir liegen kann. Wenn sie nie wieder die Augen öffnen wird, dann werde ich meine ebenfalls für immer schließen. Weil dieser Schmerz mit keiner der Qualen zu vergleichen ist, die mich körperlich einnehmen.

Solange ich sie an meiner Seite hatte, konnte ich die kleinen Beeinträchtigungen, die mich immer wieder heimgesucht haben, für einen Moment vergessen. Ihre Anwesenheit hat all das Positive in den Vordergrund und das Negative in den Hintergrund gestellt. Doch jetzt ist sie nicht bei mir und somit werde ich vom Negativem völlig eingenommen. Es gibt eindeutig schönere Gefühle. Ihre Lippen auf meinen zu spüren, beispielsweise. Oder ihre Haut an meiner.

Dr. Andrew hat uns jeden Tag auf dem Laufenden gehalten, aber im Grunde genommen hat sich an ihrem Zustand bis heute nichts verändert. Noch immer darf keiner von uns zu ihr ins Zimmer und ich glaube, dass so oder so nur Angehörige zu ihr dürfen, aber das werde ich ändern. Ich halte es nicht aus, sie nicht sehen zu können, auch wenn ihr Bild mir schreckliche Angst machen wird.

Mary ist ebenfalls fast jeden Tag bei mir im Krankenhaus und Summers Mutter weicht mir nicht von der Seite.

Sie hat mich schon oft überreden wollen, dass ich endlich mal wieder eine Nacht Zuhause verbringen soll, um mich auszuruhen. Jedes einzelne Mal habe ich verneint, weil ich bei ihr bleiben muss. Das ist das Mindeste, was ich überhaupt für sie tun kann.

Ich habe ihrer Mutter noch nicht erzählt, was an dem Abend genau vor sich gegangen ist, weil ich Angst davor habe, dass sie mich am Ende nicht mehr in Summers Nähe wissen will. Das würde meinen Untergang bedeuten, wenn er nicht bereits eingetreten ist.

Doch ich glaube, dass mein Untergang bereits begonnen hat, als ich die Tür zu meinem Zimmer geöffnet habe. An jenem Abend, den ich für immer verfluche.

Eigentlich will ich mich nicht daran erinnern, aber ich habe das Bedürfnis, mich damit selbst quälen zu müssen. Mir selbst Schaden zuzufügen und mich leiden zu sehen, weil ich Schuld daran bin, dass sie nun leiden muss.

Der Mensch, dem ich nie einen Grund geben wollte, mich hassen zu müssen. Wäre ich an ihrer Stelle, würde ich mich hassen. Aber um so etwas wie Hass überhaupt empfinden zu können, müsste sie erst einmal wieder zu uns zurückkehren.

Es würde mir das Herz brechen, wenn sie mich dann wegstößt, aber ich werde lieber von ihr gehasst, als diese Leere zu empfinden, die sie in mir hinterlassen wird, wenn sie nicht stark genug kämpft.‹

Noch bevor ich einen weiteren Satz zu Papier bringen kann, werde ich vom Geräusch einer sich öffnenden Tür zurück in die Realität gerissen.

Als ich meinen Stift auf dieses Papier gedrückt habe, um meine Gedanken endlich loszuwerden, hat es sich angefühlt, als wäre ich in eine andere Welt abgetaucht. In eine Welt, in der das Aufschreiben meiner Empfindungen mir weiterhilft, weil es mich befreit. In einer Welt, in der nicht alles verkorkst und verquer zu sein scheint. Und in einer Welt, in der sie jetzt bei mir ist, um mich auszulachen, weil ich solche Gedanken überhaupt preisgebe. Aber ein Blick in Dr. Andrews Gesicht, der jetzt auf mich zukommt, holt mich schlagartig und mit voller Wucht wieder zurück auf den Boden der Tatsachen.

Es gehört schon zu meinem Alltag, auf ihn zu warten, nur um dann doch erneut enttäuscht zu werden, weil er keine Neuigkeiten für mich hat.

Doch ich lebe lieber in einer Welt, in der sich ihr Zustand nicht verändert, als in einer Welt, in der er sich permanent verschlechtert.

Aber die tiefe Furche, die in seiner Stirn zu erkennen ist, sagt mir, dass es heute anders sein wird.

Ich habe in den letzten Tagen gelernt, seine Mimiken und Gestiken deuten zu lernen und ich weiß, dass sich irgendetwas geändert haben muss. Und das gerade jetzt in diesem Moment, in dem ich vollkommen allein hier bin.

Mary und Summers Mom sind ins Wohnheim gefahren, um einige Sachen für Summer zu besorgen. Ich habe

mich freiwillig dazu bereiterklärt hierzubleiben. Summers Vater hat vor etlichen Stunden das Krankenhaus verlassen und ich kann mir bestens vorstellen, wieso. Immerhin gibt es hier drin keinen Alkohol, der ihn betäuben kann.
Alles, was ich hoffe, ist, dass ich stark genug bin, um mit den Neuigkeiten fertigzuwerden. Doch eigentlich habe ich gar keine andere Wahl, denn egal wie schlimm es auch sein mag, ich werde nicht gehen. Wie könnte ich auch?
Als er auf mich zukommt, stehe ich unverzüglich auf, auch wenn ich Angst davor habe, dass ich zusammenbrechen werde, wenn er mir die Nachricht überbringt.
»Wir müssen reden, Mr. Ross«, beginnt er das Gespräch und bittet mich schon Sekunden später, mich wieder zu setzen.
Vermutlich ist die Nachricht schlimmer, als ich dachte und innerlich beginne ich heftig zu zittern, weil ich Angst habe. Was ist, wenn sie es nicht geschafft hat? Wenn sie gegangen ist und ich hier alleine feststecke? Wenn ich Mary und Summers Mutter erklären muss, dass sie zu spät sind, weil sie bereits losgelassen hat? All diese schrecklichen und absurden Gedanken nehmen mich vollkommen ein und ich weiß nicht, wie lange ich noch in der Lage sein werde, hier auf diesem Stuhl zu sitzen.
»Ihre Werte haben sich verschlechtert«, fährt er fort, aber es fällt mir verdammt schwer, seinen weiteren Worten zu folgen. Alles, woran ich mich in all den Tagen geklammert habe, war, dass sie es schaffen wird. Dass sie bald wieder bei uns sein wird, um uns mit ihrer

Tollpatschigkeit um den Verstand zu bringen. Auch wenn ich insgeheim Momente hatte, in denen ich darüber nachgedacht habe, wie es wirklich enden kann, will ich es nicht wahrhaben. Niemals. Ich schüttele unsicher mit dem Kopf und warte darauf, dass man mich endlich aus diesem Albtraum aufweckt. Ich will nicht mehr träumen - nicht, wenn dieser Traum sich in eine solche Richtung entwickelt.
»Was ich Ihnen jetzt sagen werde, wird schwer sein. Aber ich bitte Sie darum, stark zu bleiben. Summer braucht gerade jetzt so viel Unterstützung, wie sie nur kriegen kann.«
»Jetzt sagen Sie endlich, was los ist!«, presse ich hervor, auch wenn ich die Antwort nicht hören will. Ich weiß, dass sie mich zerstören wird, noch mehr, als ich es so schon bin.
»Summer ist ins Koma gefallen«, bringt er mitleidig hervor und ich merke nichts mehr, außer, dass alles um mich herum zu verschwimmen beginnt. Sekunden später sackt mein Körper in sich zusammen und ich bin innerlich wie betäubt. Auch wenn ich mich an seinen Blick klammere, bemerke ich, dass ich immer tiefer in die Dunkelheit abdrifte.
Vielleicht kann ich dann endlich bei ihr sein. Wenn das der einzige Weg ist, um mich ihr nahe zu fühlen, dann werde ich ihn gehen.

Das laute Zuschlagen einer Tür zieht mich aus meiner Trance heraus und denjenigen, der dafür verantwortlich ist, verfluche ich in dieser Sekunde ungemein. Nie wieder wollte ich mich aus diesem Zustand lösen, weil es die einzige Möglichkeit ist, um mit all dem fertigzuwerden.

Wenn ich anfange, darüber nachzudenken, was Dr. Andrew mir gesagt hat, dann werde ich nicht mehr lange die Kraft haben, um mich zu beherrschen.

Zitternd rapple ich mich auf, und als ich Summers Vater ins Gesicht blicke, wie er durch mich hindurchsieht, anstatt mich anzusehen, keimt eine Wut in mir auf, die ich nicht zu zügeln weiß. Er taumelt auf mich zu, und bevor ich bemerke, was mit mir passiert, habe ich mich bereits erhoben und presse ihn so stark gegen die Wand, dass ich nicht weiß, ob er lebend davonkommen wird. Ich konnte seine Fahne schon riechen, als sich die Tür geöffnet hat und auch wenn ich in diesem Moment ebenfalls etwas gebrauchen könnte, das mich betäubt, würde ich niemals so tief sinken.

»Was willst du von mir?«, lallt er mir entgegen und muss sich selbst darum bemühen, auf beiden Beinen aufrecht stehen zu können.

»Was ich von dir will? Ist das dein Ernst? Ich habe gerade erfahren, dass Summer ins Koma gefallen ist und dann kommst du sturzbesoffen um die Ecke und fragst mich ernsthaft, was ich von dir will?«, brülle ich ihn an, während ich meinen Druck auf seinen Oberkörper noch weiter verstärke.

»Summer ist was?«, fragt er mich ungläubig und ich habe das Gefühl, dass ich in einer einzigen Sekunde einen Blick in das wahre Gesicht dieses Mannes werfen kann. In den

Mann, der nicht alles im Alkohol ertränkt. Ein Mann, der sich um seine Tochter sorgt, weil sie sein ein und alles ist. Doch schon nach seinem nächsten Augenaufschlag ist von dem Vater, den ich in ihm erkannt habe, nichts mehr zu erkennen. Jetzt steht wieder nur dieser besoffene Kerl vor mir, dem ich am liebsten die Fresse polieren würde.
»Was bildest du dir eigentlich ein, hier betrunken aufzukreuzen?«, schreie ich mit voller Wucht, aber ich kann nicht sagen, ob er meinen Worten überhaupt folgen kann.
Sein Blick ist noch immer so leer, dass ich nicht glaube, dass er versteht, was gerade vor sich geht.
»Ich bin nicht betrunken«, widerspricht er mir, aber die Tatsache, dass er versucht, es abzustreiten, macht mich noch wütender.
»Erzähl keinen Scheiß! Summer braucht jetzt Menschen um sich, die für sie da sind! Und weißt du, was sie nicht braucht? Einen betrunkenen Vater, der sich einen Dreck um sie kümmert! Verschwinde einfach, und wenn du das nächste Mal herkommst und ich bemerke, dass du besoffen bist, dann garantiere ich für nichts mehr«, presse ich wütend zwischen meinen Zähnen hervor und lasse im Endeffekt von ihm ab, nur, um ihn dann in Richtung Ausgang zu schubsen.
Auf wackeligen Beinen dreht er sich noch einmal zu mir um, aber Sekunden später ist er durch die Tür verschwunden, und auch wenn ich mich jetzt besser fühlen sollte, stellt sich dieses Gefühl nicht bei mir ein. Ich lasse mich gegen die kühle Wand sinken und einen

Augenblick später finde ich mich am Boden wieder.
Noch nie in meinem Leben habe ich mich so nutzlos gefühlt wie in diesem Moment und dann lasse ich alles, was sich in den letzten Tagen in mir gestaut hat, in Form von Tränen aus mir heraus.

4. Kapitel

›Die Tage ziehen sich hin. Jeder Einzelne scheint für mich in Zeitlupe an mir vorbeizuschleichen. Der Gedanke daran, dass Summer in diesem Bett liegt und ihr eigener Körper auf Standby steht, so wie es Dr. Andrew uns erklärt hat, will einfach nicht in meinen Kopf gehen.
Ich will es nicht glauben.
Doch was bleibt mir anderes übrig? Summers Mutter konnte nach weiteren 3 Tagen zu ihr ins Zimmer, und auch wenn ich mich für sie freue, wenn man es als solches bezeichnen kann, so bin ich traurig darüber, dass sie mich nicht auch zu ihr lassen.
»Wenn Sie nicht unmittelbar mit der Patientin verwandt sind, dann geht es leider nicht.«
Mit diesen Worten hatten mich die Schwestern abgespeist. Wie können sie nur? Tagelang sitze ich hier in diesem verfluchten Wartezimmer, während ich nur durch einige, dünne Wände von Summer getrennt werde. Dieses Gefühl macht mich wahnsinnig und auch Mary hält es nicht mehr aus, auf ein Wunder zu warten.
Dr. Andrew teilte uns mit, dass es nicht absehbar ist, ob sie je wieder aufwachen wird und auch wenn ich deshalb zusammenbrechen müsste, tue ich es nicht. Ich stehe das durch und weißt du auch, wieso? Weil ich ihm keinen Glauben schenke. Ich lege meinen Glauben und meine

Hoffnung nämlich lieber in sie. Dieses Mädchen, von dem ich weiß, dass sie es schaffen kann. Den Gedanken daran, dass sie wirklich nie wieder zu sich finden könnte, lässt niemand von uns zu nah an sich heran, weil er unsere letzte Kraft rauben würde. Unsere Kraft, die wir unter gar keinen Umständen verlieren dürfen, weil wir sie für Summer aufheben und bewahren müssen. Das ist das Einzige, was uns am Leben hält.
Immer wieder diskutiere ich mit den Schwestern und mit Dr. Andrew, weil ich endlich in ihrer Nähe sein muss.
Auch wenn es naiv und verrückt ist, so etwas zu denken, habe ich die Hoffnung, dass ihr meine Anwesenheit helfen könnte. Auf welche Weise auch immer.
Ich muss einfach bei ihr sein und ich weiß, dass mich keiner von ihnen noch länger davon abhalten kann.
Irgendwann werde ich es nicht mehr zulassen, dass man mich mit so harmlosen, unbedeutenden Worten abweist.
Taylor hat mich schon etliche Male angerufen und er macht sich Sorgen um mich, und auch wenn ich ihn verstehen kann, haben seine Worte keinerlei Wirkung auf mich. Er konnte es von Anfang an nicht nachvollziehen, wieso Summer mir die Welt bedeutet. Ich konnte es in den ersten Wochen ja selbst nicht einmal verstehen. Schließlich war all das Neuland für mich. Ein Neuland, von dem ich mich für immer abgeschrieben habe, als meine Diagnose kam.
Aber mittlerweile müsste ihm doch klar sein, wie ernst mir all das ist. Oder nicht? Ich weiß auch nicht mehr, was sich als normal erweist und was nicht.

Zudem geht es mir von Tag zu Tag immer schlechter. Ob es daran liegt, dass ich den größten Teil meiner Zeit auf einem unbequemen Stuhl verbringen muss oder ob mein Körper mir Anzeichen gibt, weiß ich nicht.
Anzeichen darauf, dass sich diese ganze Situation hier nicht nur seelisch auf mich repliziert, sondern auch auf gesundheitlicher Ebene. Es wären nur ein paar, kleine Schritte, die ich machen müsste, um mich von meinem Arzt durchchecken zu lassen, aber soweit wird es nicht kommen. Ich werde meinen Posten hier nicht verlassen, nur weil sich mein eigener Körper mal wieder gegen mich stellt. Dieses Gefühl kenne ich bereits zu gut, um mich von ihm abschrecken zu lassen.‹

Ich klappe das Tagebuch zu und schiebe es zurück in meine Tasche, die Taylor mir vor ein paar Tagen vorbeigebracht hat. Den Stift lasse ich in den ersten Sekunden noch etliche Male durch meine Fingerspitzen gleiten, nur um ihn dann, im Endeffekt, ebenfalls in der Tasche verschwinden zu lassen.
Summers Mutter ist bei ihr im Zimmer und Mary verbringt endlich mal wieder eine Nacht bei Eric, weil sie sich selbst fertigmacht, wenn sie hier bleibt. Und ich bin ihr nicht böse deshalb, denn ich kann sie bestens verstehen. Summers Vater habe ich seit unserer kleinen Auseinandersetzung und meiner Ansage nicht mehr gesehen. Ob er es endlich kapiert hat, wage ich zu bezweifeln, aber immerhin kann er hier nicht noch

weiteren Schaden anrichten. Und das würde er, weil er keinem hier eine Hilfe war. Nicht einmal Summers Mutter. Die Schwestern überhäufen mich ständig mit ihren mitleidigen Blicken, wenn sie am Warteraum vorbeirauschen.
Aber meine Wut auf sie lässt sich dennoch nicht zügeln, denn es wäre nur ein einziger Satz, mit dem sie alles besser machen könnten. Nur ein einziger Satz, auf den ich seit Tagen sehnsüchtig warte.
»Sie dürfen jetzt zu ihr.«
Immer wieder träume ich davon, dass ich diese Worte von ihnen höre, aber sobald ich dann aufwache, stelle ich erschrocken fest, dass ich mich noch immer im Wartezimmer befinde und diese Tatsache kotzt mich an.
Wen würde sie nicht ankotzen?
Sogar Summers Mutter hat versucht alle Hebel in Bewegung zu setzen, damit ich endlich ins Zimmer darf, aber auch sie ist auf nichts als Ablehnung gestoßen.
Die ganze Art und Weise, wie man hier mit den Menschen umgeht, bringt alles in mir zum Zerbersten. Wie kann man so mit jemandem umgehen, der sich nichts sehnlicher wünscht, als endlich wieder Gewissheit zu haben?
Natürlich ist es für die Menschen, die hier arbeiten, auch schlimm und es ist definitiv kein Zuckerschlecken, jeden Tag mit dem Tod konfrontiert zu werden. Aber dennoch müssen doch gerade sie sich in uns hineinversetzen können. Das hatte ich bisher jedenfalls immer angenommen, aber vielleicht habe ich mich auch einfach

nur getäuscht. Getäuscht im Leben, getäuscht in der Welt und getäuscht in der Menschheit. Es wäre gewiss nicht das erste Mal und wird auch nicht das letzte Mal sein. Aber ich darf trotzdem nicht aufgeben.
Als ich meinen Blick nach draußen schweifen lasse und er letztendlich am schwarzen Himmel hängenbleibt, der durch vereinzelte Sterne verziert wird, verselbstständigen sich meine Gedanken, ohne dass ich einen Einfluss darauf nehmen kann.

› »Du bist doch verrückt«, wirft Summer mir über das Autodach hinweg zu, während sie sich ihre Hände schützend über den Kopf hält. Als würde es irgendetwas bringen. Lächelnd schüttele ich nur meinen Kopf und deute auf ihre Haare. »Du glaubst doch nicht, dass dir das hilft, oder? Deine Haare sind doch jetzt schon komplett durchnässt!«, presse ich lachend hervor und genieße das Gefühl auf meiner Haut, welches der auf uns herabprasselnde Regen auf mir hinterlässt. Es fühlt sich an, als würde sich all der Ballast und all der Dreck, der mich immer begleitet, dadurch wegspülen lassen.
Schon als ich klein war, habe ich es geliebt, im Regen zu spielen. Wenn mich die Nässe vollkommen eingenommen hat, wenn ich durch die Pfützen gesprungen bin. Während mich meine Mutter immer wieder ermahnt hat, dass ich dadurch krank werde.

Niemals habe ich ihr geglaubt, auch wenn sie natürlich immer recht hatte und ich schon Tage später mit einer Rotznase im Bett gelegen habe.

Dennoch war ich mir sicher, dass es nicht am Regen lag. Es war einfach nur ein kleiner Nebeneffekt, der mich nicht einmal wirklich gestört hat. Immerhin konnte ich so den ganzen Tag im Bett bleiben und mir einen Trickfilm nach dem anderen reinziehen. Es war meine feste Überzeugung, dass mich all diese Tage nur noch stärker machen würden und dass ich später, wenn ich erwachsen bin, niemals wieder krank sein werde. Dass ich, auch wenn ich weit über 20 Jahre alt bin, noch durch die Pfützen springen kann. Mit dem kleinen Unterschied, dass es mir einfach nichts mehr anhaben kann.

Es ist witzig, wenn man beachtet, was aus meinen Kindheitsvorstellungen im Endeffekt geworden ist. Das genaue Gegenteil. Und trotzdem liebe ich es auch heute noch, wenn es regnet, mich einfach davon vollkommen einnehmen zu lassen. Und genau dieses Gefühl will ich mit ihr teilen. Jetzt, in diesem Moment.

»Warum hast du mir nicht gleich gesagt, dass du wahnsinnig bist? Hätte ich gewusst, dass du darauf stehst, Mädchen an eine abgelegene Stelle zu bringen, um sie dann im Regen zu überfallen, dann hätte ich es mir anders überlegt«, gibt sie lachend zurück, während sie sich noch immer schützend die Hände über den Kopf hält.

»Wo bleibt dann der Spaß bei der Sache?«, erwidere ich ihr ebenfalls schmunzelnd und lasse mich dann auf der Motorhaube meines Wagens nieder, um mich noch weiter vom Regen einnehmen zu lassen.

Unsicher beäugt Summer mein Vorhaben und schüttelt nur amüsiert mit dem Kopf, wobei ihre nassen Haare sich an ihre Haut kleben.

Ich klopfe mit meiner rechten Hand auf den Platz neben mir und gebe ihr somit zu verstehen, dass sie sich ebenfalls hinlegen soll.

Im ersten Moment zeigt Summer mir einen Vogel, aber als sie sieht, dass es mir ernst ist und ich mich keinen Zentimeter vom Fleck rühre, gibt sie den Kampf mit sich selbst endlich auf.

Sekunden später lässt sie sich neben mir nieder und ich sehe ihr an, dass sie es ebenfalls genießt, vom Regen komplett eingehüllt zu werden.

Es ist noch relativ warm draußen, auch wenn es bereits spät am Abend ist und der Herbst langsam seine ersten Farben zeigt. Dennoch ist es einfach unheimlich befreiend.

Summer kneift ihre Augen zusammen und blickt mich dann, gespielt zornig, an.

»Was denn? Sag nicht, dass du das als Kind nicht auch geliebt hast«, sage ich zu ihr, während ich eine

Strähne, die sich über ihre Augen gelegt hat, zur Seite schiebe. In dem Moment, in dem ich dabei ihre Wange streife, fühlt es sich so richtig an, mit ihr hier zu sein.

»Nein, ich habe es verabscheut«, kontert sie und ich kann nichts anderes tun, als ungläubig mit dem Kopf zu schütteln.

»Das kann doch nicht dein Ernst sein, Hübsche. Jedes Kind liebt es, im Regen zu spielen«, antworte ich ihr schockiert und kann es gar nicht erwarten, mehr von ihr und dem Mädchen, das sie damals war, zu erfahren.

Sie verschließt sich immer vor mir, aber das hält mich nicht davon ab, sie noch näher und intensiver kennenlernen zu wollen.

»Als ich klein war, haben sich meine Haare immer gelockt, wenn sie nass geworden sind! Ich sah aus wie ein Ringelschweinchen! Glaube mir, ich habe es wirklich gehasst.«

Gedanklich stelle ich mir gerade vor, wie süß dieses Bild ausgesehen haben muss und wie umwerfend ich es finden würde, wenn sich ihre Haare auch heute noch im Regen kringeln würden.

Schnell schüttele ich diesen Gedanken wieder ab, weil ich weiß, dass Summer nicht will, dass ich sie auf diese Weise sehe. Ich soll in ihr kein bezauberndes Mädchen sehen, sondern lediglich eine gute

Freundin und mein Gott, ich gebe mir größte Mühe, diesem Befehl nachzukommen, aber es gelingt mir einfach nicht.

»Was schaust du mich so an?«, murmelt sie in sich hinein und blickt mir dabei in die Augen.

»Ich stelle mir einfach vor, wie lustig es aussehen würde, wenn du jetzt zu einem Ringelschweinchen mutieren würdest. Hast du in diesem Zustand auch irgendwelche besonderen Fähigkeiten? Wie ein Pokémon zum Beispiel?«, gebe ich lachend zurück und verdränge meine wahren Gedanken in den Hintergrund.

Sie boxt mir gegen den Oberarm und beginnt dann in einer Tonlage zu lachen, die sich schöner anhört, als jedes Lied, das ich in meinem Leben bisher gehört habe.

»Das. Ist. Nicht. Witzig!«, patzt sie mich an, um ihren Schlag auch mental zu unterstreichen. Dass sie sich dadurch selbst noch viel interessanter für mich macht, scheint sie nicht zu bemerken.

»Ich habe mich als Kind immer so frei gefühlt, wenn es geregnet hat. Mir ging es nicht einfach nur darum, meine Klamotten so dreckig wie möglich zu machen. Klar, auf unserem Spielplatz war derjenige, der am Abend am schlimmsten aussah, der King. Aber darum ging es mir nie wirklich. Trotzdem bin ich es immer wieder geworden. Ich glaube, das wurde mir in die

Wiege gelegt«, albere ich vor mich hin, weil ich sie so gern zum Lachen bringe. Kurze Zeit später ertönt wieder dieser wunderschöne Klang.

»Du warst also der King vom Spielplatz, ja? Was, willst du mir sagen, dass du auch ein Zepter hattest?«, schikaniert sie mich absichtlich, aber ich liebe diese kleinen Sticheleien zwischen uns.

»Machst du dich etwa über den König lustig? Also das würde ich mir noch einmal überlegen! Und ja, ich hatte ein Zepter. Es war der coolste Stock, den wir finden konnten. Meine Untertanen haben tagelang alle möglichen Stöcker gesammelt, damit ich mir den besten heraussuchen konnte.« Natürlich ist alles, was meinen Mund verlässt, vollkommener Blödsinn. Ich habe mich immer am wohlsten gefühlt, wenn ich ganz allein mit meiner Schwester im Regen spielen konnte. So etwas wie den ›King vom Spielplatz‹ gab es nie. Aber wenn, dann wäre ich sicherlich genau der Richtige dafür gewesen.

»Hattest du auch eine Queen?«, fragt sie mich lachend, während sie sich auf die Seite dreht und ihren Kopf auf ihren angewinkelten Arm legt.

Ich will, dass du meine Königin bist, schießt es mir durch den Kopf.

»Nein, ich habe nie eine ebenbürtige, weibliche Gefährtin gefunden. Und ich weiß auch nicht, ob ich es jemals werde. An mich kommt einfach keiner heran.«

Als hätte Summer die Idee des Jahrhunderts, springt sie von meiner Motorhaube herunter und stellt sich vor mich - direkt unter diesen wunderschönen Sternenhimmel.

Ich habe keine Ahnung, was sie jetzt vorhat, aber ich beobachte das Schauspiel amüsiert, während ich meine Hände hinter dem Kopf verschränke.

Plötzlich setzt Summer zum Sprung an und im nächsten Moment landet sie mit ihren Stiefeln klatschend in einer tiefen Pfütze. Erstaunt richte ich mich auf und ich kann meine Augen einfach nicht von ihr lassen.

Sekunden später spritzt sie mich mit dem dreckigen Wasser der Pfütze voll und ich stürme auf sie zu, um es ihr heimzuzahlen. Mit einem übertrieben lauten Platschen lande ich einen Augenblick später in derselben Pfütze und saue sie damit so ein, dass ich mir sicher bin, dass sie sich in ihrem Leben noch nie freiwillig so schmutzig gemacht hat.

»Was, willst du mir zeigen, dass du es mit mir aufnehmen kannst?«, frage ich sie empört und kann meinen Blick dabei nicht von ihrem Oberteil lösen, welches sich aufgrund der Nässe wie eine zweite Haut an ihren begnadeten Körper geschmiegt hat.

»Ich bin besser als du! Du hast es gar nicht verdient, König genannt zu werden«, lacht sie auf und schon eine Sekunde später habe ich mich auf sie geworfen, wobei wir beide klatschend am Boden aufschlagen und sich der Schlamm vollkommen um unsere Haut legt.

»Ich glaube, du könntest meine Königin werden«, flüstere ich ihr zu, und auch wenn es wie ein Scherz klingt, meine ich es ernst. Ich meine jedes Wort ernst, das ich jetzt zu ihr sagen werde.

Für einen kleinen, unscheinbaren Moment, scheint die Welt um uns herum stillzustehen. Als hätte sie aufgehört, sich zu drehen, nur, damit sie uns dabei zusehen kann, wie wir uns ineinander verlieben - oder wie ich mich in sie verliebe. Ich habe keine Ahnung, was ich hier gerade von mir gebe, aber diese Nacht ist auf jeden Fall die perfekteste Nacht, um sich ineinander zu verlieren.

Summers Blick heftet sich unbewusst an meine Lippen, und auch wenn ich meine am liebsten auf ihre legen würde, halte ich mich zurück und gebe mich mit dem zufrieden, was ich habe.

Bevor sich die Luft um uns herum noch weiter aufladen kann, drehen wir uns gemeinsam auf den Rücken und schauen nach oben in den Himmel, der heute durch all die zahlreichen Sterne so hell wirkt.

»Hast du es eigentlich bereut?«, schießt es plötzlich aus mir heraus, auch wenn ich mir fest vorgenommen habe, diese Frage heute Nacht nicht zu stellen.

Unsicher streift ihr Blick meinen und dann wendet sie sich schnell wieder dem Himmel zu.

»Was meinst du?«, fragt sie so leise, dass es einem Flüstern ähnelt. Und auch, wenn ich es nur ungern zugebe, macht es mich tierisch an, wenn sie in dieser Tonlage mit mir spricht.

»Dass du vor mein Auto gelaufen bist, meine ich.«

An ihren Augen kann ich erkennen, dass sie sich diese Frage durch den Kopf gehen lässt und dass sie die Antwort darauf nicht sofort parat hält.

»Ich glaube nicht«, antwortet sie in demselben Tonfall wie zuvor und raubt mir damit den letzten Nerv.

»Du glaubst es?«, hake ich bei ihr nach, weil ich gehofft hatte, eine aufschlussreichere Antwort von ihr zu bekommen.

»Natürlich kann ich mir Besseres vorstellen, als angefahren zu werden, aber irgendwie... Ich kann es gar nicht erklären«, murmelt sie vor sich hin und ich bemerke, wie peinlich ihr diese Unterhaltung ist.

»Versuch es«, dränge ich sie dazu, mich endlich mit einer Antwort zufriedenzustellen.

»Bevor du da warst, war mein Leben bis ins letzte Detail durchgeplant. Ich habe mich einzig und allein auf mein Studium konzentriert. Habe kaum etwas anderes beziehungsweise jemand anderes als Mary an mich herangelassen. Ich habe Partys gehasst und ich habe mich einfach damit abgefunden, dass das alles ist. Mein Leben spielt sich in meinen Vorlesungen und vor meinen Büchern ab. Das war alles, was ich gesehen habe, wenn ich mir meine Zukunft vorgestellt habe. Niemals ist mir in den Sinn gekommen, etwas erleben zu wollen, was andere nicht erlebt haben oder erleben können. Du hast meine Sicht auf die Welt und auf mein Leben verändert. Mein Gott, ich höre mich bestimmt total schmalzig an, aber wie gesagt, ohne dich würde ich immer noch an diesem Standpunkt feststecken. Jetzt will ich mehr.«

Ihre Worte beruhigen mich auf so seltsame Art und Weise, dass ich mir in dieser Nacht nur noch eines wünsche. Ich will in jedem dieser Abenteuer an ihrer Seite sein.

Als ich meinen Arm nach unten fallen lasse, spüre ich ihre kleinen, zierlichen Finger an meiner Hand und wie automatisch greife ich danach.

Ich halte ihre und sie hält meine, und auch wenn ich weiß, dass dies hier eine rein freundschaftliche Geste sein soll, lasse ich es zu, dass ich so, so viel mehr hineininterpretiere. In dieser Nacht ist alles ganz genau so, wie ich es immer haben wollte und ich glaube nicht, dass ich es schaffe, ihre Hand je wieder loszulassen.‹

Der Gedanke an diese Szene treibt mir Tränen in die Augen und schnell lasse ich meinen Blick wieder in den Warteraum schweifen, anstatt ihn weiter am Himmel zu halten.

Wenn ich einen Wunsch frei hätte, dann würde ich mich gern in diese eine Nacht zurückschicken lassen.

Dann würde ich diese Geste nicht als freundschaftlich abtun, um danach so zu tun, als wäre nichts passiert.

Und genau das haben wir gemacht. Wir haben es beide gemerkt, aber keiner von uns hat einen Schritt nach vorn gemacht. Wir sind einfach so auf einer Stelle stehen geblieben, und das, obwohl ich gespürt habe, dass mehr hinter all dem steckt.

Wenn ich jetzt die Möglichkeit hätte, mit ihr wieder unter dem Sternenhimmel liegen zu können, dann würde ich ihr alles sagen. Ich würde ihr von meiner Krankheit erzählen, ich würde ihr meine Gefühle gestehen und ich würde sie nicht gehen lassen, bis sie sich auch endlich selbst ihre eigenen eingesteht. Dann wäre alles anders gelaufen und dann würde sie jetzt nicht hier in diesem Krankenhaus liegen, während ich vergeblich darauf warte, dass ich endlich zu ihr kann. Sie endlich wieder sehen und berühren kann.

Aber es gibt keine Zeitmaschine, die mich an diesen Ort und in diese Zeit zurückbringt. Deshalb bleibt mir einzig und allein die Erinnerung daran und die Vorstellung, wie anders alles hätte laufen können.

In den nächsten Tagen wird alles nur noch schlimmer. Es geht mir von Tag zu Tag immer schlechter, und ich weiß nicht, wie lange mein Körper diese Strapazen noch aushalten kann. Hin und wieder kann ich mit Summers Mutter über alles reden, aber ich halte es einfach nicht mehr aus.

Verunsichert stehe ich auf, öffne die Tür des Wartezimmers und mache mich auf den Weg zur Rezeption - wie schon so oft in letzter Zeit.

Ich weiß, dass sie mich erneut abweisen werden, so wie sie es immer machen, aber ich habe mir fest vorgenommen, dass damit jetzt endgültig Schluss ist.

Die Schwester hinterm Tresen ist nicht viel älter als ich und in ihrem Blick erkenne ich schon wieder dieses Mitleid, welches sie mir ständig entgegenbringt, wenn sie mich sieht.

»Bitte«, flehe ich sie an, weil sie schon weiß, worauf ich hinaus will, ohne mich überhaupt fragen zu müssen.

Ich denke, dass sie die Einzige ist, die wirklich kurz davor steht, mich einfach gewähren zu lassen.

»Du weißt doch, dass ich das nicht kann«, antwortet sie mir, während sie ihren Blick stur nach unten richtet, um mir ja nicht in die Augen sehen zu müssen.

Auch wenn ich nicht so reagieren sollte, haue ich meine Hand so stark auf den Tisch, dass mich der Schmerz zusammenzucken lässt.

»Ich kann das nicht mehr, okay? Ich kann nicht mehr in diesem bescheuerten Wartezimmer hocken und darauf warten, dass sie aufwacht! Und die ganzen mitleidigen

Blicke, die ihr mir ständig entgegen schmeißt, kann ich auch nicht mehr sehen! Lasst mich doch einfach zu ihr ins Zimmer! Mein Gott, wenn jemand fragt, dann sagt einfach, dass ich ihr Bruder bin. So schwer kann das doch wohl nicht sein«, flüstere ich ihr über die Rezeption hinweg zu, bemühe mich jedoch darum, meiner Stimme den nötigen Druck zu verleihen.

Die Schwester sieht mir kurz in die Augen, blickt sich um und steht dann von ihrem Platz auf. Auch wenn ich nicht glauben kann, dass ich es jetzt wirklich geschafft habe, gehe ich ihr hinterher.

»Ich werde mein Bestes dafür geben, um Dr. Andrew davon zu überzeugen, dass er dich bei ihr lässt, aber ich kann dir nichts versprechen«, wirft sie mir leise über ihre Schulter hinweg zu.

Es fühlt sich an, als würden sich alle Haare auf meiner Haut aufstellen, beim Gedanken daran, dass ich sie jetzt endlich, nach Tagen, wieder sehen darf.

Die Schwester führt mich durch einen engen Gang, der definitiv nicht für normale Patienten oder Angehörige gedacht ist, und öffnet dann leise die Tür zu einem der Zimmer.

Seit Tagen wünsche ich mir nichts sehnlicher, als bei ihr sein zu können, aber jetzt, wo ich es endlich geschafft habe, krümmt sich mein ganzes Inneres zusammen.

Was wird mich erwarten, wenn ich sie sehe?

Was wird ihr Anblick mit mir anstellen?

Doch auch, wenn diese Fragen in Rekordzeit durch meinen Kopf fliegen, schicke ich sie schnell wieder dahin zurück, wo sie hergekommen sind.

Der Geruch, der mich empfängt, als ich das Zimmer betrete, sorgt dafür, dass mir eine Sekunde lang schwarz vor Augen wird. Auf den Fluren habe ich schon diesen typischen Geruch eines Krankenhauses wahrgenommen, aber hier drin ist es, als würde man in einer eigenen Hölle aus Desinfektionsmitteln und Medikamenten stehen.

Der Gedanke daran, dass Summer hier schon seit Tagen drin gefangen ist, ist für mich in dieser Sekunde nur schwer zu ertragen.

Summers Mutter ist nicht hier, weil sie vorhin beschlossen hat, nach ihrem Mann zu sehen. Das Einzige, was ich also wahrnehmen kann, ist das Piepen der Maschinen.

Als ich das Zimmer endgültig betreten habe, lasse ich meinen Blick so langsam durch den Raum schweifen, dass ich mir jeden Zentimeter davon einpräge.

Ich will mich darauf vorbereiten, was mich erwarten wird, wenn ich ihr gleich ins Gesicht sehen werde.

Die Zeit steht still, als ich sie dort liegen sehe und meinen Blick über ihr gesamtes Erscheinungsbild schweifen lasse.

Sie sieht so verloren und hilflos in diesem riesigen Bett aus, dass ich sie mir am liebsten schnappen und in mein eigenes tragen würde. Da passt sie viel besser rein als hier in dieses sterile Bett. All die Schläuche, die sie umgeben, lassen sie vollkommen unwirklich erscheinen - als wäre sie überhaupt nicht hier.

Langsam mache ich einen Schritt nach vorne und setze mich auf den Stuhl, der neben ihrem Bett steht.

Die Schwester klopft mir sanft auf meine linke Schulter, bevor sie sich umdreht und mich mit Summer allein lässt.
Ihr Gesicht ist trotz der zahlreichen Schrammen und Verletzungen noch immer genauso schön, wie ich es in Erinnerung hatte.
Mein Blick wandert zu all den Apparaten, die Summer umgeben und ihre Werte prüfen und regulieren sollen.
Die Vorstellung daran, dass sie nur noch am Leben gehalten wird, weil sie an diese Geräte angeschlossen ist, ist für mich einfach nicht zu begreifen.
Wie kann sich dein Leben von jetzt auf gleich um 180 Grad drehen?
Ich meine, klar, ich müsste am besten wissen, dass es möglich ist, immerhin hatte ich vor zwei Jahren meine ganz persönliche Kehrtwende, aber dennoch will ich nicht wahrhaben, dass auch Summer ihre gerade durchleben muss. Niemals sollte sie in solch einer Situation stecken müssen - niemand sollte es.
Zögerlich nehme ich ihre Hand in meine und es erschreckt mich ungemein, wie kühl ihre Haut wirkt. Wieder erinnere ich mich an diese eine Nacht, in der sich unsere Hände zufällig gefunden haben. In dieser Nacht war sie so voller Leben und voller Wärme. All das scheint jetzt gegangen zu sein.
Verzweifelt lasse ich meinen Blick von ihren zierlichen, knochigen Händen wieder zu ihrem Gesicht wandern, und auch wenn ich weiß, dass ich es mir nur einbilden muss, habe ich das Gefühl, dass sie lächelt. Ihre Mundwinkel erwecken den Anschein, dass sie lachen

wollen, weil ich ihre Hand halte.
Was würde ich dafür geben, sie für immer zum Lächeln zu bringen.

5. Kapitel

Die Wochen vergehen, ohne dass sich an ihrem Zustand etwas verändert. Noch immer wird sie einzig und allein durch die Geräte, die sie umgeben, am Leben gehalten.
Das einzig Positive ist, dass Dr. Andrew sich dazu bereiterklärt hat, mich bei ihr zu lassen.
Seit dem Tag, an dem die Schwester mich in dieses Zimmer gelassen hat, das mittlerweile mein zweites Zuhause geworden ist, habe ich keine Nacht mehr außerhalb dieser vier Wände verbracht.
Ich habe angefangen, ihr Nachrichten zu schicken und auch, wenn ich mir bei jeder einzelnen Nachricht irgendwie albern vorkomme, gibt es mir ein gewisses Gefühl von Verbundenheit. So, als würde ich eine Fernbeziehung mit ihr führen und müsste mich einzig und allein über das Handy mit ihr verständigen.
Wenn sie aufwachen sollte, kann sie sich darauf gefasst machen, von meinen Nachrichten nur so überrollt zu werden und genau das ist auch mein Ziel. Sie sollen sie auffangen, wenn sie aufwacht und nicht weiß, wo ihr der Kopf steht. Ich kann mir vorstellen, dass es schwierig für sie sein muss, sich mit allem wieder zurechtzufinden. Dabei sollen ihr meine Nachrichten helfen, auch wenn ich noch nicht genau weiß, wie.
Mary hat es ebenfalls geschafft, dass sie ab und zu in unser Zimmer darf. Sie hatte es einfach nicht eingesehen,

dass die Schwester mich ins Zimmer gelassen hat und sie nicht - obwohl sie mindestens genauso oft gebettelt hat.

»Dich hat sie nur reingelassen, weil sie auf deine Augen abfährt und du mit deinem schiefen Lächeln jede um den Finger wickeln kannst! Immer wenn sie dich sieht, ist sie wie ein wandelnder Haufen Hormone!« Mit diesen Worten hat sie das seltsame Verhalten der Schwester begründet.

»Ja, ich bin mir sicher, dass es anders wär, wenn die Schwester ein Mann gewesen wäre! Dann müsstest du dich nur einmal nach vorn bücken und schon würde er dich vermutlich den ganzen Medikamentenvorrat plündern lassen!«, hatte ich ihr entgegnet und ich glaube, dass ich mich noch nie so gut mit Mary verstanden habe, wie in den letzten Wochen.

Immer wenn sie das Zimmer betreten hat, war es, als würde sie die Sonne höchstpersönlich in diesen kühlen Raum bringen und das, obwohl draußen bereits der Winter eingekehrt ist.

Ich kann mir durchaus vorstellen, dass Summer es auf irgendeine Art und Weise bemerkt, wenn Mary den Raum betritt. Ob sie es auch bemerkt, wenn ich bei ihr bin?

»Was du uns an dem Tag, an dem sie eingeliefert wurde, erzählt hast, gibt es davon noch weitere Momente?«, beginne ich das Gespräch mit diesem Wirbelwind, der sich ständig daran macht, dieses Zimmer hier in ein kleines Paradies für Summer zu verwandeln. Sie hat alle Bilder, die sie kriegen konnte, mit hierher gebracht und somit diesem Raum ein wenig Kälte genommen.

»Welche Momente meinst du?«, fragt sie mich verwirrt, weil sie nicht weiß, wovon ich genau spreche.
»Als du dachtest, dass sie sich in die Hose gemacht hat. Wegen mir.«
Ihre Augen beginnen bei der Erinnerung daran zu strahlen, genauso wie meine immer zu Strahlen beginnen, wenn ich mich an all diese schönen Augenblicke zurückerinnere.
»Glaub mir, wenn ich dir alle peinlichen Situationen erzähle, in die du auf irgendeine Art und Weise verwickelt warst, dann wird Summer mit mir nie wieder ein Wort sprechen, wenn sie es eines Tages rausfindet!«, platzt es aus ihr heraus, aber schon einen Augenblick später treten ihr Tränen in die Augen, weil sie sich ihre eigenen Worte ins Gedächtnis ruft. Wenn sie es eines Tages herausfindet. Was ist, wenn es diesen Tag nicht geben wird?
Um uns gegenseitig auf andere Gedanken zu bringen, erzähle ich ihr von meinen Momenten, die ich mit Summer hatte. Unsere Greatest Hits, sozusagen.

› Ich weiß, dass ich viel zu früh bei ihr bin, aber ich hatte einfach keine Lust mehr, zu Hause alleine auf dem Sofa zu hocken. Wieso sollte ich auch, wenn ich meine Zeit doch eindeutig besser nutzen kann? Also bin ich schon hergekommen, ohne ihr Bescheid zu geben. So schlimm wird das sicherlich nicht sein. Als ich gerade vor ihrem Zimmer stehe und an der Tür klopfen will, sehe ich, dass die Tür einen kleinen Spalt offensteht, also gehe ich einfach hinein, ohne mir Gedanken darüber zu machen, dass es vielleicht unhöflich sein könnte.

Hey, wer lässt denn seine Tür offen und erwartet dann, dass niemand diese Gelegenheit ausnutzt?

Da dieses Zimmer hier kleiner ist als ein Brutkasten, muss ich meinen Blick nur ein einziges Mal durch den Raum schweifen lassen, um zu sehen, dass sie nicht hier ist.

Ohne darüber nachzudenken, betrete ich das Badezimmer, um zu sehen, ob Summer vielleicht vor dem Spiegel steht, um sich ihre Haare zu bändigen. Womit ich nicht gerechnet hätte - ja, das ist Summer - die nackt (und ich meine vollkommen nackt - nicht unterwäschenackt -) vor mir steht und im nächsten Augenblick unter die Dusche springt.

»Bist du verrückt? Verschwinde, Dean!«, brüllt Summer mich an, aber irgendwie fühle ich mich nicht in der Lage dazu, meinen Körper in Bewegung zu setzen.

»Hallo? Hörst du schwer? Jetzt. Geh. Endlich. Aus. Dem. Zimmer!« Auch wenn sie versucht, ihrer Stimme einen empörten Ton zu verleihen, habe ich das Gefühl, dass sie insgeheim froh darüber ist, die Tür offen gelassen zu haben.

»Hey, Hübsche. Jetzt komm mal wieder runter. Es ist nichts, was ich nicht schon gesehen hätte«, werfe ich ihr lachend über die Schulter hinweg zu, während ich mich daran mache, das Badezimmer zu verlassen.

»Du spinnst doch! Du...du...du Spanner!« Noch immer muss ich über den sauren Beigeschmack, den ihre Stimme versucht anzunehmen, schmunzeln.

»Darf ich eigentlich auch unter die Dusche kommen? Mir ist irgendwie auf unerklärliche Weise verdammt heiß geworden«, presse ich lachend hervor, während ich nur noch durch eine läppische Holztür von ihr getrennt bin. Und meine Worte sind nicht einmal gelogen. Sie so zu sehen hat meine Körpertemperatur in Sekundenschnelle um das fünffache ansteigen lassen.

»Träum weiter!«

Lachend lasse ich mich auf Summers Bett fallen und greife mir den Teddy, der auf ihrem Kopfkissen liegt. Immer wieder habe ich mich gefragt, was ich in ihr sehe, wenn ich sie anschaue. Jetzt weiß ich, woran mich ihre Augen schon immer erinnert haben: an einen Teddybären.

Einige Minuten später betritt Summer das Zimmer und sieht mich, noch immer zornig, an. Sie führt sich auf, als hätte ich das Verbrechen des Jahrhunderts begangen.

»Was willst du schon hier, Dean? Wir hatten uns erst in einer halben Stunde verabredet«, beginnt sie das Gespräch und kramt in ihrem Kleiderschrank herum.

»Mir war langweilig«, antworte ich ihr, woraufhin sie mir einen noch zornigeren Blick entgegenwirft.

»Und da dachtest du natürlich: Hey, wieso fahr ich nicht einfach durch die Gegend und beobachte Frauen unter der Dusche. Super, Dean«, kontert sie und lässt sich von meinem anzüglichen Grinsen gar nicht beeindrucken - sie tut zumindest so. Innerlich weiß ich, dass ich sie damit jedes einzelne Mal um den Verstand bringe.

»Deine Tür stand offen, Hübsche! Anscheinend hast du hier einen kleinen Tag der offenen Tür veranstaltet! Fehlt nur noch der Aushang: Um 5 nach 3 werde ich euch allen in meinem Badezimmer eine kleine Show bieten. Kommt einfach rein, wenn ihr wollt. Ich bin nur ein bisschen traurig darüber, dass ich keine gesonderte Einladung bekommen habe.« Lachend werfe ich meinen Kopf nach hinten, weil ich mich einfach nicht mehr einkriegen kann. Auch wenn ich es niemals zulassen würde, dass jemand anderes als ich sie in diesem Aufzug sieht.

Der Blick, den sie mir aufgrund meiner Bemerkung zuwirft, lässt ganze Welten gefrieren. Eine Sekunde später knallt sie mir eine Handtasche mit voller Wucht gegen den Schädel. Immerhin weiß sie mittlerweile, wie sie sich wehren muss. Stolz sehe ich ihr dabei zu, wie sie wütend ein Teil nach dem anderen aus dem Schrank zerrt, weil sie sich nicht

entscheiden kann, was sie anziehen soll.
»Von mir aus kannst du auch gern wieder ein paar Sachen ausziehen, anstatt welche anzuziehen«, schlage ich ihr vor und sofort landet der nächste Gegenstand auf mir.‹

»Oh mein Gott, das ist so typisch für sie! Aber das hat sie mir gar nicht erzählt.« Verwundert sieht Mary mich an, während ich meinen Blick an Summer hefte, deren Hand ich noch immer in meiner halte.
»Tja, so war es aber«, antworte ich ihr und kann mir ein Lächeln nicht verkneifen.
»Es tut mir so leid. Ich dachte eigentlich, dass ich die Tür richtig zugezogen habe, als ich gegangen bin«, setzt sie noch hinterher und muss sich eine Hand vor den Mund halten, um nicht zu laut zu lachen. Immer, wenn wir es für eine Sekunde schaffen, trotz allem glücklich zu sein, werden wir von den Schwestern dezent darauf hingewiesen, dass wir uns bitte zügeln sollen. Immerhin dürften wir eigentlich gar nicht hier sein.
»Das soll dir nicht leidtun! Hättest du die Tür richtig zugezogen, dann hätten wir diesen gemeinsamen Moment nicht gehabt«, flüstere ich mehr an Summer gewandt, als an Mary. Und das ist das Letzte, was ich will. Ich würde niemals auf einen Moment, den wir gemeinsam hatten, verzichten wollen.

»Wie geht es dir?« Mit diesen Worten reißt Summers Mutter mich aus meinen Gedanken.
Sachte drehe ich mich in ihre Richtung und lächle sie an, weil ich immer noch das Gefühl habe, dass Summer selbst vor mir steht, wenn ich sie ansehe.
»Den Umständen entsprechend«, entgegne ich ihr und greife nach ihrer Hand, die seicht auf meiner linken Schulter liegt und mir Trost spenden soll.
»Wie geht es Jack?«, setze ich noch hinterher, weil ich seit unserem kleinen Zusammenprall nichts mehr von ihm gehört habe und ich Angst habe, noch größeren Schaden angerichtet zu haben. Sylvia geht einen Schritt nach vorn und legt ihre Hand an Summers Gesicht, als Geste dafür, dass sie wieder bei ihr ist.
»Erstaunlich gut. Ich weiß nicht, was mit ihm passiert ist, aber ich habe das Gefühl, dass es ihm besser geht«, antwortet sie mir gedankenverloren und innerlich keimt die Hoffnung in mir auf, dass ich es geschafft haben könnte. Natürlich werde ich ihn mit meinen Worten nicht dazu gebracht haben, den Alkohol zu vergessen, aber vielleicht habe ich es geschafft, dass er ernsthaft über sein Verhalten nachdenkt. Und in diesem Moment wünsche ich den beiden Frauen vor mir nichts sehnlicher.
»Das freut mich«, sage ich lächelnd und deute dann mit meinem Kopf auf Summer.
»Ich kann es immer noch nicht fassen, dass Summer Morgen Geburtstag hat. Der erste Geburtstag, den wir zusammen verbringen könnten«, wispere ich und verdränge das vertraute Ziehen in meiner Brust, welches

sich jedes Mal anbahnt, wenn ich genau darüber nachdenke.
Sylvia streicht Summer erneut sanft über die Wange und wieder einmal habe ich das Gefühl, dass sich ihre Mundwinkel leicht nach oben ziehen. Außer mir bemerkt es jedoch niemand und deshalb behalte ich diese Gedanken lieber für mich selbst.
»Du glaubst gar nicht, wie dankbar ich dir und Mary bin. Dafür, dass ihr mich so unterstützt und immer für Summer da seid. Sie hat solches Glück mit euch«, flüstert sie mir zu und streicht mir dann sachte über den Kopf, bevor sie sich zum Gehen wendet und das Zimmer verlässt.
Immer wieder spiele ich ihre Worte in meinem Kopf ab, um mich zu vergewissern, ob sie recht damit hat. Natürlich kann Summer sich keine bessere Freundin als Mary wünschen, aber was ist mit mir? Bin ich wirklich das Beste, was ihr passieren konnte?
Ich stehe auf, gehe einen Schritt auf Summer zu, beuge mich vor und küsse sie auf die Stirn. Es ist das erste Mal, dass ich sie küsse, weil ich bisher zu starke Angst davor hatte, was dieses Gefühl in mir anrichten könnte.
Als meine Lippen ihre Haut streifen, beginnt das Piepen plötzlich lauter und schneller zu werden. Unsicher, ob ich einen Fehler begangen habe, lasse ich meinen Blick zu dem Monitor schweifen und ich sehe die einzelnen Ausschläge, die sonst so langsam und monoton schlagen.
Jetzt schlagen sie wild um sich, fast so, als wollen sie mir dadurch etwas mitteilen. Kurz bevor ich mich jedoch

dazu entscheide, lieber eine Schwester zur Hilfe zu holen, reguliert sich die Geschwindigkeit ihres Herzschlages wieder und es schlägt jetzt genauso langsam weiter.
Ein kleines Lächeln stiehlt sich auf meine Lippen, als ich mich wieder auf meinen Sitz fallen lasse und mein Handy aus der Hosentasche fische.

›Ich glaube, dass du gar nicht so weit weg von uns bist, wie es den Anschein erweckt, Hübsche.
Ich habe dir eben einen Kuss auf die Stirn gegeben. Rate mal, was passiert ist? Genau - dein Herzschlag hat sich erhöht. Genauso wie meiner. Als würden unsere Herzen im selben Takt schlagen. Verrückt, oder?‹

Den restlichen Tag verbringe ich, wer hätte es gedacht, neben ihr am Bett. Auch wenn ich endlich mal wieder meiner Wohnung einen Besuch abstatten müsste, um ein paar Sachen zu holen, kann ich mich nicht von ihr loseisen. Vor allem nicht jetzt, wo ich weiß, dass es nur noch wenige Minuten sind.
Wenige Minuten bis Mitternacht.
Bis zu ihrem Geburtstag.
Noch immer kann ich es nicht fassen, dass sie ihn nicht mit mir gemeinsam erleben kann. Wie gern würde ich sie mir einfach nur schnappen und an einen anderen Ort bringen, um diesen Tag wirklich und wahrhaftig zu dem perfektesten Tag ihres Lebens zu machen. Aber wenn ich das nicht kann, dann bleibt mir nichts anderes übrig, als

hier darauf zu warten, dass die Zeit endlich verstreicht.
Ich habe das Geschenk für sie schon vor etlichen Wochen besorgt, aber zu dem Zeitpunkt war ich der festen Überzeugung, dass ich es ihr umlegen kann, wenn sie wieder bei uns ist. Damit, dass die Wochen sich hinziehen, ohne dass sich etwas an ihrem Zustand ändert, habe ich einfach nicht gerechnet. Obwohl - gerechnet habe ich damit, aber ich wollte es wie so oft im Leben einfach nicht wahrhaben. Wer will das schon?
Ständig lasse ich meinen Blick zur Uhr schweifen, nur um zu sehen, dass erst einige Sekunden vergangen sind. Es ist, als würde jeder Zeigerschlag eine gesamte Stunde in Anspruch nehmen, nur, um eine Sekunde verstreichen zu lassen.
Die Schrammen und Verletzungen in Summers Gesicht sind in den letzten Wochen so weit verheilt, dass keine Einzige mehr ihrer Schönheit etwas anhaben kann. Einzig und allein die dunklen Schatten, die unter ihren Augen liegen, machen keine Anstalten, endlich zu verschwinden.
Nervös lasse ich die kleine Schatulle in meinen Händen hin und her wandern. Dieser Moment hier wäre so viel besser, wenn sie einfach nur die Augen öffnen würde.
Als der Zeiger endlich die 12 erreicht hat, stehe ich auf und setze mich neben sie auf die Bettkante.
»Ich hoffe es gefällt dir«, flüstere ich, während ich die Schatulle öffne und die Kette aus ihr herausnehme.
Unsicher, wie ich es am besten anstellen soll, lege ich ihr Handgelenk auf mein angewinkeltes Knie und lege sie ihr dann, behutsam, um.

›You're My Hope‹
Für diesen Schriftzug habe ich mich entschieden, weil ich es einfach wusste, als ich es gesehen habe. Es war, als wäre diese Kette genau zur richtigen Zeit am richtigen Ort gewesen und es war mir klar, dass es kein passenderes Geschenk geben könnte. Sie ist meine Hoffnung und sie war es vermutlich schon die ganze Zeit über, auch wenn ich fest davon überzeugt war, meine endgültig verloren zu haben. Aber dann ist mir klar geworden, dass man sie nicht aufgeben darf. Was ist ein Mensch, der keine Hoffnung mehr hat?
Behutsam nehme ich ihren zierlichen Arm wieder herunter und betrachte die Kette an ihrem Handgelenk.
Ich weiß, dass ich es nicht darf, aber ich glaube nicht, dass mich davon jemand abhalten kann.
Ich schiebe ihren Arm ein kleines Stück näher an ihren Körper heran und lege mich zu ihr aufs Bett.
In dem Augenblick, in dem ich ihren Körper an meinem spüre, habe ich das Gefühl, dass endlich wieder alles in seinen geregelten Bahnen läuft. Dass endlich all das, was aus den Fugen geraten ist, wieder einen Sinn ergibt.
Ich umklammere ihre Hand und lege meinen Kopf sanft an ihren. Bevor ich anfange, mit ihr gemeinsam zu träumen, gebe ich ihr noch einen Kuss auf die Wange.
»Happy Birthday«, hauche ich ihr ins Ohr und augenblicklich scheint ihr Herzschlag wieder verrückt zu spielen. Genau wie meiner.
Und dann lasse ich es zu, dass ich in einen Schlaf falle, der mich komplett einhüllt. Seit Tagen habe ich auf

diesem Stuhl meine Nächte verbracht und ich glaube nicht, dass ich je wieder in der Lage sein werde, aufzuwachen.

› »Muss ich wirklich mitkommen?«, frage ich Summer, während ich mir meine Sonnenbrille aufsetze und ihr leicht in die Seite knuffe. Mit zusammengekniffenen Augen wirft sie mir einen Blick zu und zieht kurze Zeit später einen Schmollmund, der in mir sofort den Wunsch erweckt, sie auf der Stelle in mein Bett tragen zu wollen. »Ja, musst du! Wie war das letztens nochmal? Wenn du mit mir in diesen idiotischen Autowerkzeugdingsbumsschuppen gehst, dann begleite ich dich das nächste Mal, wenn du in die Bücherei gehst!«, äfft sie mich nach und ich kann mir ein Lachen einfach nicht verkneifen.
»Du lügst! Ich habe garantiert nicht ›idiotischer Autowerkzeugdingsbumsschuppen‹ zu meinem Lieblingsladen gesagt. Ich glaube, du verwechselst etwas«, bringe ich schmunzelnd hervor und ernte dafür nur weitere zornige Blicke.
»Du weißt doch ganz genau, was ich meine! Es geht hier ums Prinzip. Ich habe mir mit dir gemeinsam über eine Stunde lang Felgen angesehen. Die haben doch alle völlig gleich ausgesehen, aber nein, anstatt dir das unter die Nase zu binden, habe ich es stolz über mich ergehen lassen. ÜBER EINE STUNDE. Jetzt

bist du es mir einfach schuldig.«

»Ich kann wirklich nicht verstehen, wie man so besessen von einem Buch sein kann«, ziehe ich sie auf, während ich ihr ganz bewusst verheimliche, dass ich mich ebenfalls gerne in andere Welten fallen lasse. Diese Gemeinsamkeit will ich ihr jedoch nicht einfach so preisgeben - das muss sie sich erst einmal verdienen.

»Es ist nicht nur ein einziges Buch, das mich fesselt, Dean. Es ist das Ganze, was du betrachten musst. Wenn ich auch nur in die Nähe von einer Buchhandlung oder einer Bücherei komme, macht sich in mir so ein seltsames Gefühl breit. Fast so, als würde ich dann nach Hause kommen, verstehst du?«, philosophiert Summer vor sich hin und ich könnte ihr stundenlang dabei zusehen und ihr zuhören, wenn sie in einem Thema vollends aufgeht. Ich habe es bereits erlebt, als sie mir von ihren Lieblingsfilmen berichtet hat. In diesen Momenten fühlt es sich so an, als würde dieser Film und die Geschichte darin zum Leben erwachen. So, als wäre sie mittendrin gewesen und nicht nur vor einem Bildschirm als stiller Beobachter.

»Wenn ich ein Buch lese, ist es, als würden mir die Seiten einen Weg zeigen. Einen Weg, den ich zwar selbst in dieser Form nicht gehen kann, aber den ich trotzdem miterleben kann. Immer wieder neue

Geschichten und neue Charaktere zu entdecken. Wow. Dieses Gefühl ist einfach der Wahnsinn! Wenn du selbst nicht in der Lage dazu bist, solche Abenteuer zu erleben, dann heißt das noch lange nicht, dass du darauf verzichten musst. Nein, du musst dir einfach nur ein Buch schnappen und dich von ihm einnehmen lassen«, setzt sie noch hinterher und ich sehe das Elend kommen, bevor sie es kommen sieht.

Summer ist so in ihren Gedanken verschwunden, dass sie nicht bemerkt hat, dass die Glasscheibe vor ihrer Nase immer dichter kommt. Ich will sie im letzten Moment wegziehen, aber dann ist es schon zu spät. Mit voller Wucht kracht sie gegen die Glasscheibe der Tür, die offen steht und in einen kleinen, antiken Möbelladen führt.

»Scheiße«, flucht sie vor sich hin und taumelt ein Stück zurück, während sie sich schützend ihre Hand vor die Nase hält.

Sofort umfasse ich ihre Hüfte, damit sie mir nicht auf der Stelle aus den Latschen kippt.

»Gott Summer kann ich auch einmal mit dir unterwegs sein, ohne mir ständig Sorgen darüber machen zu müssen, dass du dich ausversehen umbringst?«, frage ich sie, während ich sie ein Stück zurückziehe und auf eine Sitzbank drücke.

Ich baue mich vor ihr auf und nehme ihre Beine

zwischen meine. Sachte hebe ich ihren Kopf ein Stück an, damit ich ihre Nase genauer unter die Lupe nehmen kann.

»Blutet sie?«, bringt Summer mühsam hervor und rümpft ihre Nase, wobei sich ein verdammt süßes Bild vor meinen Augen ergibt.

»Nein sie blutet nicht«, beruhige ich sie und bringe ihren Kopf wieder in eine Position, in der sie mir in die Augen sehen muss.

»Lass uns lieber nach Hause gehen und deine Nase kühlen«, schlage ich ihr vor, ernte aber so viel Hass in ihrem Blick, dass ich mich schnell wieder anders entscheide. Gar keine gute Idee!

»Das hättest du wohl gern! Das kannst du dir gleich abschmatzen, wir gehen trotzdem in die Bücherei. Keine Widerrede«, presst sie hervor und versucht dann, mich zur Seite zu schieben, damit sie aufstehen kann.

Doch ich habe nicht vor, mich auch nur einen Zentimeter von der Stelle zu bewegen, also versteife ich mich und sehe amüsiert dabei zu, wie Summer all ihre Kraft darin setzt, mich endlich aus dem Weg zu schaffen.

»Haha, sehr witzig. Kannst du jetzt bitte Mal Platz machen?«, keift sie mich gespielt zornig an und in ihren Augen sehe ich etwas aufblitzen, und auch wenn ich es nicht genau deuten kann, gefällt mir das,

was ich sehe. So, als hätte ich das Kind in ihr zurück an die Oberfläche geholt.
Endlich lasse ich sie gewähren und trete einen Schritt zur Seite, damit sie aufstehen kann.
Nach weiteren 10 Minuten, in denen wir durch die Straßen schlendern, und uns über ihre Leidenschaft unterhalten, erreichen wir endlich die besagte Bücherei und dann ist Summer auch schon verschwunden. Es ist beinahe so, als wäre sie niemals an meiner Seite gewesen.
Durch die Scheiben hindurch kann ich sie erkennen, wie sie erst die alte Frau, die diesen Laden führt, begrüßt und sich dann zwischen all den hohen Regalen verschwinden lässt.
Kurze Zeit später betrete ich die Bücherei und begrüße Mrs. Waynson ebenfalls herzlich, weil ich diese Frau schon kenne, seitdem ich fünf Jahre alt war.
»Wissen Sie, in welche Abteilung dieses kleine, verrückte Mädchen gerannt ist?«, frage ich sie mit einem Schmunzeln auf den Lippen und Mrs. Waynson zwinkert mir Sekunden später zu.
»Ich denke mal, dass sie im dritten Gang ist. Da hält sie sich manchmal so lange auf, dass ich sie rausschmeißen muss, wenn ich den Laden schließen will«, antwortet sie mir und deutet mit dem Kopf in Richtung des dritten Ganges.

Sofort setzen sich meine Beine ebenfalls in Bewegung.

»Dich muss mal einer verstehen. Erst zwingst du mich, mit dir in diesen Laden zu gehen. Und dann machst du dich so schnell aus dem Staub, dass du es gar nicht bemerken würdest, wenn ich heimlich das Weite suche«, sage ich zu ihr, während ich um die Ecke komme und sie an dem großen Tisch am Ende des Ganges mit einem Buch in der Hand sitzen sehe.

»Es wäre mir aufgefallen, vertrau mir«, antwortet sie mir mit einem Lächeln im Gesicht und versenkt ihren Blick sofort wieder in dem Buch.

»Mrs. Waynson meinte, dass man dich abends manchmal mit einem Kran hier rausschaffen muss. Das hast du aber heute nicht vor, oder? Immerhin habe ich dich nur eine Stunde lang im Autowerkzeugdingsbumsschuppen festgehalten.«

»Du kennst Mrs. Waynson?«, fragt sie mich entgeistert und ich hebe gespielt verführerisch meine Augenbrauen.

»Klar, meine Schwester war als Kind eine Büchervernichtungsmaschine.«

Anerkennend lässt sie ihre Augenbrauen ebenfalls in die Höhe schnellen, bevor sie sich wieder daran macht, ihre gesamte Konzentration in ihre Geschichte zu legen.

Gelangweilt sehe ich mich in dem Gang ein wenig um

und stelle erschrocken fest, dass ich hier einzig und allein Kitschromane vorfinde. Wenn wir wenigstens in der Thrillerabteilung sein würden, dann wäre ich ebenfalls in meinem Element.

Zufällig greife ich nach einem der Bücher in dem Regal und schlage es, mitten in einem Kapitel, auf und beginne die Worte und Zeilen zu lesen, die dieses Buch mit Leben füllen sollen. Einen Augenblick später blicke ich auf Summer hinab, setze mich vor sie und räuspere mich.

›Seine harten Muskeln bringen mich um den Verstand. Was stellt er bloß mit mir an? Es fühlt sich an, als würde ich ein Gebirge erklimmen, als ich meine Hand an seiner Brust hinaufwandern lasse. Ein Gebirge, das mich vollkommen und unwiderruflich einsaugt. Wow. Jeder Zentimeter meiner Haut steht in Flammen und ich weiß, dass ich mich gleich in ihm verlieren werde‹, beginne ich aus diesem kitschigen Roman vorzulesen und kann Summer somit ein breites Lächeln entlocken.

»Sowas liest du?«, frage ich sie ungläubig und beginne erneut mit meinen Augen einen feurigen Kampf mit ihren. Wow - dieses Buch scheint eindeutig auf mich abzufärben.

»Na und? Hast du damit ein Problem?«, fragt sie mich gespielt gelassen und lässt ihren Blick unbeeindruckt wieder zurück in das Buch gleiten.

›Seine Hände wandern an meinem Bauch in Zeitlupe hinab und ich weiß, dass meine gesamte Selbstbeherrschung schwindet, wenn er seine Hand noch weiter nach unten gleiten lässt. Schon Sekunden später umspielen seine starken Hände meinen Bauchnabel und landen im Endeffekt zwischen meinen willigen Schenkeln‹, setze ich fort und breche in ein Gelächter aus, das vermutlich die ganze Bücherei hören kann.

»Zwischen meinen willigen Schenkeln?«, presse ich lachend hervor und muss mir vor Lachen den Bauch festhalten. Summer schlägt mir ihr Buch gegen den Arm und reißt mir den Hausfrauenroman aus den Händen, um ihn dann wieder zurück ins Regal gleiten zu lassen.

»Du benimmst dich albern«, sagt sie resigniert und lässt sich wieder auf die geräumige Couch fallen. Umgehend rutsche ich ebenfalls auf das Sofa und komme ihr so nahe, dass ich ihren Atem an meinem Hals spüren kann. Sofort habe ich das Gefühl, dass ihr Puls verrückt spielt, weil wir uns so nahe sind, dass ich mich nur einmal nach vorn beugen müsste, um sie zu küssen.

»Du hast doch gesagt, dass du Bücher liest, um Abenteuer zu erleben, die du nicht allein erleben kannst. Glaube mir, ich kann dir durchaus dabei helfen, noch viel wildere Abenteuer zu erleben.

Gleich hier«, raune ich ihr zu und kann erkennen, dass ich...‹

»Hey, was machst du da?«
Verschlafen öffne ich meine Augen und muss bei dem Gedanken an meinen Traum schmunzeln. Dieser Augenblick hat durchaus einen Platz in meiner Greatest-Hits-Liste bekommen. Lächelnd rapple ich mich auf und sehe in das wütende Gesicht einer Schwester, die mich nun misstrauisch beäugt. Ich lasse meinen Blick über Summer schweifen, setze mich dann auf und sehe die Schwester fragend an.
»Sieht man das nicht? Ich habe geschlafen. Und Sie haben mich aus einem verdammt schönen Traum gerissen«, klage ich sie an und krabble widerwillig vom Bett herunter, um mich dann wieder auf meinen Stuhl fallen zu lassen.
»Das Bett ist für die Patienten gedacht und nicht für die Angehörigen«, antwortet sie mir, während sie die Werte von Summer überprüft, die Schläuche richtet und sich dann wieder zum Gehen wendet.
Unverzüglich krame ich mein Handy aus meiner Tasche hervor und öffne unseren Nachrichtenverlauf.

›Ich hatte gerade einen Traum. Kannst du dich noch an den Tag erinnern, als du mich dazu gezwungen hast, mit dir in die Bücherei zu gehen? Verdammt, ich wünschte, ich hätte dich an diesem Tag wirklich geküsst. Ich stelle mir gerade vor, wie ich mich zwischen deine willigen Schenkel presse und...Okay, das geht eindeutig in eine Richtung, die ich nicht einschlagen wollte. Aber ich denke, es ist der richtige Zeitpunkt gekommen, um dir die Wahrheit zu sagen. Ich liebe Bücher genauso sehr wie du. Ich mag es, in neue, mir unbekannte Welten abzutauchen. Auch wenn es in diesen Welten etwas blutiger zur Sache geht. Was ich damit sagen will: Wenn du wieder bei mir bist, können wir gern öfter in die Bücherei gehen‹

6. Kapitel

Ich lehne meinen Kopf an die kühle Wand und schließe die Augen. Gleichzeitig habe ich aber auch höllische Angst davor, sie wieder öffnen zu müssen. Es verschwimmt. Alles verschwimmt um mich herum. Verdammt, wieso kann ich nicht wenigstens so lange durchhalten? Wieso kann ich es nicht so lange stoppen, bis ich meine Aufgabe hier getan habe? Ich muss doch bei ihr bleiben. Nichts muss ich im Moment mehr, als bei ihr zu bleiben.
Hastig nehme ich den Kopf wieder von der Wand und öffne meine Augen. Wenn ich es nicht besser wüsste, würde ich behaupten, dass ich einfach nur betrunken bin. Auf wackeligen Beinen mache ich mich auf den Weg zurück in ihr Zimmer. Auf den Weg zurück zu ihr. Ich muss stark sein, ich darf jetzt nicht schwach werden. Jeder schwache Moment, den ich habe, kann sich auf sie projizieren und das darf ich nicht zulassen, also bleibe ich.
Die Tür fühlt sich an, als wäre sie über Nacht tausend Tonnen schwerer geworden, aber dennoch stoße ich sie mühsam auf, um weiter meiner wichtigsten Aufgabe nachzugehen. Für etwas anderes bin ich in dieser Sekunde so oder so nicht zu gebrauchen.
Summers Mutter steht auf, als sie mich bemerkt, und sieht mir besorgt ins Gesicht.

»Dean geht es dir gut?«

Ich winke mit meiner Hand ab und setze mich dann hin, weil ich es nicht länger aushalte, hier zu stehen.

»Alles bestens, wirklich«, antworte ich ihr müde, weil sie mich schon seit Tagen immer wieder mit dieser einen Frage löchert.

»Du siehst nicht gut aus. Ich weiß, dass ich dich nicht zwingen kann, aber an deiner Stelle würde ich für ein paar Tage nach Hause fahren. Wir halten hier die Stellung«, schlägt sie mir vor, während sie sich neben mich setzt und meine Hand in ihre nimmt. Das Zittern meiner Hände versucht sie zu ignorieren, aber ich sehe es in ihren Augen. Sie hat Mitleid - und das, obwohl sie noch nicht einmal weiß, was mit mir los ist. Keiner sollte mich so schwach sehen müssen. Niemand. Niemals.

»Bitte sag Mary nichts davon, okay?«, frage ich sie verunsichert, weil ich keine Ahnung habe, ob sie mein Verhalten überhaupt nachvollziehen kann.

»Ich sage ihr nichts, aber du solltest dich wirklich ausruhen. Wenn das so weiter geht, sage ich Dr. Andrew Bescheid. Ich denke, dass dir all das seelisch ziemlich zu schaffen macht«, setzt sie fort, aber ich kann nichts anderes tun, als umgehend mit dem Kopf zu schütteln.

»Kein Arzt«, presse ich hervor und lasse mich dann auf meinem Stuhl nach hinten fallen. Kein Arzt. Hauptsache kein Arzt. Ich muss hier bleiben. Nichts musste ich in meinem Leben so dringend.

Sie sieht mich weiterhin besorgt an, aber als sie bemerkt, dass ich keinerlei Reaktion mehr von mir gebe, wendet sie ihren Kopf ab und blickt wieder ihrer Tochter ins Gesicht. Ihrer wunderschönen Tochter, die mich auf keinen Fall in diesem Zustand sehen soll.

»Hey, wie komm ich denn zu der Ehre?« Mit diesen zynischen Worten begrüßt mich mein bester Freund, als ich die Tür zu unserer Wohnung wieder hinter mir schließe.
Umgehend schmeiße ich meine Tasche auf den Boden, lege mein Handy und meinen Autoschlüssel auf der alten Kommode ab und streife mir die Schuhe von den Füßen.
»Ich brauche neue Klamotten und muss die alten waschen«, antworte ich ihm, ohne auf seinen zickigen Ton einzugehen.
»War ja klar«, bringt er mir scharf entgegen und ich kann bis heute noch nicht verstehen, wieso er sich gegen mich stellt. Jeder, und ich meiner wirklich JEDER, würde sich an meiner Stelle ganz genauso verhalten.
»Ich dachte nur, dass wir endlich Mal wieder einen Abend zusammen abhängen könnten«, setzt er noch hinterher und ich habe das Gefühl, dass genau das der Knackpunkt ist. Taylor will einfach mal wieder einen Abend mit seinem besten Freund verbringen und so sehr ich mir auch dasselbe wünsche, ich kann einfach nicht. Nicht, solange sie noch immer im Koma liegt.
»Du kannst eh nichts an ihrer Situation ändern, Dean. Ob du nun Tag und Nacht an ihrem Bett sitzt oder nicht«, hatte er letztens zu mir gesagt, und auch wenn seine Worte wahr sind, wurde ich so wütend, dass ich ihn am

liebsten in Kleinholz verwandelt hätte. Als ob ich es nicht selbst weiß, dass ich nutzlos bin. Seit 2 Jahren bin ich der nutzloseste Mensch auf diesem Planeten. Ich will, dass alles nach meiner Nase tanzt und wenn das nicht der Fall ist, dann raste ich aus. Ich flippe aus und zeige den Menschen, die mir wichtig sind, die kalte Schulter. Was bin ich bloß für ein erbärmlicher Mensch geworden?
Auf jeden Fall ein Mensch, der ein weinendes, zusammengebrochenes Mädchen aus der Wohnung schmeißt, um Sekunden später zusehen zu müssen, wie sie beinahe in seinen Armen stirbt. Super, Dean.
Ich greife wieder nach meiner Tasche und gehe an Taylor vorbei, der mir jedoch auf Schritt und Tritt folgt.
Ruppig reiße ich den Reißverschluss der Tasche auf und stopfe alle Klamotten in die Waschmaschine.
»Wie geht es ihr?«, fragt er mich und ich bin froh, dass er nach ihr fragt und nicht danach, wie es mir geht.
»Immer noch derselbe Stand. Dr. Andrew gibt seine Hoffnung auf. Kannst du dir das vorstellen? Der Einzige von uns, der die Hoffnung niemals aufgeben darf, hat es getan«, presse ich wütend hervor, weil mich diese Tatsache schon seit Tagen innerlich auffrisst.
»Das hat er gesagt?«
»Nicht direkt, aber ich kann es sehen. Ich weiß noch ganz genau, welchen Ausdruck er in den ersten Wochen in seinen Augen hatte. Und jetzt ist es anders, ich sehe es ihm einfach an. Er hat aufgegeben«, zische ich vor mich hin, weil sich in mir ein Tornado aufwirbelt, den ich am liebsten sofort an jemandem auslassen würde.

Wütend knalle ich die Waschmaschine zu und stehe auf, wobei mir so schwindelig wird, dass ich ein Stück nach hinten taumle, um meinen Halt an der Wand zu finden.

»Hey, alles okay?« Einen Augenaufschlag später ist Taylor an meiner Seite und hält mich am Arm fest, damit ich nicht auf der Stelle nach vorn sacke.

Sofort schüttele ich ihn wieder von mir ab und dränge mich an ihm vorbei, um mich auf den Weg in mein Zimmer zu machen, damit ich so schnell wie möglich zurück kann.

»Wann hat es angefangen?« Mit diesen Worten zieht Taylor mich an meinem Ärmel zurück zu sich, bis ich ihm in die Augen sehen muss.

»Ich weiß nicht, was du meinst«, zische ich ihn an und reiße mich erneut von ihm los. Ohne auf eine Reaktion von ihm zu warten, mache ich mich an meinem Kleiderschrank zu schaffen. Einfach nur Klamotten in die Tasche stopfen und dann wieder weg von hier. Das ist alles, was ich will.

»Verarsch mich nicht! Du weißt ganz genau, was ich meine und jetzt sag mir, wann es angefangen hat!«, brüllt er mich an, und auch wenn ich ihm dafür am liebsten eine knallen würde, halte ich mir vor Augen, dass es sein gutes Recht ist, so zu reagieren.

»Vor ein paar Tagen, Mann. Es ist nicht das, wonach es aussieht, okay?«, versuche ich ihn zu beruhigen, auch wenn ich weiß, dass ich ihm damit mitten ins Gesicht lüge. Es ist nicht das, wonach es aussieht - dass ich nicht lache. Natürlich ist es genau das, aber was bringt es mir, wenn ich es zugebe? Ich werde trotzdem bei ihr bleiben. Daran wird mich niemand, und vor allem nicht mein eigener verkorkster Körper, hindern können. Das lasse ich nicht zu.

»Ich hatte eigentlich erwartet, dass du die Sache ernster nimmst«, wirft Taylor mir vor und entfacht dadurch eine noch viel größere Wut in mir.

»Dass ich die Sache ernster nehme? Spinnst du? Soll ich dir sagen, welche Sache ich ernst nehme? Die, dass meine Freundin seit fast drei Monaten im Koma liegt, weil ich sie rausgeschmissen habe! Das ist das Einzige, was in diesem Moment zählt und das weißt du auch!«, brülle ich ihm entgegen, während ich alles, was ich zu fassen kriege, in meine Tasche stopfe, bis sie beinahe platzt.

»Das ist doch vollkommener Schwachsinn, Dean! Du bist nicht schuld an dem, was passiert ist. Wie oft muss ich dir das noch sagen, damit du es endlich schnallst?«

»Ihr könnt es mir alle noch hundert Mal sagen, ich werde es trotzdem so sehen. Und daran könnt ihr nichts ändern«, entgegne ich ihm schlapp, weil meine Kraft in diesem Gespräch enorm nachgelassen hat und ich keine Nerven mehr dafür habe, mich mit irgendwem zu streiten. Genau das hasse ich an diesen Tagen am meisten. In der einen Sekunde bin ich so wütend, dass ich am liebsten etwas auseinandernehmen würde und schon im nächsten Moment fühle ich mich so schwach, dass ich das Gefühl habe, zusammenzubrechen.

Das ist beinahe das Schlimmste daran. Diese ständigen Schwankungen, die mich immer wieder einnehmen - an

sie kann ich mich einfach nicht gewöhnen.
»Bleib doch wenigstens für zwei oder drei Tage Zuhause, Dean. Mehr verlange ich doch überhaupt nicht von dir. Danach fahr ich dich auch wieder ins Krankenhaus, aber du musst endlich Mal wieder in einem richtigen Bett pennen«, schlägt Taylor mir vor. Innerlich muss ich daran denken, dass ich in den letzten Wochen verdammt oft in einem richtigen Bett gelegen habe. Immer, wenn die Schwestern nachts ins Zimmer kamen, um alles zu kontrollieren und wenn sie dann wieder verschwunden sind, habe ich mich neben sie gelegt. Und diese Nächte waren die mit Abstand besten.
»Es tut mir leid, Mann. Aber ich muss einfach zurück«, flüstere ich, während ich aufstehe und mir meine Reisetasche über die Schultern werfe.
Bevor ich jedoch ein Bein vors andere setzen kann, wird mir schwarz vor Augen. Von dem, was danach passiert, bekomme ich nichts mehr mit.

Ich wache auf und alles, was ich wahrnehme, ist ein dumpfes Pochen in meinem Schädel. Doch es ist kein normales Pochen, so wie man es kennt, wenn man Kopfschmerzen hat, weil man zu lange vor dem Fernseher gesessen oder zu tief ins Glas geschaut hat - nein. Es fühlt sich an, als würde mein Gehirn in meinem Schädel hin und her wabern. Ganz langsam, ganz ruhig. Als würde es jedes Mal gegen meine Schädeldecke schlagen, wenn es eine Seite erreicht hat. Und dennoch schmerzt es mich auf eine seltsame Weise so ungemein,

dass ich mir meine Hände an die Schläfe drücken muss.
Das Letzte, woran ich mich erinnere, ist...Ja, was ist das Letzte? Verzweifelt suche ich in meinem Kopf nach der richtigen Antwort, aber irgendwie habe ich eine solche Blockade in mir, dass es mir einfach nicht einfallen will.
Immer wieder gehe ich alle Schritte in meinem Gedächtnis durch, die ich zuletzt gemacht habe, nur, um am Ende dennoch keinen Anhaltspunkt zu haben.
Langsam beginne ich, die Augen richtig zu öffnen, um mich umzusehen. Eigentlich weiß ich, dass ich bloß geträumt habe und vermutlich neben Summer auf dem Bett liege, auch wenn ich es nicht darf. Ich liebe es, mich Regeln zu widersetzen.
Doch wo ist das Geräusch hin, das mich in den letzten Wochen jede Nacht in den Schlaf getrieben hat? Warum kann ich ihren Herzschlag nicht mehr hören? Panik steigt in mir auf, und im nächsten Moment springe ich beinahe auf, weil ich sie sehen muss. Ich muss mich vergewissern, dass es ihr gut geht.
Angestrengt versuche ich, meine Umgebung wieder scharf zu sehen und als es mir nach einer verdammten Ewigkeit endlich gelingt, setzt mein eigener Herzschlag aus.
Ich kenne dieses Zimmer in und auswendig, aber was mache ich hier, verdammt nochmal?
Nervös blicke ich mich in den vier Wänden um, in denen ich meine gesamte Kindheit verbracht habe, und kann es gar nicht fassen, dass ich wirklich hier bin. Das letzte Mal, dass ich hier war, ist schon etliche Wochen her. In der

Zeit, in der ich sie verlassen musste. Die schlimmsten vier Wochen meines Lebens - das hatte ich bis vor Kurzem zumindest noch selbst geglaubt. Aber ich habe gerade die schlimmsten drei Monate meines Lebens hinter mir.

Sekunden später klopft es an meiner Zimmertür, und auch wenn ich eigentlich mit niemandem reden will, gebe ich der Person hinter der Tür das Zeichen, dass sie reinkommen darf.
Augenblicklich wird die Türklinke nach unten gedrückt und meine Schwester Lisa steckt ihren Kopf in mein Zimmer hinein.
»Hey«, wispert sie mir zu, betritt den Raum und kuschelt sich an mich heran.
»Hey«, antworte ich ihr in demselben, leisen Ton und drücke sie an mich. Mein Gott, wie ich sie vermisst habe.
Scheu blickt sie mir in die Augen und ich weiß, dass ich der Einzige bin, der diese verletzliche Seite an ihr je zu Gesicht bekommt. Meine Schwester ist vom Charakter her eigentlich haargenau wie ich - sie ist impulsiv, frech und selbstbewusst. Aber wenn wir zusammen sind, dann zeigt sie mir auch ihre andere Seite und mit dieser Seite blickt sie mir gerade in die Augen, die mich immer an meine eigenen erinnern.
»Wie geht es dir«, fragt sie mich sanft und eine dicke Träne rollt ihr dabei über die perfekt gemeißelte Haut.
Ich knuffe ihr leicht in den Oberarm und schiebe sie ein Stück von mir weg.
»Hey, jetzt zieh nicht so eine Schippe. Ich schaff das

schon. Aber was zur Hölle mache ich hier?«, erwidere ich ihr und kann eigentlich nur hoffen, dass ich mich in einem Traum befinde. Ein Traum, aus dem ich gleich aufwachen werde, um wieder bei Summer zu sein.
»Taylor hat dich hergebracht. Du bist zusammengebrochen, Dean«, wimmert sie mir entgegen und als hätte sie damit einen Knopf in meinem Gedächtnis betätigt, erinnere ich mich wieder an alles. An die Auseinandersetzung mit Taylor, an meinen kleinen Wutausbruch und an das Gefühl, das ich hatte, als mir schwarz vor Augen wurde.
Unsicher lasse ich den Blick nach draußen schweifen und bemerke, dass es bereits dunkel geworden ist.
»Wie lange ist das schon her?«, frage ich Lisa und schaue ihr wieder in ihr besorgtes Gesicht.
Sie nimmt meine Hand in ihre, während sie mir antwortet.
»Naja, er hat dich heute Morgen hergebracht, jetzt ist es 21 Uhr«, antwortet sie mir und augenblicklich muss ich daran denken, dass ich sofort wieder verschwinden muss.
Ich war schon viel zu lange nicht mehr bei ihr gewesen und ich frage mich, wie ich mit dieser Ungewissheit leben soll.
»Ich muss wieder ins Krankenhaus«, sage ich matt, während ich mich aufrichten will. Doch so sehr ich mich auch anstrenge, meine Beine sind einfach nicht stark genug, um mein Gewicht zu halten.
»Du kannst jetzt nicht ins Krankenhaus, Dean! Du musst hier bleiben, bis es dir besser geht«, keift Lisa mich an

und dreht meinen Kopf zurück in ihre Richtung.
»Was ich muss, ist, zurück ins Krankenhaus zu fahren«, kontere ich ruhig und starte einen weiteren Versuch, mich endlich von diesem Bett zu lösen. Aber egal, wie viel Kraft ich in meine Beine zu setzen versuche, es hat keinen Sinn. Ich schaffe es nicht.
»Sorry, Dean, aber das kannst du gleich vergessen! Du wirst erst einmal hier bleiben, bis es dir besser geht. Weißt du eigentlich, dass du dich damit selbst kaputtmachst? Ich weiß, wie viel dir Summer bedeutet, aber du darfst dich nicht davon einnehmen lassen.«
Mit diesen Worten steht Lisa von der Bettkante auf und macht sich daran zu schaffen, meine Sachen aus der Reisetasche herauszuholen und sie ordentlich zusammengelegt in meinen alten Kleiderschrank zu räumen.
»Du verstehst das nicht, Lisa. Ich muss wirklich zurück«, presse ich angestrengt zwischen meinen Lippen hervor und könnte mich selbst dafür verfluchen, überhaupt in die WG gefahren zu sein.
Sie lässt ihre perfekt manikürten Fingernägel wieder in der Tasche verschwinden, ohne mich eines Blickes zu würdigen.
»Dean, du kannst nicht einmal richtig aufstehen. Du musst Medikamente nehmen und mein Gott, keiner von uns wird dich in diesem Zustand ins Krankenhaus fahren lassen. Zumal dein Auto nicht einmal hier ist. Taylor hat dich in seinem Wagen hergebracht, damit du nicht auf die Idee kommst, nachts einfach in dein Auto zu steigen«,

sagt sie in einem so gelassenen Ton, dass ich mich selbst kneifen muss, um zu begreifen, dass sie es ernst meint.

Wie kann Taylor mir sowas nur antun? Er weiß genau, wie wichtig es für mich ist und dennoch hat er mich auf so schäbige Art und Weise hintergangen.

»Du kannst mich mit Dads Auto fahren«, schlage ich ihr vor und ernte dafür einen ungläubigen Blick aus den himmelblauen Augen meiner Schwester.

»Dad ist drei Wochen lang auf einer Geschäftsreise und Mom begleitet ihn, also kannst du dir das abschmatzen«, erwidert sie mir schlagfertig und lässt somit auch meine letzten Hoffnungen wie eine Seifenblase direkt vor meinen Augen zerplatzen.

Bevor ich noch weiter tatenlos hier herumsitze, greife ich in meine linke Hosentasche, um Mary anzurufen. Sie wird sich sicherlich schon fragen, wo zur Hölle ich stecke und ich will nicht, dass sie glauben, ich hätte mich aus dem Staub gemacht. Doch alles, was meine Hände antreffen, als sie die Hosentasche erreichen, ist Leere.

»Wo ist mein Handy Lisa?«, frage ich sie in einem Ton, der mir Sekunden später bereits leidtut.

Anstatt mir jedoch in die Augen zu sehen, oder Anstalten darum zu machen, mir mein Handy zu geben oder es zu suchen, faltet sie immer noch in aller Seelenruhe T-shirts zusammen.

»Ich glaube, Taylor hat es bei sich behalten«, antwortet sie mir mit einem Schulterzucken.

»Wie bitte?«, bringe ich aufgebracht hervor und kann es einfach nicht fassen, dass mein bester Freund mir so etwas antut.

»Dann sag ihm, dass er es mir auf der Stelle bringen soll!«, setze ich noch hinterher, aber meine Schwester steht auf, verstaut die Reisetasche ebenfalls im Schrank und schließt ihn wieder wie in Zeitlupe. Seufzend lehnt sie sich gegen die Schranktür und fesselt mich mit ihrem Blick.

»Wir sind uns alle einig, dass es besser so für dich ist, Dean. Glaub mir.«

Und dann verschwindet Lisa aus dem Zimmer und lässt mich, vollkommen allein, mit all meinen Schmerzen und all meinen Ängsten zurück.

›Die Zeit rennt mir davon und ich weiß nicht, wann ich dies das letzte Mal behaupten konnte. In den letzten Wochen sind alle Tage immer wie in Zeitlupe an mir vorbeigeschlichen, aber jetzt, wo ich hier nutzlos in meinem Elternhaus herumsitze, während ich keinen Schimmer davon habe, wie es Summer geht, rennt sie beinahe. Sie rinnt mir durch die Hände und ich glaube, dass Sylvia und Mary denken, dass ich sie im Stich gelassen habe. Aber das habe ich nicht und das würde ich nicht - jedenfalls nicht absichtlich. Taylor hat mir meinen eigenen Willen geraubt, als er entschieden hat, mich hier herzubringen und als er beschlossen hat, dass ich ohne Handy besser dran wäre. Ha, dass ich nicht lache. Ich muss doch wenigstens wissen, wenn sich etwas ändert. Wie können die Menschen, die immer behaupten, dass ihnen etwas an mir liegt, mir so etwas

antun? Ich check es einfach nicht.

Ich schaffe es gerade so drei oder vier Schritte zu gehen, bevor ich mich wieder setzen muss, weil meine Beine sonst unter mir nachgeben. Immer wieder denke ich daran, wie schlimm es für Summer sein muss, wenn sie aufwachen sollte und wenn sie bemerkt, dass ich nicht da bin. Und auch, wenn ich mir wünsche, dass sie endlich zurück zu uns kommt, will ich es ihr unter diesen Umständen nicht zumuten.

Mein Alltag hier wird durch zwei Sachen bestimmt: Zum einen durch die Schmerzen und zum anderen durch die ständigen Auseinandersetzungen, die ich mit meiner kleinen Schwester führe. Auch wenn ich sie liebe, ich habe sie noch nie so sehr verflucht wie in den letzten Tagen.

Ständig führt sie sich auf, als wäre sie unsere Mutter und als hätte sie mir irgendetwas vorzuschreiben. Dabei bin ich derjenige, der ihr etwas vorzuschreiben hat, wenn überhaupt.

Immer wieder bettle ich sie an, dass sie mir einfach ihr Handy geben soll, damit ich wenigstens im Krankenhaus anrufen kann, aber egal, auf welcher Schiene ich es versuche, sie blockt ab und in diesen Momenten hasse ich sie.

»Glaubst du wirklich, dass du Summer in diesem Zustand eine Hilfe bist?«, hatte sie mich gestern gefragt, als ich sie wieder einmal angefleht habe, mir endlich ihr Handy zu geben.

»Glaubst du, dass ich ihr eine Hilfe bin, wenn ich hier versauere?«, konterte ich, auch wenn ich wusste, dass meine

Worte nichts an ihrer Einstellung ändern werden.

»Du denkst wirklich, dass ich dir nur Böses will oder? Gerade du solltest es doch besser wissen, Dean. Wenn es dir besser geht, dann fahre ich dich sofort ins Krankenhaus und dann kannst du wieder für sie da sein. Aber jetzt in deinem Zustand... es hat einfach keinen Sinn.«

Wow, welch weise Worte einer weisen Frau. Woher will sie denn wissen, wann es einen Sinn hat?

Natürlich würde es Summer schmerzen, wenn sie aufwacht und mich so sehen muss. Dennoch will ich mir gar nicht ausmalen, wie sehr es schmerzen muss, wenn ich nicht da bin, um sie aufzufangen. Natürlich weiß ich nicht, wie sie überhaupt reagieren wird und ob sie mich überhaupt in ihrer Nähe wissen will, nach all dem, was passiert ist. Was würde es aber über mich aussagen, wenn ich es nicht herausfinden will? Nichts will ich im Moment lieber. Ich will einfach nur auf sie aufpassen und das habe ich ihr versprochen, nur um es dann im Endeffekt doch brechen zu müssen.

Und dabei hatte ich mir doch fest vorgenommen, nie wieder ein Versprechen zu brechen.

Wenn ich in der Lage dazu wäre, einfach ins Krankenhaus zu fahren, egal wie, dann würde ich es machen. Aber ich schaffe es ja kaum, die paar Schritte bis ins Badezimmer hinter mich zu bringen. Ich würde mich nachts einfach rausschleichen und mein Gott, ich würde auch zum Krankenhaus laufen, wenn ich es denn einfach nur könnte.

Das einzig Positive an diesem Dilemma ist, dass meine Beine die einzigen Körperteile sind, die mir Probleme bereiten.

Dieses entsetzlich wabernde Gefühl in meinem Schädel hat nach den ersten zwei Tagen nachgelassen, dafür wurde das Problem mit meinen Beinen nur umso belastender.
Lisa hat Recht, ich kann Summer jetzt keine große Stütze sein und ich bin mir dessen durchaus bewusst. Alles, was ich aber unbedingt muss, ist diese eine Sache. Die Antwort auf diese eine simple Frage.
Ist sie immer noch bei uns oder hat sie uns bereits verlassen?‹

Bevor die Tränen auf meinen geschriebenen Worten landen, klappe ich das Buch mit voller Wucht zu und schmeiße es durch das Zimmer. Der Raum, der in den letzten Tagen zu meiner ganz eigenen, persönlichen Hölle geworden ist. Mein Gefängnis.

7. Kapitel

›Es ist jetzt schon das zweite Mal, dass ich hier bin. Nach der ersten Untersuchung konnte der Arzt mir noch keine genaue Erklärung für meine Beschwerden geben.
»Sie müssen noch einmal wieder kommen Mr. Ross«, hat er zu mir gesagt. Super, eigentlich habe ich gehofft, nie wieder hier herkommen zu müssen und jetzt sitze ich hier, auf dieser komischen Liege und versuche mich, einfach zu entspannen. Ich weiß, dass ich gesund bin und ich bin mir sicher, dass auch heute keiner von ihnen etwas entdecken wird.
Eigentlich wollte ich heute zum Training, aber nein - der Arzttermin geht vor, hat meine Mutter gesagt. Sie ist immer noch tierisch besorgt um mich, weil sie Angst hat, dass mehr dahinter stecken könnte. Okay, mir ist ab und zu schwindelig und dieses Kribbeln unter meiner Haut nervt mich selbst ungemein, aber was soll das schon sein?
»Legen Sie sich bitte hin, Mr. Ross«, sagt Dr. Kenton, während er an dem riesigen Apparat, in das ich gleich hineingeschoben werden soll, herumspielt. Ein bisschen Respekt habe ich vor diesem Teil schon, aber ich glaube nicht, dass ich an Klaustrophobie

leide - jedenfalls steckte ich bisher nie in einer Situation, in der ich es hätte bemerken können. »Wir werden eine MRT an Ihnen durchführen müssen«, setzt er noch hinterher und noch immer macht er mich mit seinen hektischen Handbewegungen vollkommen nervös. Dabei wollte ich mich doch entspannen.

»Eine was?«, bringe ich neugierig hervor, weil ich mit solchen Abkürzungen in der Medizin nicht allzu viel anfangen kann. Konnte ich noch nie. Mein Gebiet war schon immer eher die sprachliche Ebene, und nicht die biologische oder medizinische.

»Eine Magnetresonanztomographie. Mit Hilfe der MRT können wir Schnittbilder von ihrem Körper und ihrem Gehirn erzeugen. Diese Bilder sind sehr aufschlussreich und können uns zeigen, ob etwas in Ihnen nicht stimmig sein sollte«, antwortet er mir, während er die Liege durch einen Hebel weiter nach oben fahren lässt.

Falls etwas in meinem Körper nicht stimmig sein sollte. Wenn er so über mich redet, fühlt es sich an, als wäre ich bloß ein Projekt, an dem er forscht und kein menschliches Lebewesen, das vor ihm liegt.

»Okay«, erwidere ich nun doch etwas verunsichert und schließe meine Augen, auch wenn ich sie am liebsten offen halten würde.

»Und wie lange muss ich da drin bleiben?«, setze ich

noch hinterher, weil ich so nervös bin, dass ich mir mittlerweile nicht mehr sicher bin, ob ich nicht doch an Klaustrophobie leide.

»20 Minuten. Das Wichtigste ist, dass Sie, wenn Sie in der Röhre sind, so ruhig wie möglich liegen bleiben. Bitte versuchen Sie sich zu entspannen, dann sollte das kein Problem darstellen.«

Und mit diesen Worten wird mein Körper in dieses beengende Ding geführt und ich weiß nicht, ob ich diese Tortur wirklich 20 Minuten lang aushalten kann.

Im Endeffekt ist es nicht so schlimm, wie ich es kurz vorher noch vermutet habe, aber es gibt auf der Welt auch eindeutig schönere Orte, an denen ich sein will.

Ein zweites Mal kann ich darauf gern verzichten, genauso, wie ich darauf verzichten kann, noch ein drittes Mal herkommen zu müssen.

In den Sekunden, in denen ich in dieser Röhre liege, schleichen sich dennoch Gedanken in meinen Kopf, die ich eigentlich bewusst die ganze Zeit über verdrängt habe.

Was ist, wenn es doch etwas Schlimmes ist? Wenn ich mir meine Schmerzen und Beschwerden doch nicht nur eingebildet habe?

Was ist, wenn sie einen Tumor oder etwas Ähnliches in meinem Körper finden, das nicht ›stimmig‹ ist?

Mir wurden in der letzten Sekunde noch Kopfhörer

in die Ohren gesteckt, damit ich dieses laute Geräusch, welches die Röhre von sich gibt, nicht ertragen muss. Leider konnte auch die Musik den Lärm nicht vollkommen abklingen lassen.

Als ich endlich diese zwanzig Minuten hinter mich gebracht habe, kann ich gar nicht sagen, ob ich mich jetzt erleichtert oder beängstigt fühlen soll.
Eigentlich habe ich damit gerechnet, dass man mich sofort wieder nach Hause schicken würde, um mir dann in zwei Wochen die Ergebnisse mitzuteilen. Falsch gedacht. Jetzt sitze ich hier in diesem sterilen Raum und warte auf die Ergebnisse, und auch wenn ich erleichtert darüber sein sollte, nicht noch länger warten zu müssen, bin ich es nicht.
Falls nämlich etwas mit mir nicht stimmen sollte, dann würde ich die Zeit, die mir noch bleibt, gerne genießen.
Aber was denke ich hier eigentlich für einen Quatsch? Ich weiß doch ganz genau, dass alles in Ordnung ist. Wieso mache ich mich also hier verrückt?

Nach weiteren fünfzehn Minuten, in denen ich wie auf heißen Kohlen in diesem Raum sitze, bittet mich die Schwester, die zugegebenermaßen ziemlich süß ist, wieder in das Sprechzimmer des Arztes.
Unsicher stehe ich auf und mache mich auf den Weg

zu ihm. Schon von Weitem sehe ich Dr. Kenton, wie er eine Art Röntgenbild genau unter die Lupe nimmt. Ist es das Bild von meinem Kopf? Wow, das sieht auf jeden Fall ziemlich abgefahren aus.

»Mr. Ross, setzen Sie sich bitte«, beginnt der Arzt das Gespräch, und auch wenn ich versuche, seine Stimme zu analysieren, kann ich es nicht.

»Sagen Sie mir einfach, dass alles in Ordnung ist und dann schaffe ich es vielleicht noch rechtzeitig zum Training«, scherze ich, aber anscheinend kommt mein Witz nicht allzu gut bei Dr. Kenton an, denn er sieht mich nur mitleidig an.

»Was ich Ihnen jetzt sagen werde, wird nicht leicht sein«, beginnt er, meine Welt in sich zusammenbrechen zu lassen. Ich kann noch nicht sagen, was das zu bedeuten hat, aber ich weiß, dass ich das nicht durchstehe.

»Was?«, hauche ich schwer atmend, während sich alles in mir zusammenzieht.

»Sehen Sie die weißen Stellen auf dem Bild?« Dr. Kenton steht von seinem Stuhl wieder auf und zeigt mit seinem Finger auf die entsprechenden Stellen. Weil ich kein Wort über meine Lippen bringe, nicke ich nur stumm mit dem Kopf, der in dieser Sekunde unendlich stark schmerzt.

»In den letzten Untersuchungen, die wir an Ihnen vorgenommen haben, konnten wir noch keine feste

Diagnose stellen, Mr. Ross. Es hätten Anzeichen für die unterschiedlichsten Dinge sein können, deshalb haben wir Sie auch darum gebeten, noch einmal zu uns zu kommen. Eine MRT bietet uns häufig die klarsten Beweise dafür, was im Körper unserer Patienten nicht stimmt. Die weißen Punkte sind Läsionen. Sie zeigen uns auf, dass sich vor nicht allzu langer Zeit in ihrem Körper Entzündungsherde gebildet haben. Hier können wir sogenannte Schattenherde sehen.«

Ich habe keinerlei Ahnung, was der Arzt mir damit sagen will, aber alles, was ich höre, klingt schrecklich.

»Und was bedeutet das jetzt?«, bringe ich so leise heraus, dass es vermutlich schwer ist, meinen Worten zu folgen.

Dr. Kenton nimmt das Bild herunter und setzt sich wieder auf der gegenüberliegenden Seite des Tisches auf den Stuhl. Seufzend heftet der Arzt seinen Blick auf das Schnittbild meines Kopfes, bevor er mir letztendlich in die Augen sieht. Sein Blick verrät ihn, bevor er etwas sagen kann.

»Sie haben Multiple Sklerose.«

Und in dieser Sekunde bricht meine Welt in sich zusammen.

Ich laufe schon seit einer Ewigkeit durch die Straßen, auch wenn ich nicht weiß, wo ich eigentlich hinwill. Ja, wo soll ich schon hinwollen? Ich glaube nicht, dass es jetzt noch einen Ort gibt, den ich in diesem Moment sehen will.

Die ganze Zeit war ich fest entschlossen darüber, dass mit mir alles in Ordnung ist. Wie kann man auch mit 19 Jahren krank sein? Ist das überhaupt möglich?

Was läuft auf dieser verkorksten Welt eigentlich so falsch, dass man einem Menschen in diesem Alter schon so etwas zumuten muss? Ich kapier es einfach nicht.

Der Arzt hat mich ausführlich über meine Krankheit, mein Gott, ich kann es immer noch nicht glauben, ins Bild gesetzt. Er hat mir zwar gesagt, dass man die sogenannten Schübe durchaus lindern kann, wenn man schnell mit einer entsprechenden Therapie beginnt, aber alles, was ich vor Augen gesehen habe, war ein Rollstuhl.

Auch wenn Dr. Kenton mir sagte, dass es nicht feststeht, dass es eines Tages so enden wird, ist das alles, was ich sehe, wenn ich in meine Zukunft schaue.

Wie deprimierend.

Ich kicke eine Blechdose vor meinen Beinen über die Straße, und auch wenn diese Schmerzen in meinem Kopf nicht nachgelassen haben, genieße ich das

Klappern der Dose, als sie über den Asphalt ratscht.

Noch immer will ich all das, was sich durch den heutigen Tag geändert hat, nicht wahrhaben.

Man könnte diesen Tag durchaus als meine persönliche Kehrtwende bezeichnen.

Völlig aufgelöst betrete ich eine Kneipe, weil ich keinen Ort kenne, der mir in diesem Augenblick einen besseren Trost spenden könnte. Ich war nie der Typ, der sich vollkommen die Kante geben muss, um ein bisschen Spaß zu haben und so einer wollte ich auch nicht werden, aber was soll's? Mein altes Ich hat ab heute so oder so ausgedient.

Vor ein paar Stunden war ich noch der festen Überzeugung, dass ich mein Leben fest im Griff habe und dass ich genau weiß, wie meine Zukunft aussehen wird.

Ich werde mein Studium beginnen, mich irgendwann eines Tages, Hals über Kopf in ein Mädchen verlieben und mit ihr alt werden. Ja, ich weiß, dass das kitschig und überspitzt klingt, aber genau das habe ich gesehen. Das und nichts anderes. Wie lächerlich.

Kein Mädchen lässt sich freiwillig darauf ein, einen Krüppel zum Freund zu nehmen. Auch wenn ich noch keiner bin. Die Betonung liegt auf ›noch‹.

Irgendwann, eines Tages, wird es so weit sein und dann weiß ich, dass das Mädchen, das ich vor Augen habe, mich verlassen wird.

Was wäre ich auch für ein Mensch, wenn ich so etwas freiwillig jemandem zumuten würde?

Eine blonde Mähne erweckt meine Aufmerksamkeit, und als ich meinen Blick zu dem passenden Gesicht schweifen lasse, ist es, als würde mein Leben wie in einem Film an mir vorbeilaufen. Ich sehe diesem Mädchen zwar ins Gesicht, aber ich kann weder etwas von ihrem Herzen noch von ihrer Seele erkennen. Wenn ich mir meinen Film genau ansehe, dann ist mir klar, dass diese Blondine niemals eine wichtige Rolle in meinem Leben spielen könnte. Sie würde sich niemals wirklich in mich verlieben, weil ich solche Mädchen wie sie kenne. Es gibt sie in Graveton wie Sand am Meer. Alles, was diese Mädchen wollen, ist ein bisschen Spaß. Mehr nicht. Sie denken nicht daran, sich für immer binden zu wollen und sich auf jemanden einzulassen, um mit ihm alt zu werden. Nein, sie denken nur an die heutige Nacht und an den Spaß, den sie haben könnten.

»Ganz alleine hier?«, fragt sie mich und schwingt ihren Hintern auf den Barhocker, der neben meinem steht.

»Sieht so aus«, antworte ich ihr gelassen und lasse meinen Blick an ihr hinabwandern. Ihr Ausschnitt ist so tief, dass man damit fast bis zu ihrem Bauchnabel gucken kann und eigentlich sollte mich diese

Tatsache abschrecken, aber ich lasse es zu, dass mein Blick darauf verweilt.

»Das ist aber sehr schade«, antwortet sie mir, während sie ihre Unterlippe schmollend vorschiebt.

»Ey Mauerblümchen, mach meinem neuen Bekannten doch bitte einen Drink!« Während sie das sagt, schnippt sie mit dem Finger und im nächsten Moment taucht ein Mädchen hinter dem Tresen auf.

Ihre braunen Haare passen perfekt zu ihren braunen Augen, die mich sofort an einen Teddybären erinnern. Alles an ihr wirkt so unschuldig, dass ich sie am liebsten in die Arme nehmen und der Schrulle neben mir ein paar Takte ansagen würde.

Schüchtern blickt sie von der Blondine zu mir herüber und für einen kleinen Moment sehe ich etwas. Ich sehe genau das, was ich in dem Mädchen neben mir nicht sehen konnte. Es ist, als könnte ich ihr direkt ins Herz sehen und das, was ich sehe, ist genau die Sorte von Mädchen, mit dem ich gern den Rest meines Lebens verbringen würde.

Auch wenn ich sie nicht kenne und mir somit kein genaues Bild von ihr machen kann, weiß ich es.

Diese Augen haben es mir angetan auf eine Art und Weise, die ich ab jetzt nicht mehr zulassen kann.

Wäre ich ihr gestern, vorgestern oder vor einer Woche begegnet, dann hätte ich mich einfach in sie und ihren Anblick verliebt. Unwiderruflich. Aber ich

bin nicht mehr ich selbst, denn meine persönliche Kehrtwende hat mich zu einem anderen Menschen gemacht. Einen Menschen, der ich nie sein wollte, der ich aber jetzt bin.
Immer wieder lasse ich meinen Blick zwischen den beiden hin und her schweifen. Vielleicht würde sie mich nicht verlassen, wenn sie von meinem Ballast erfährt. Vielleicht doch.
Ich ringe mit mir, entscheide mich aber am Ende für den einfacheren Weg und ziehe die Blondine ein Stück näher an mich heran.
»Du hast sie gehört. Ich hätte gerne einen Drink.« Und mit diesen Worten lasse ich das Mädchen gehen und verdränge sie aus meinem Gedächtnis, bevor ich sie überhaupt darin einfangen konnte. Mit dieser Entscheidung empfange ich mein neues Ich mit offenen Armen und verabschiede mich für immer von meinem Alten.‹

Erschrocken reiße ich meine Augen auf und blicke mich um. Es ist eine verdammte Ewigkeit her, dass ich von dem Tag geträumt habe, an dem ich meine Diagnose bekam. Das ist jetzt schon zwei Jahre her und ich kann es gar nicht fassen, dass dieser Tag schon so weit in der Vergangenheit liegen soll. Der Traum hat mich sofort wieder in diese Zeit zurückkatapultiert.
Immer wieder gehe ich diesen Tag in Gedanken durch -

bis ich an ihr hängenbleibe. An ihr - dem braunhaarigen Mädchen, das meine Rettung hätte bedeuten können.

In dieser Sekunde leuchtet mir alles ein und das Bild von Summer schießt so schnell in meinen Kopf, dass ich es gar nicht rechtzeitig verarbeiten kann. Wie konnte ich mich nur gegen sie entscheiden? Wie konnte ich dieses Bild verdrängen? Ich erinnere mich daran, dass Summer anfangs in einer Bar gearbeitet hat, aber niemals ist mir in den Sinn gekommen, dass sie dieses Mädchen war. Dieses Mädchen, mit dem ich mir schon damals meine Zukunft ausgemalt habe.

Mein Gott, wie blöd konnte ich sein, mich in dieser Nacht auf die Blondine einzulassen?

Alles hätte anders laufen können, wenn ich an jenem Abend doch einfach nur die richtige Entscheidung getroffen hätte.

17 Tage. Genau genommen sind es 408 Stunden. 24.480 Minuten. 1.468.800 Sekunden.

So lange habe ich sie nicht mehr gesehen und so lange bin ich schon in dieser verkorksten Hölle gefangen.

Ich weiß, dass ich es schaffen kann, auch wenn mir Lisa noch immer beteuert, dass ich zu schwach bin. Niemand soll mir sagen, was ich tun soll. Niemand soll mir sagen, dass ich zu schwach bin. Dass ich schwach bin, weiß ich. Aber ich schaffe das, ganz sicher.

Ich stehe vor meinem Spiegel und rede mir Mut zu, auch wenn es mir nicht helfen wird. Meine Jacke ist vermutlich viel zu dünn, weil es draußen heftig schneit und es bereits

später am Abend ist, aber was soll's?
Lisa hat vor einer Stunde das Haus verlassen, weil sie mir vertraut, und eigentlich kann sie das auch - sie konnte es jedenfalls bisher.
Auf noch immer wackeligen Beinen mache ich mich auf den Weg nach unten, um endlich wieder Gewissheit zu bekommen. Mein Leben ist in den letzten 1.468.800 Sekunden in sich eingegangen. Es ist, als wäre ich eine Pflanze, die seitdem kein Licht und kein Wasser mehr gesehen hat, obwohl sie es zum Überleben benötigt.
Mein Licht und mein Wasser ist Summer, die ich, ich kann mich nur wiederholen, seit 1.468.800 Sekunden nicht mehr gesehen habe. Viel zu lange, wenn man bedenkt, dass ich sonst Tag und Nacht bei ihr war.
Und genau das sollte ich auch sein. Niemals sollte ich es zulassen, dass ich mich von ihr entferne, und doch habe ich nicht stark genug dafür gekämpft, dass ich diese Entfernung überbrücke.
Und dafür hasse ich mich, mehr, als ich es so schon tue.
Lisa ist mit einer Freundin unterwegs und ich kann mir vorstellen, wie wütend sie auf mich sein muss, wenn sie erfährt, was ich getan habe. Wenn sie erfährt, dass ich sie hintergangen habe - das allererste Mal in meinem Leben. Ich hoffe nur, dass es auch gleichzeitig das allerletzte Mal sein wird.
Als ich die Treppen hinuntersteige, und mir dabei bei jedem einzelnen Schritt ein tiefes Knirschen in die Ohren dringt, lasse ich mir alles noch einmal durch den Kopf gehen. Jeden einzelnen Moment, den ich mit Summer

erleben konnte, nur, um mich selbst zu bestärken.
Was ich meinem Körper antue, ist mir in diesem Augenblick egal, denn alles, woran ich denken kann, sind diese Momente. Sie zeigen mir, dass es die richtige Entscheidung ist. Die richtigste Entscheidung, die ich je treffen werde.
Und dann sehe ich ihn. Meinen ganz persönlichen Platz 1 unserer gemeinsamen Greatest Hits.

› Summer ist eingeschlafen, nachdem wir uns stundenlang versucht haben, diese schrecklichen Geräusche um uns herum, aus dem Gedächtnis zu verbannen. Das Stöhnen hat endlich aufgehört, aber Taylors Schnarchen ist vermutlich noch immer bis zur anderen Seite des Universums zu hören. Ich bin so unheimlich froh darüber, dass Summer sich bereiterklärt hat, mich auf diesem kleinen Ausflug zu begleiten. Ich kann mir gar nicht vorstellen, wie langweilig mir geworden wäre, wenn ich alleine mit Nick, Taylor und Nadine gefahren wäre. Beim Gedanken daran kann ich nur mit dem Kopf schütteln. Nadine hätte mich vermutlich wirklich nachts gekidnappt und dann würde ich jetzt neben ihr liegen und müsste mir das Geschnarche von Taylor anhören. Mit Summer ist alles um Längen erträglicher.
Ich habe keine Ahnung, wie viele Stunden vergangen

sind, seit Summer eingeschlafen ist, aber ich kann mich einfach nicht dazu überwinden, selbst meine Augen zu schließen.
Sie lässt es nie zu, dass ich sie so intensiv ansehe und diese Gelegenheit muss ich ausnutzen. Ab morgen wird alles wieder anders sein und deshalb muss ich diesen Augenblick, der mir bleibt, genießen.

Erschrocken schlägt Summer um sich, und auch wenn ich nicht weiß, ob sie nur wieder einen Albtraum hat oder ob die Spinne, die gerade genüsslich auf ihrer Hand sitzt, sie aus dem Schlaf gerissen hat, versuche ich sie zu beruhigen.
»Hey, alles gut«, flüstere ich ihr zu und warte darauf, dass sie mir verschlafen zublinzelt.
»Bist du noch wach?«, fragt sie mich ungläubig und wirft einen Blick auf ihr Handy. Es ist bereits halb vier, mitten in der Nacht.
»Ich weiß auch nicht, irgendwie kann ich nicht einschlafen. Hattest du einen schlechten Traum?«
Summer reibt sich ihre müden Augen und schüttelt nur mit dem Kopf, wobei sich einige Strähnen aus ihrem Zopf lösen und sich an ihr Gesicht legen.
»Ich hatte das Gefühl, irgendetwas krabbelt auf mir«, entgegnet sie mir, lässt sich dann jedoch wieder tiefer in ihr Kissen fallen. Soll ich ihr sagen, dass auf ihrer Handfläche eine Spinne saß, die in ihren Augen

vermutlich größer war als eine Babykatze?

»Liegt vermutlich an der Spinne, die hier drin ihr Unwesen treibt«, flüstere ich ihr zu, während ich mich ebenfalls auf den Rücken lege und an die Decke des Zeltes starre.

Abrupt springt Summer auf, kauert sich an mich heran und quiekt so laut vor sich hin, dass vermutlich sogar Taylor endlich wachgerüttelt wurde.

»Wo ist sie?«, wimmert sie mir entgegen und drückt ihren Körper noch enger an Meinen heran. Am liebsten würde ich genau in dieser Position die restliche Nacht verharren und die Spinne einfach weiter fröhlich durch unser Zelt krabbeln lassen.

»Hätte ich gewusst, dass dich eine Spinne so anhänglich werden lässt, dann hätte ich schon längst eine Tarantel in deinem Zimmer ausgesetzt«, scherze ich und fange mir einen festen Schlag gegen die Brust ein.

»Mach sie weg, Dean!«

»Schon bemerkt, dass es ziemlich dunkel hier drin ist? Sie könnte überall sein«, antworte ich ihr und dieses Mal ist es keine plumpe Ausrede. Ich kann nicht viel erkennen.

»Jetzt tu endlich was«, wispert sie mir zu und krallt sich noch stärker an meinem Pullover fest, wobei ich mir vorstelle, wie es wohl wäre, wenn uns dieser Pullover nicht im Weg stehen würde.

Schnell schüttele ich diesen Gedanken weg und zücke mein Handy, damit ich in dieses kleine Zelt etwas Licht hereinbringen kann.

»Die tut dir doch gar nichts«, versuche ich Summer zu beruhigen, aber ihr kleines Herz pocht so stark gegen ihr Brustbein, dass sogar ich es spüren kann.

»Die kann in meinen Mund krabbeln, Dean! Und dann schluck ich das Vieh runter und sie legt ihre Eier in mir ab und ihhhh.« Angeekelt schüttelt Summer ihren Kopf, wobei sich ihr Zopf endgültig löst und sich ihre Haare wie ein Vorhang auf meinem Oberkörper verteilen.

»Wer hat dir denn diesen Stuss eingeredet?«

Zornig blickt sie zu mir auf und lässt ihren Blick dann doch wieder wie ein aufgeschrecktes Reh durch das ganze Zelt schweifen.

»Das habe ich in einer Doku gesehen. Stell mich nicht für bekloppt dar, Dean! Sowas gibt es wirklich!«

»Ich denke, wenn du das arme Ding beleidigst, dann wird es noch viel schlimmere Dinge mit dir machen«, stichele ich sie noch weiter an, damit sie sich noch dichter an mich herankuschelt.

Weiterhin lasse ich mein Licht durch das gesamte Zelt schweifen, aber als ich einfach nichts entdecke, schalte ich mein Handy wieder aus.

»Hey, was machst du da? Such gefälligst weiter!«

»Sorry, Hübsche. Ich kann sie nicht finden. Lass uns

aus dem Zelt rausgehen, damit ich besser danach suchen kann«, schlage ich ihr vor, ernte jedoch nur weitere verschreckte und verängstigte Blicke aus ihren wunderschönen Augen.

»Ich…ich soll rausgehen? Was ist, wenn da draußen Wölfe sind, Dean? Oder Bären, oh mein Gott ich will kein Bärenfutter werden!« Hysterisch klammert sie sich erneut an mich heran, und auch wenn ich ihr Verhalten süß finde, muss ich sie ein Stück von mir wegziehen.

»Das ist jetzt nicht dein Ernst, Hübsche. Es gibt hier weder Wölfe noch Bären! Wir sind doch nicht in Kanada.« Schmunzelnd streichele ich ihr über den Rücken, damit sie sich sicher fühlt.

»Woher willst du das denn wissen? Du hast gesagt, hier kommt sonst nie jemand her! Es ist doch klar, dass dann keiner wissen kann, ob es hier nicht doch solche Viecher gibt«, schluchzt sie an meiner Halsbeuge, nachdem sie sich erneut auf mich geschmissen hat.

»Du meinst doch wohl nicht Viecher, oder? Was habe ich dir eben beigebracht?«

»Ich meine natürlich die kuscheligen, kleinen Hunde und die süßen Teddybären«, sagt sie bewusst etwas lauter, damit sich die Gefahr minimieren lässt.

»Jetzt komm, lass mich endlich diese Killerspinne suchen, damit sich meine Prinzessin wieder schlafen legen kann.«

Ich schiebe sie erneut ein Stück von mir herunter und öffne dann den Reißverschluss des Zeltes.

»Gehst du bitte vor?«, flüstert sie mir ins Ohr, während sie sich von hinten an meine Schultern krallt. Ohne auf ihre Frage genauer einzugehen, verlasse ich das Zelt und genieße es, diese frische Luft einzuatmen.

Nachts ist die Luft so viel angenehmer als am Tag.

Schüchtern krabbelt Summer Sekunden später ebenfalls aus der kleinen Höhle heraus und greift sofort nach meiner Hand.

Ich lasse meinen Blick auf unsere ineinander verwobenen Hände gleiten und kann mir ein Lächeln einfach nicht verkneifen.

»Du glaubst nicht, was ich alles dafür tun würde, dass du dich öfter an meine Hand krallst, Hübsche, aber ich brauch meine Hand schon, um Spiderman zu finden.«

Augenblicklich lässt sie meine Hand los und ich bereue es auf der Stelle, dass ich meine Gedanken laut ausgesprochen habe.

»Glaubst du, dass sie mich gebissen hat?«, fragt sie mich scheu und drückt ihren Körper dennoch dicht an Meinen heran.

»Klar. Ab morgen kannst du an Hauswänden hochkrabbeln«, ziehe ich sie auf und stecke dann meinen Kopf wieder in die Öffnung des Zeltes. Schnell wühle ich mich durch all unsere Klamotten, bis ich die arme kleine Spinne endlich entdecke und sie zwischen meine Hände gefangen nehme.

»Willst du sie mal streicheln?«, frage ich Summer und halte ihr meine geschlossenen Hände direkt vors Gesicht.

Sofort springt sie ein Stück nach hinten und schlägt hysterisch um sich.

»Spinnst du?«, jammert sie in die Dunkelheit und lässt ihren Blick noch einmal in den Wald schweifen.

Vorsichtig lasse ich Spiderman ein paar Meter von unserem Zelt entfernt endlich in die Freiheit krabbeln, und als ich mich gerade wieder auf den Weg ins Zelt machen will, kommt Summer auf mich zugerannt.

»Hörst du das?«, wimmert sie und lässt ihren Kopf ruckartig hin und herschweifen.

»Was denn?«

»Na die Geräusche! Das ist bestimmt wirklich ein Bär«, wimmert sie mir entgegen und schlingt ihre Arme um meinen Hals.

Sachte greife ich nach ihrer Hand und gehe ein Stück näher in den Wald herein, damit ich ausmachen kann, aus welcher Richtung die besagten Geräusche kommen.

»Das ist bestimmt kein Bär«, beruhige ich sie und

ziehe sie hinter mir her, und weil sie sich strikt dagegen wehrt, tiefer in den Wald zu gehen, gestaltet sich diese Aufgabe schwieriger als gedacht. Doch je näher ich mich dem Inneren des Waldes nähere, umso leiser werden die Geräusche, also mache ich mich wieder auf den Weg zu unseren Zelten. Als mir klar wird, woher die Geräusche wirklich kommen, muss ich mich zusammenreißen, nicht auf der Stelle loszubrüllen.

Wir gehen noch ein weiteres Stück auf die Zelte zu, als ich Summer plötzlich an mich drücke und ihren Mund zuhalte.

»Sei ganz leise«, hauche ich ihr ins Ohr und drücke meinen Körper von hinten an ihren zitternden heran.

Als ich mir sicher bin, dass Summer still ist, lasse ich meine Hand weiter nach oben wandern und halte ihr somit die Augen zu.

»Was ist?«, quetscht sie leise hervor und ich spüre ihren Herzschlag, der sich durch meinen eigenen Körper zieht.

Wir schleichen gemeinsam weiter ein paar Schritte nach vorn, bis ich meinen Kopf wieder an ihre Ohren senke und mich zusammenreißen muss, sie nicht an diese Stelle zu küssen. Die Stelle unterhalb von ihrem Ohr, die so verführerisch aussieht.

»Ich glaube, Taylor ist weg«, zische ich ihr entgegen und kann augenblicklich eine leichte Gänsehaut wahrnehmen, die ihren gesamten Körper wie eine zweite Haut überzieht.

»Was?«, haucht sie atemlos.

Langsam entferne ich meine Hand wieder von ihren Augen und lasse sie zu ihrer Hüfte gleiten, um auf ihr zu verweilen.

»Der Bär hat ihn glaube ich aufgefressen«, stelle ich erschrocken fest und kann mir mein Lachen einfach nicht länger verkneifen. Gemeinsam stehen wir direkt vor Taylors Zelt und hören ihm zu, wie er genüsslich einen Baum nach dem anderen mit seinem Schnarchen zersägt.

Summer dreht sich zu mir um und kann sich ihr Schmunzeln ebenfalls nicht unterdrücken.

Ohne darüber nachzudenken, was ich jetzt mache, habe ich Summer bereits hochgehoben und mache mich auf den Weg zurück in unser Zelt.

»Was hast du vor?«, fragt sie mich verunsichert, aber ich kann ein Lächeln in ihrer Stimme vernehmen.

»Ich werde meine Prinzessin jetzt zurück in ihr Gemach tragen, damit sie, frei von Werwölfen, Bären und Spiderman wieder schlafen gehen kann«, antworte ich ihr gehoben und drücke meinen Kopf dabei an ihren.

Wieder im Zelt angelangt kuschelt sich Summer direkt wieder an meine Brust heran.

Auch wenn ich sie daran erinnern will, dass keine

Spinne mehr im Zelt ist, halte ich meinen Mund und genieße es einfach, wie nah wir uns sind.

»Danke, dass du mich gerettet hast«, flüstert sie an meine Brust und ich streiche ihr sanft über die zerzausten Haare.

Nach einigen Sekunden höre ich ihr gleichmäßiges Atmen und ich weiß, dass sie bereits eingeschlafen ist.

»Danke, dass du mich gerettet hast«, murmle ich in die Dunkelheit und schließe ebenfalls meine Augen.‹

Der Schnee peitscht mir ins Gesicht, als ich die Haustür hinter mir schließe und mich meine müden Beine die Treppe heruntertragen.

Es fällt mir immer noch schwer, einen festen und sicheren Gang aufzubringen, aber ich schaffe das.

Der Wind lässt jede einzelne Schneeflocke nach oben schießen, damit sie dann, sachte wieder nach unten rieseln kann.

Es fühlt sich an, als wäre über Nacht die Eiszeit eingetroffen und schnell schlinge ich mir meine Jacke enger um meinen Körper.

Noch habe ich keinen blassen Schimmer, wie ich es schaffen soll, bis zum Krankenhaus zu kommen. Aber auch das hält mich nicht davon ab, weiter die Straßen herunterzulaufen.

Wie immer sind kaum noch Menschen unterwegs, aber ich weiß, dass ich verschiedene Möglichkeiten habe, um

so schnell wie möglich in diesen Stadtteil zu gelangen.
Als ich am anderen Ende der Straße ein Taxi auf mich zufahren sehe, wechsle ich abrupt die Straßenseite und warte darauf, dass es für mich anhält.
»Einmal zum Graveton Hospital, bitte«, sage ich zu dem Taxifahrer, als ich die Tür wieder hinter mir geschlossen habe. Sofort empfängt mich eine wohlige Wärme und ich genieße den Augenblick, weil ich mir so meine eisigen Finger wärmen kann.
»Werden Sie Vater?«, wirft mir der Taxifahrer lächelnd durch den Rückspiegel zu und ich kann nichts Weiteres tun, als ihn verdutzt anzustarren.
»Ähm, nein. Ich werde kein Vater«, antworte ich ihm und lasse meinen Blick dann wieder aus dem Fenster schweifen.
»Tut mir leid, wenn ich Ihnen zu nahe getreten bin. Ich hatte nur schon so viele Männer in dem Taxi, die ganz hibbelig waren, weil ihre Frau mit Wehen im Krankenhaus lag. Sie kamen mir gerade genauso nervös vor«, erklärt er mir Sekunden später seine Vermutung und ich kann mir ein Lächeln nicht verkneifen.
In meinem Kopf spielen sich Szenen ab, die ich für immer aus meinem Leben verbannt hatte. Bilder, wie ich mit einem kleinen Sohn oder einer kleinen Tochter im Arm neben meiner Frau sitze. Aber ich weiß, dass ich weiter davon entfernt bin, Vater zu werden, als die Erde von der Sonne, also verdränge ich diese Bilder augenblicklich wieder aus meinem Kopf und konzentriere mich einzig und allein auf meine Aufgabe.

Es fühlt sich an, als wäre eine Ewigkeit vergangen, als wir endlich das Licht des Graveton Hospitals vor uns sehen und der Taxifahrer dicht am Eingang für mich anhält.
Schnell krame ich in meiner Tasche herum, reiche ihm einen sehr großzügigen Schein und öffne die Tür.
»Ich wünsche Ihnen viel Glück, bei dem, was Sie drinnen erwartet«, sagt der Taxifahrer zum Abschluss und ohne auf seine Worte einzugehen, steige ich aus und laufe die Treppen hinauf, auch wenn meine Beine bei jedem Schritt instabiler werden.
Als ich mich an der Rezeption melden will, sehe ich, dass niemand da ist, also gehe ich einfach diesen Weg, der mir noch immer allzu vertraut vorkommt. Meine Beine scheinen sich wie von selbst daran zu erinnern, dass sie diesen Weg tagein und tagaus gegangen sind, denn plötzlich bewegen sie sich wie automatisch.
Was ich nicht bedacht habe, sind die endlos vielen Stufen, die auf mich warten, um in die dritte Station zu gelangen, aber ich lasse es nicht zu, dass sie jetzt versagen.
Je näher ich all dem komme, umso nervöser lässt es mich werden. Ich habe keine Ahnung, was mich erwarten wird, aber ich weiß, dass ich nur einmal ihre Hand in meine nehmen muss, um alles erträglicher zu machen.
»Hallo?«, rufe ich hinter den Tisch der Rezeption, weil ich niemanden dahinter ausmachen kann. Die Sekunden verstreichen und das, obwohl ich schon so lange auf diesen Moment gewartet habe.
Bevor ich noch weiter auf die Folter gespannt werde, setzen sich meine Beine in Bewegung und ich weiß, dass

es verboten ist, wenn ich einfach zu ihr ins Zimmer gehe, ohne mich vorher anzumelden, aber es geht nicht anders.
Der Gang, den ich passieren muss, um endlich das richtige Zimmer zu erreichen, scheint sich auf unnatürliche Weise immer länger hinzuziehen. Als wäre ich in einem Labyrinth, aus dem ich nicht herauskann, weil das Ende einfach nicht in Sicht ist.
Nach einer endlos langen Zeit erreiche ich endlich Zimmer Nummer 206. Der Raum, der zu meinem zweiten Zuhause geworden ist.
Ich frage mich, ob jemand bei ihr ist oder ob sie schon seit Tagen nachts alleine in ihrem Bett liegen muss, weil ich sie verlassen habe.
Der Gedanke daran zieht sich wie eine Schlinge aus Stacheldraht um mein Herz. Und dann ist es so weit. Ich öffne die Tür und kann es gar nicht erwarten, endlich wieder ihre Haut an meiner zu spüren.
Doch was passiert, wenn alles, woran du dich geklammert hast, gegangen ist? Wenn deine Hoffnung in sich zusammensackt, direkt vor deinen Augen? Ich gehe noch einen weiteren Schritt auf das Bett zu, nur um mich zu vergewissern, dass mir meine Augen keinen Streich spielen. Das Bett ist leer. Nichts ist mehr so, wie es war, als ich diesen Raum das letzte Mal verlassen habe.
All die Blumen und Bilder, die diesen Raum verschönert haben, sind weg. Ich weiß, dass es heißen kann, dass sie aufgewacht ist und dass sie wieder zu uns zurückgekehrt ist, aber was ist, wenn es das Gegenteil bedeutet? Wenn sie gegangen ist und ich nicht bei ihr sein konnte, in der

Sekunde, in der sie beschlossen hat, aufzugeben?
Was ist, wenn ich es irgendwie hätte verhindern können?
Hastig drehe ich mich wieder um und renne, so gut es geht, den Gang wieder zurück, der in diesem Moment noch viel endloser scheint als noch vor einigen Minuten.
Endlich an der Rezeption angekommen, kralle ich mich an dem Holz fest und bohre meine Finger hinein.
»Hallo?«, schreie ich beinahe so laut, dass das gesamte Krankenhaus bemerkt, dass ich da bin.
Dass ich zurück bin, auch wenn es bereits zu spät sein kann.
Nach weiteren Minuten, in denen nichts passiert, tritt endlich eine Schwester hinter die Rezeption. Zu meinem Bedauern habe ich diese Frau noch nie in meinem Leben gesehen.
»Bitte?«, fragt sie mich, während sie sich gelassen auf den Stuhl setzt.
»Mein Name ist Dean Ross, meine Freundin Summer Maddison wurde vor drei Monaten eingeliefert und...sie ist ins Koma gefallen. Ich musste eine Zeit lang weg und jetzt ist ihr Zimmer leer, bitte sagen Sie mir, dass sie entlassen wurde«, wimmere ich der Schwester entgegen, aber sie blickt mich nur leicht verärgert an.
»Sind Sie etwa in das Zimmer gegangen, ohne sich vorher hier angemeldet zu haben?« Anklagend sieht sie mich an und ich kann nichts anderes tun, als spöttisch aufzulachen.
»Haben Sie mich nicht verstanden? Sagen Sie mir bitte, ob Summer entlassen wurde!«, presse ich wütend hervor

und fessele sie mit meinem Blick.

»Haben Sie mich nicht verstanden? Man muss sich anmelden, bevor man in diesen Bereich geht! Wissen Sie nicht, dass das verboten ist?«

Unsicher gehe ich einen Schritt nach rechts, nur, um Sekunden später wieder meine alte Position einzunehmen.

»Ich habe es verstanden, okay? Sagen Sie mir jetzt endlich, was Sache ist!«

»Sie haben gesagt, dass es sich um Ihre Freundin handelt. Es tut mir leid, aber solche Informationen dürfen wir nur an direkte Angehörige weitergeben«, antwortet sie mir und wendet sofort ihren Blick von mir ab.

»Das kann doch jetzt nicht Ihr ernst sein? Bin ich hier bei ›Verstehen Sie Spaß‹ oder was? Wenn ja, dann ist dieser Witz nicht lustig! Ich habe drei Monate lang jeden Tag an ihrem Bett gesessen und jetzt wollen Sie mir keine Auskunft geben?«, schreie ich sie an und merke sofort, dass mir dieser Wutausbruch gesundheitlich alles andere als gut tut. Augenblicklich wird mir schummrig vor Augen, aber ich konzentriere mich einzig und allein auf die Frau, die vor mir sitzt.

»Es tut mir leid, aber so sind die Vorschriften«, gibt sie zurück und blättert in ihren Unterlagen herum, fast so, als wäre ich gar nicht mehr hier.

Wütend lasse ich meine Hand auf das Holz krachen und wende mich zum Gehen. Es gibt nur einen Ort, der mir Gewissheit bringen kann. Ein Ort, an dem ich jetzt sein muss.

8. Kapitel

Als ich das Wohnheim erreiche, fühlt es sich an, als wäre das Schicksal das erste Mal in meinem Leben wirklich auf meiner Seite. Schon von Weitem kann ich die Gruppe der Studenten ausmachen, die grölend vor dem Eingang stehen und sich ein Bier nach dem anderen in den Rachen kippen.

Auch wenn mir ihre lauten Schreie entsetzliche Kopfschmerzen bereiten, bin ich einfach nur froh darüber, dass sie da sind. Dass sie mich in dieses Gebäude lassen können und ich in einigen Minuten endlich weiß, woran ich bin.

»Hey Sweety.« Mit diesen Worten kommt Harlow, ein Mädchen aus meinem Studiengang, auf mich zu und zerrt an meiner Jacke.

»Dass man dich auch mal wieder sieht. Aber du siehst echt schrecklich aus«, wirft sie mir entgegen, während sie sich noch immer kein Stück von mir löst.

»Kannst du mich bitte ins Wohnheim lassen?«, frage ich sie gespielt freundlich und versuche trotz meines schrecklichen Aussehens ein anzügliches Lächeln aufzusetzen. Leider gehört Harlow zu der Sorte Mädchen, bei denen nur diese Masche wirklich zieht.

Einen Augenblick später zerrt sie mich zum Eingang des Wohnheimes und zückt ihren Schlüssel.

Als ich das Klacken des Schlosses höre, ist es das schönste Geräusch, das ich seit Langem in meinen Ohren

wahrnehme. Ohne mich auf eine weitere Konversation mit diesen Studenten einzulassen, mache ich mich auf den Weg zu den Treppen.
Auch wenn ich am liebsten so schnell wie möglich vor ihrem Zimmer stehen will, lasse ich es zu, dass ich ruhiger werde.
In mir drin scheint alles zu zerbersten, weil ich noch immer nicht weiß, auf was ich mich gleich einstellen muss. Werde ich Summer wieder in die Augen sehen können oder wird es Mary sein, die mir verweint die Tür öffnet? Was wird aus meinem Leben werden, wenn sie nicht mehr da ist?
Wie werde ich damit fertig? Werde ich damit überhaupt fertig oder lasse ich mich einfach immer tiefer in ein Leben fallen, das ich nicht leben will?
Eigentlich will ich gar keines mehr führen müssen, wenn ich weiß, dass sie gegangen ist. Dass sie mich verlassen hat auf eine Art und Weise, die mir das Herz aus der Brust reißen wird.
Je dichter ich mich dem dritten Stockwerk nähere, umso lauter schlägt mein Herz gegen meine Brust und hinterlässt mit jedem Schlag einen dumpfen Schmerz zurück.
Meine Beine versagen in jedem Moment, aber ich darf nicht schlappmachen, nicht, solange ich nicht weiß, in welche Richtung sich mein Leben gleich wenden wird.
Werde ich mit dem Mädchen hinter dem Tresen zusammen sein können, oder werde ich mich im Endeffekt wieder für die Blondine entscheiden, weil sie

das Einzige ist, was übrig geblieben ist? Weil sie das Einzige ist, was mir überhaupt noch vertraut zu sein scheint?

Schwer atmend schließe ich meine Augen, als ich endlich vor dieser Tür stehe, durch die ich schon so oft gegangen bin. Und dann ist es so weit.

Langsam hebe ich meine rechte Hand und lege sie auf das Holz der Tür, um sie Sekunden später darauf fallen zu lassen, um mich bemerkbar zu machen.

So sehr ich mich auch anstrenge etwas zu hören, schlägt mir nichts als Stille entgegen, als ich mein Ohr an die Tür drücke.

Die Minuten vergehen und verwandeln sich innerlich in Stunden. Verwandeln sich in Tage, Wochen, Monate.

Dann klopfe ich erneut, mit etwas mehr Nachdruck und endlich werde ich erlöst, als das Klicken der Türklinke erscheint.

Einen Augenaufschlag später steht alles still. In dem Moment, in dem ich mich in diesen braunen Augen widerspiegele, werden all die Bilder vor meinem geistigen Auge zu einem Film.

Ich sehe sie, in diesem Bett liegen, während ich neben ihr sitze und ihre Hand halte. Wie sich ihr Herzschlag erhöht, wenn ich sie küsse und wie die Schläge auf dem Monitor verrückt spielen. Im nächsten Bild sehe ich sie blutend vor mir, in meinen Armen, während ich auf die erlösenden Sirenen warte.

Wie sie noch einen Augenblick zuvor in meinem Bett gelegen und mich an sich gezogen hat. Unsere

gemeinsame Nacht beim Campingsausflug. Alles zieht in einer Geschwindigkeit an mir vorbei, dass ich mir nicht alle Bilder genauestens einprägen kann. In der nächsten Szene sitze ich mit ihr am See und starre sie an, während sie ihren Blick verzweifelt auf das Wasser vor uns richtet.
Ich sehe uns gemeinsam auf der Tanzfläche stehen, während meine Hände an ihrem Körper hinabwandern. Vor mein geistiges Auge schleicht sich der Moment, in dem ich sie in ihrer Vorlesung überrascht habe, um ihr den letzten Nerv zu rauben und am Ende sehe ich nur eins.
Den Augenblick, als ich ihr in die Augen gesehen habe, nachdem sie vor mein Auto gelaufen ist.
Und mit genau diesem Ausdruck starrt sie mich an, als ich meinen Blick endlich richtig in ihrem Gesicht fallen lasse.
»Dean«, wispert sie und sofort finden die ersten Tränen den Weg über ihr Gesicht. Tränen, die ich für immer von ihr nehmen will.
Auch wenn meine Beine gleich nicht mehr in der Lage sind, mich zu tragen, gehe ich einen Schritt auf sie zu und reiße sie so stark an mich, dass wir mit einem Ruck gegen die Wand gepresst werden.
Ich greife nach ihren Händen und umschließe sie, als wären meine Hände ihre Handschellen, die sie ab jetzt für immer gefangen halten. Bei mir.

Der neue ›Greatest Hit‹

»Wo willst du mit mir hin?« Summer stupst mich von der Seite an, während sie sich an dem Griff der Wagentür festkrallt, als würde ihr Leben davon abhängen.

»Kannst du dir das nicht schon denken?«, frage ich sie und kann noch immer nicht fassen, dass sie wirklich neben mir sitzt. So lebendig.

Sie zieht ihre Augenbrauen nach oben und grinst mir schelmisch ins Gesicht. An dem Ausdruck in ihren Augen kann ich erkennen, dass auch sie nicht glauben kann, dass all das, was hier passiert, wirklich real ist.

Nach drei Monaten, in denen wir getrennt waren. Nicht seelisch, aber zumindest körperlich.

»Lass mich raten, es ist ein Ort, an dem nicht viele Menschen sind?«, beginnt sie, meine Gedanken auszusprechen, bevor ich die Gelegenheit dazu habe.

»Jep. Weiter?«

»Es ist ein Ort, der ziemlich weit am Stadtrand liegt?«, fährt sie fort und sieht mir dabei ohne Unterbrechung ins Gesicht, so, als müsse sie sich jeden Zentimeter davon einprägen.

»Richtig. Weiter?«

»Hm, lass mich raten, der Ort liegt am Wasser?« Entsetzt blicke ich zu ihr herüber und ziehe meine Augenbrauen in die Höhe.

»Wann bist du bitte so gut darin geworden, Dinge zu erraten? Habe ich etwas verpasst?«, stichele ich sie an, bemerke aber im selben Moment, dass es unpassend ist, was ich gesagt habe. Nicht ich habe etwas verpasst, sondern sie. Und zwar drei Monate ihres Lebens.

Wir haben uns die ganze Nacht lang unterhalten, haben all unseren Gedanken freien Lauf gelassen. Wir hatten uns so viel zu sagen, dass eine einzige Nacht gar nicht ausreicht.

Es war ein seltsames Gefühl, sie berühren zu können und ebenfalls von ihr berührt zu werden. Es war ein seltsames Gefühl, eine Antwort von ihr zu bekommen und nicht einfach so mit ihrem leblosen Körper zu reden.

Es war ein seltsames Gefühl, eigenhändig zu spüren, wie ihr Herzschlag in die Höhe schnellte, als wir uns geküsst haben. Und auch wenn es seltsam war, war es dennoch das Schönste überhaupt.

»Ist es nicht viel zu kalt?«, beginnt Summer wieder in ein Gespräch einzusteigen und ich lege meine Hand sachte auf ihren Oberschenkel. Sofort habe ich das Bedürfnis, einfach wieder umzukehren und sie zurück ins Bett zu tragen. Um dort weiterzumachen, wo wir mitten in der Nacht aufgehört haben, um uns Marys Wagen auszuleihen und in die Dunkelheit zu fahren. Auch wenn ich eigentlich in meinem Zustand nicht fahren sollte.

In der Sekunde, in der ich sie wieder in meiner Nähe hatte, haben alle Schmerzen nachgelassen und ich wusste, dass ich diese Linderung nur von ihr bekommen kann.

»Wir haben doch Decken bei. Außerdem hast du mir vorhin zugeflüstert, dass ich heiß bin. Also, wo liegt das Problem?«, scherze ich und kann ein Funkeln in ihren

Augen sehen, das ich so lange vermisst habe. Auf das ich verzichten musste, weil unser Leben uns in Positionen gedrängt hat, in die wir nicht hineinwollten.
»Ich glaube, du verwechselst etwas. Du hast gesagt, dass ich heiß bin, und nicht andersrum«, gibt sie zurück und entblößt mir ein unschuldiges Lächeln.
»Soll das etwa heißen, dass ich es nicht bin?«, frage ich sie gespielt empört und kneife ihr in den Oberschenkel, wobei meine Hand ein kleines Stück weiter nach oben rutscht. Augenblicklich scheint sich ihr Körper darauf einzustellen, denn ihre Beine öffnen sich automatisch ein kleines Stück.
»Das hab ich nicht gesagt. Ich habe lediglich die Fakten auf den Tisch gelegt.«
Erneut kneife ich ihr in den Oberschenkel und Sekunden später quiekt sie auf und am liebsten würde ich auf der Stelle hier am Straßenrand anhalten und sie auf mich ziehen.
Wie konnte ich mich überhaupt dazu überwinden, mit ihr jemals wieder das Bett zu verlassen? Ich habe absolut keine Ahnung, was in mich gefahren sein muss.
»Wenn du willst, können wir jedoch wieder umdrehen. Ich hätte eh noch einiges zu erledigen. Wäsche waschen, den Fußboden wischen, den Geschirrspüler ausräumen. Also tu dir keinen Zwang an«, sage ich gelassen und winke mit meiner Hand ab, als würde ich keinen Wert mehr darauf legen, mit ihr an diesen Ort zu fahren.
»Haha, echt witzig! Seit wann bist du denn zum Hausmann mutiert?«, fragt sie mich und legt mir nun

auch ihre Hand auf meinen Oberschenkel, was mich sofort wahnsinnig macht.
»Ich würde sagen zu dem Zeitpunkt, an dem du das erste Mal deine wahre Gestalt angenommen hast.«
Neugierig stupst sie mich von der Seite an, damit ich meinen Blick für einen Augenblick auf sie richte.
»Welche wahre Gestalt? Meinst du mich, wenn ich ungeschminkt bin? Ich wusste, dass es dich abschrecken würde«, jammert sie in sich hinein und ich kann nicht mehr aufhören, zu lachen.
»Eigentlich meinte ich, als du dich das erste Mal in ein Ringelschweinchen verwandelt hast, aber jetzt, wo du es sagst«, bringe ich lachend hervor und muss mir auf meine Faust beißen, um nicht vollkommen die Kontrolle zu verlieren.
»Du bist so fies!«
Sachte greife ich nach ihrer Hand und verschränke meine Finger mit ihren.
»Glaub mir, Hübsche. Du siehst auch ohne Schminke wunderschön aus.«

Während der restlichen Fahrt schweigen wir, auch wenn es noch so viel zu sagen gibt. Wir wollen unser Pulver nicht schon in der ersten Nacht verschießen, also heben wir es uns auf - das Gefühl habe ich jedenfalls.
Als wir den See erreichen, hat sich das Wetter schon deutlich beruhigt und die Schneeflocken rieseln jetzt nur noch vereinzelt herunter, wenn ein Windzug kommt und den Schnee von den Bäumen weht.

»Soll ich nun eine Decke mitnehmen oder wollen wir uns gegenseitig wärmen?«, raune ich ihr zu, bevor ich meine Tür öffne und in die kalte Winternacht steige.

»Beides!«, ruft Summer mir hinterher, bevor auch sie ebenfalls ihre Tür öffnet und sich gemeinsam mit mir am Kofferraum zu schaffen macht.

Gemeinsam schlendern wir auf den Steg zu, der uns beide miteinander verbindet, seitdem wir das erste Mal hier waren. Und ich habe es auch zu keinem Zeitpunkt bereut, mit ihr hergekommen zu sein.

Den Schnee, der sich wie ein weißes Kleid um den Steg gelegt hat, schiebe ich mit meinen Schuhen zur Seite und lasse ihn auf den gefrorenen See rutschen.

Summer kramt die Decke aus der Tasche hervor und breitet sie vor uns aus, damit wir uns nicht vollkommen einsauen. Obwohl mir der Gedanke daran, mich hier mit ihr einzusauen, durchaus gefällt.

»Wusstest du eigentlich, dass du verrückt bist?«, fragt sie mich, während sie sich setzt und die zweite Decke aus der Tasche fischt, um sich damit zuzudecken.

»Klar. Das hast du mir schon gesagt, als wir zusammen im Regen gelegen haben. Und...oh...an dem Abend, an dem wir uns im Schlamm gewälzt haben«, schwelge ich in Erinnerungen und krieche dann ebenfalls unter die Decke. Augenblicklich findet meine Hand ihre.

»Habe ich es eigentlich geschafft, dich an dem Abend von deinem Thron zu schubsen?«, fragt Summer mich und lässt einen Schokoriegel in ihrem Mund verschwinden, den sie sich ebenfalls in den Korb gepackt haben muss.

»Das glaubst du doch wohl selbst nicht. Ich habe dir doch gesagt, dass niemand an mich herankommt, Hübsche. Daran halte ich mich immer noch fest, falls du das meinst«, entgegne ich ihr und sorge somit dafür, dass sie schmollend ihre Lippe nach vorn schiebt.
Sofort lege ich meine Lippen auf ihre und verfalle mit ihr in einen Kuss, der all den Schnee um uns herum zum Schmelzen bringt.
Jede Faser in mir geht in Flammen auf und ich kann nicht sagen, wann ich mich das letzte Mal so lebendig gefühlt habe.
Seit dem Tag, an dem sich mein Leben grundlegend verändert hat, habe ich mich nicht mehr so befreit gefühlt und ich bin ihr so dankbar dafür.
Unsere Münder verschmelzen miteinander und ich weiß nicht, ob es so etwas wirklich gibt, aber es fühlt sich an, als wäre ihr Mund nur für meinen geschaffen worden.
Sie ergänzen sich perfekt, genauso wie sie mich ergänzt.
Als wäre ich ein Wagen und sie mein Motor. Als wäre sie der Sommer und ich ihre Sonne. Ja, ihre Stimme hat meinen Sommer zum besten Sommer meines Lebens gemacht und ich bereue keine Sekunde davon. Sanft gleiten meine Hände an ihren Armen hinauf und ich lande am Ende mit meinen Fingern an ihrem Hals. Unter meiner Haut kann ich ihren Puls spüren, wie er durch ihren Körper rast und sie und mich vollkommen einnimmt.
Nach einer Ewigkeit lösen wir uns keuchend voneinander und das Feuer, das in ihren Augen lodert, raubt mir

wahrhaftig den letzten Nerv.
Als ich meine Hand erneut in ihre gleiten lasse, weiß ich es. In dieser Nacht habe ich mich endgültig für das Mädchen hinter dem Tresen entschieden. Meine andere Hand gleitet weiter an ihrem Körper hinab, bis sie an einen Punkt kommt, der meine Körpertemperatur drastisch ansteigen lässt.
»Öffne deine willigen Schenkel für mich«, raune ich ihr zu und im nächsten Moment beginnen wir beide gemeinsam im gleichen Rhythmus zu lachen. Genauso, wie unsere Herzen ab jetzt für immer in einem Takt schlagen werden.

Epilog
-Summer-

Ich weiß, dass unser Leben kein einfaches sein wird. Es wird Zeiten geben, in denen es schwer sein wird und in denen wir für unser Glück kämpfen müssen, um es zu bewahren. Aber ich kann mit Sicherheit sagen, dass ich all die schlechten Zeiten, die auf uns zukommen, in Kauf nehmen werde. Ich werde sie mit offenen Armen empfangen und werde mich gleichzeitig mit aller Macht, die ich habe, gegen sie stellen.
Warum? Die Antwort darauf ist ganz einfach:
Weil ich das will.
Weil ich ihn will.
Egal wie schwer es auch werden mag, niemals würde ich meine Situation oder meine Entscheidungen bereuen. Niemals würde ich das Leben, das wir haben können, gegen ein anderes, Leichteres eintauschen wollen, weil nur er dazu in der Lage ist.
Niemand auf dieser Welt wird mir jemals das geben können, was Dean mir gegeben hat. Niemand auf dieser Welt wird mir das geben können, was Dean mir in diesem Moment gibt und das, was er mir immer geben wird.
Ja, diese Entscheidung mag vielen Menschen vielleicht schwerfallen, aber für mich ist es die mit Abstand einfachste Entscheidung in meinem ganzen Leben.
Und ich weiß, genau in diesem Augenblick, dass ich noch

nie etwas so Richtiges getan habe, wie in der Sekunde, in der ich ihm mein Herz geschenkt habe.

Ich bin mir sicher, dass er darauf aufpassen wird und dass er es nicht zulassen wird, dass mir jemals weitere Narben zugefügt werden. Er hat es sogar geschafft, dass mein Dad freiwillig in eine Entzugsklinik gegangen ist. Ich habe keine Ahnung, wie er das angestellt hat, aber ich glaube, dass er es für mich getan hat.

Einzig und allein für mich, das sehe ich in seinen Augen, wenn er mich ansieht, als würde seine Welt nur um mich kreisen. Das spüre ich, wenn er mich berührt, als wäre ich das Einzige, was von Bedeutung ist.

Ich bereue es in keiner Sekunde, vor sein Auto gelaufen zu sein und weißt du auch, warum?

Weil ich mittlerweile ziemlich fest daran glaube, dass er mein Schicksal ist.

-Ende-

Danksagung

Vor Kurzem habe ich noch vor einem weißen Blatt gesessen und habe versucht, meinen Dank an all die Menschen niederzuschreiben, die mich auf meinem Weg der Veröffentlichung meines ersten Buches begleitet haben. Mein Gott, es kommt mir vor, als wäre es erst gestern gewesen!
Jetzt sitze ich hier am Ende meines zweiten Manuskriptes und kann es kaum glauben, dass ich schon wieder an diesen Punkt angelangt bin. Es ist ein wahnsinnig tolles Gefühl, zu wissen, dass ich wieder die Möglichkeit habe, euch meinen Dank auszusprechen. Und genau das werde ich jetzt tun.
Ich danke jedem Einzelnen, der mich auf diesem Wege stets unterstützt hat und der mich immer wieder in dem, was ich mache, bestärkt hat.
Ich danke meinem Freund Patrick, weil er auch dieses Mal sein vollstes Verständnis für mich gezeigt hat, wenn ich mir meine Finger blutig getippt habe und dafür, dass er sich stundenlang mit mir darüber unterhalten hat, wie man die Geschichte der beiden am besten umsetzt.
Du bist ein Mensch, den ich niemals wieder loslassen werde, weil ich in dir alles gefunden habe, was ich immer gesucht habe und mir immer gewünscht habe.
Ich danke meiner Tina, weil sie sich die Mühe gemacht hat, das Manuskript mit mir gemeinsam auszudrucken. Und das war, weiß Gott, keine einfache Aufgabe, wenn man bedenkt, dass der Drucker uns das Leben zur Hölle

gemacht hat! Und dafür, dass du mir als Testleserin stets zur Seite gestanden und mir viele Tipps gegeben hast. Danke, dass du mir so eine gute Freundin bist, dass ich dank dir weiß, was wahre Freundschaft wirklich bedeutet.

Ich danke in diesem Sinne auch Jenny und Sebastian, weil ihr den Tag, an dem wir den Trailer gedreht haben, zu etwas ganz besonderem gemacht habt. Ein Tag, der mir immer im Gedächtnis bleiben wird.

Ich danke Christian Himmel dafür, dass er mein Coverbild ein wenig aufgepeppt hat und es somit für mich perfekt gemacht hat.

Ein riesiges Dankeschön geht auch an dich, Christelle Zaurrini. Ich bereue es in keiner Sekunde, dich damals angeschrieben zu haben, um dich zu fragen, ob du nicht mein Buch lesen würdest. Danke für deine ganze Unterstützung, für deine tolle Rezension, deine zahlreichen Verbesserungsvorschläge für Band 1 und 2 und die wundervolle Idee, dieses Interview mit mir zu drehen. Du bist ein so herzlicher und liebevoller Mensch und ich bin verdammt froh, dich kennengelernt zu haben. Ich kann es gar nicht erwarten, bis wir uns auf der Frankfurter Buchmesse sehen!

Mein ganzer Dank, den ich aufbringen kann, gilt außerdem immer den zwei Menschen, die ich über alles auf der Welt liebe. Nämlich euch - meinen Eltern.

Ihr seid die Besten und ihr werdet immer die Besten bleiben, weil euch NIEMALS jemand ersetzen kann. Egal, was kommt, ich weiß, dass wir jeden Sturm gemeinsam bezwingen können.

Familie - wo das Leben beginnt und die Liebe niemals endet.

Dieses Zitat passt so perfekt zu uns. Ohne meine gesamte Familie wäre ich niemals dazu in der Lage, meine ganzen Wünsche nicht nur Träume bleiben zu lassen, sondern in die Realität zu verwandeln. Ihr seid mein Traum und gleichzeitig meine Realität.

Natürlich danke ich auch euch! Ich danke jedem Einzelnen, der ›We're meant to be together‹ gelesen hat und auch jetzt dieses Buch in den Händen hält. Ich danke jedem, der mir mitgeteilt hat, wie begeistert er von meiner Geschichte war, egal, ob per Facebook, Instagram oder per E-mail. Ich habe mich über jedes einzelne Feedback so unendlich doll gefreut, weil sie zeigen, dass es sich lohnt. Es lohnt sich, für seine Träume zu kämpfen und sich nicht vom Alltag vollkommen verschlucken zu lassen. Ich bereue es nicht, diesen Schritt gegangen zu sein, weil ich weiß, dass ich einigen Menschen von euch die ein oder andere schöne Lesestunde zaubern konnte. Und das ist das mit Abstand Größte für jemanden, der Geschichten schreibt.

Auch wenn es jetzt albern klingen mag, danke ich auch euch: Summer und Dean.
Ich weiß, dass ihr rein fiktiver Natur seid und dass ihr einzig und allein ein Gespinst meiner Fantasie seid. Für mich seid ihr in dem Moment, in dem ich den ersten Satz eurer Geschichte vollendet habe, zum Leben erwacht. Ich habe von euch geträumt, habe mit euch gelacht und gemeinsam mit euch geweint - weil ich euch so, so, so sehr ins Herz geschlossen habe. Es wird schwer für mich sein, mich von euch zu lösen, weil ihr alles ins Rollen

gebracht habt, wofür ich euch unendlich dankbar bin. Ich bin mir sicher, dass ein Autor es schafft, seine Charaktere zum Leben zu erwecken, wenn er nur fest genug daran glaubt und ich habe euch in meine Welt geholt und werde euch nie wieder gehen lassen.